ART ESSENTIALS

ZEITGENÖSSISCHE KUNST

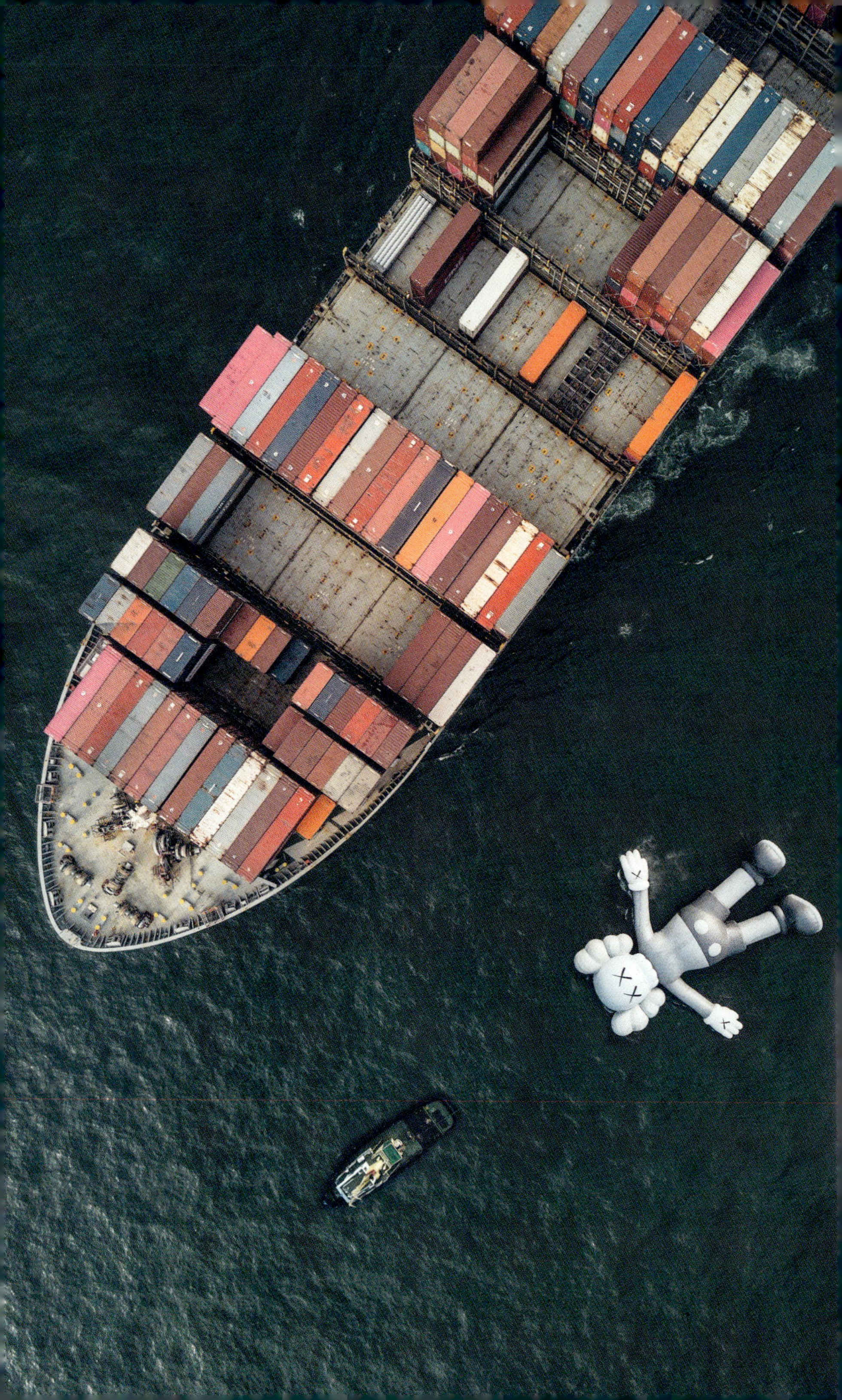

ART ESSENTIALS

ZEITGENÖSSISCHE KUNST

NATALIE RUDD

MIDAS

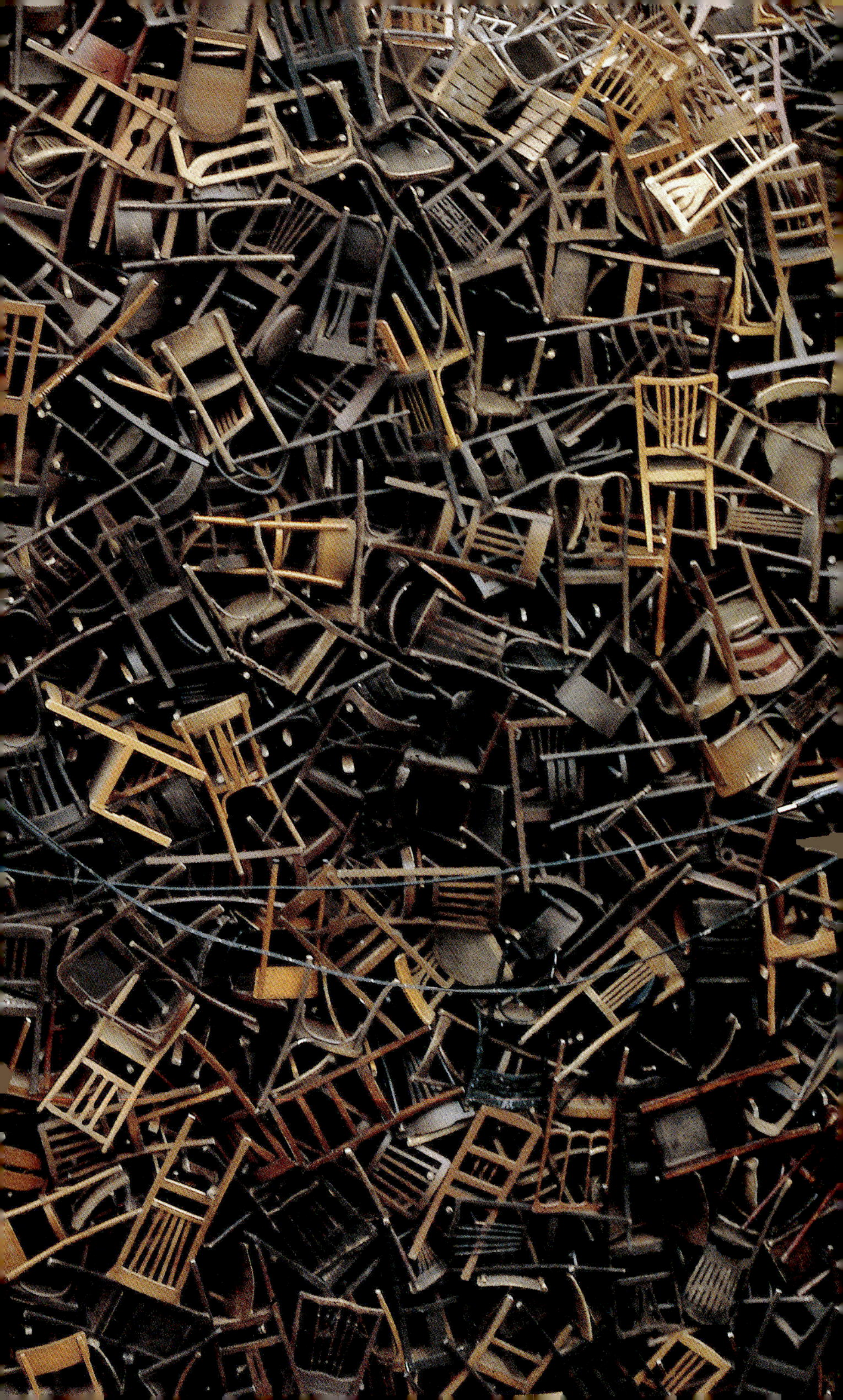

INHALT

EINFÜHRUNG

Waren Sie schon mal in einer Galerie mit zeitgenössischer Kunst und wollten gleich wieder gehen? Haben Sie sich angesichts eines modernen Kunstwerks auch gefragt, was das sein soll? Waren die »Erklärungen« in Galerien vor allen Dingen verwirrend für Sie? Möchten Sie endlich einen Zugang zu zeitgenössischer Kunst finden? Wenn Sie eine dieser Fragen mit »Ja« beantwortet haben, sind Sie hier genau richtig.

Dieses Buch bietet einen unkomplizierten, jargon-freien Überblick über zeitgenössische Kunst. Es lädt Sie ein auf eine Reise durch einige ihrer großen Entwicklungen und Durchbrüche. Jedes Kapitel beginnt mit einer oft gestellten Frage zu zeitgenössischer Kunst. Die folgende Auseinandersetzung mit dieser Frage liefert Themen, Ideen und Anregungen, die es Ihnen erlauben, eigene Schlussfolgerungen zu ziehen. In den Spotlight-Abschnitten erhalten Sie besondere Einblicke in die Arbeit von dreißig ganz unterschiedlichen Künstlern. Die Themen und Zuordnungen in diesem Buch sind bewusst fließend und offen. Sie sollen Denkanstöße liefern, anstatt starre Grenzen zu ziehen. Viele der Künstler könnten auch in mehreren Kapiteln besprochen werden, und natürlich gibt es noch viel mehr Künstler und Ideen zu entdecken.

Am Ende des Buches finden Sie einen »Werkzeugkasten« mit wichtigen Daten, möglichen Betrachtungsweisen und Links auf weitere Informationsquellen, also alles, was nötig ist, um weiter zu forschen.

Versuchen Sie, sich zeitgenössischer Kunst mit Neugierde und Offenheit zu nähern. Nehmen Sie sich Zeit, um zu schauen und nachzudenken, Fragen zu stellen, einen Standpunkt zu entwickeln und einzunehmen, sich einzubringen. Vor allem aber: Haben Sie Spaß!

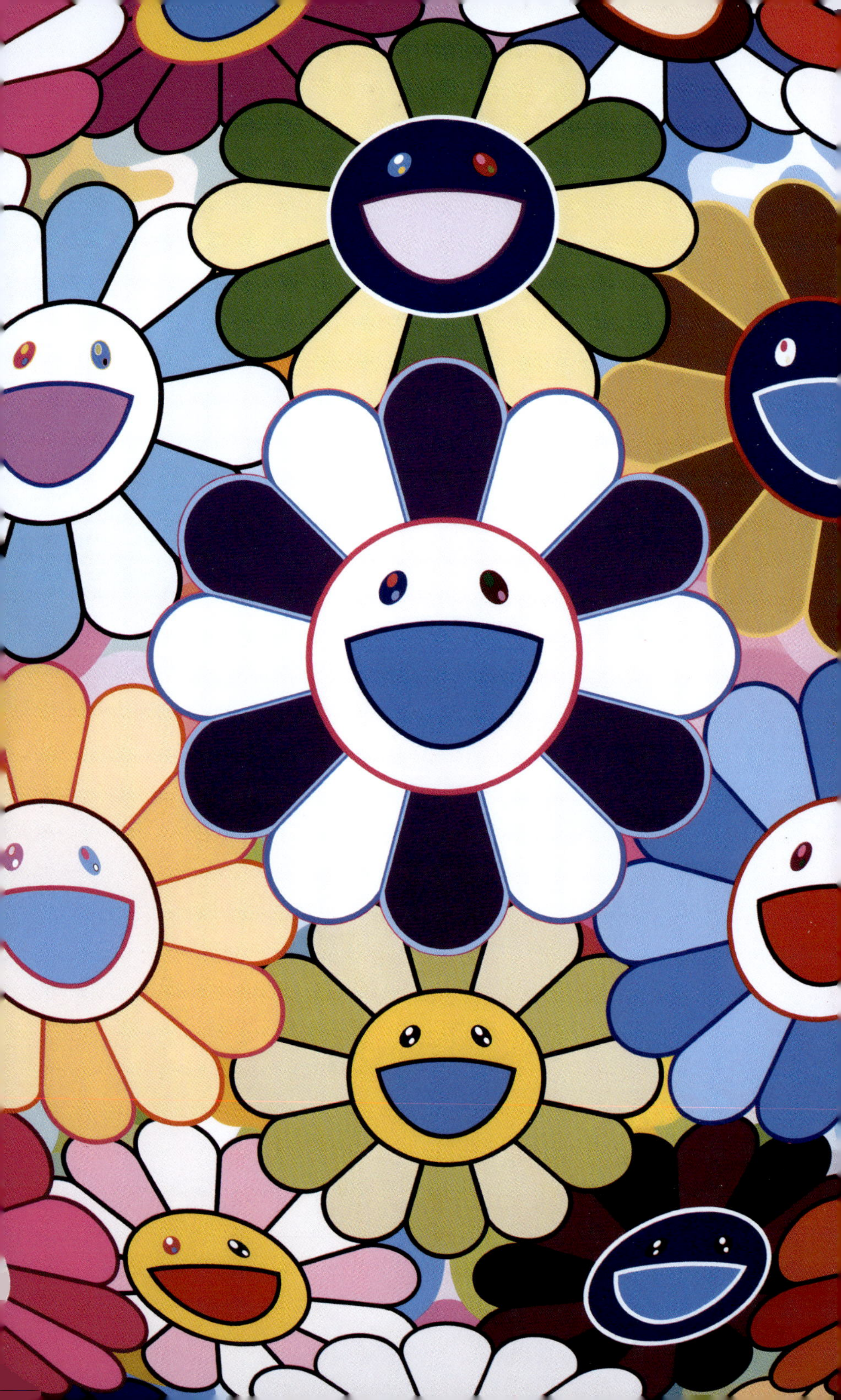

WIE SIND WIR HIERHER GEKOMMEN?

-

Wir wollen die neuesten Dinge sehen. Das liegt daran, dass wir die Zukunft sehen wollen, und sei es nur kurz. Es ist der Augenblick, in dem wir von etwas berührt werden, selbst wenn wir nicht vollkommen verstehen, was wir erspäht haben. Das ist es, was wir als Kunst bezeichnen.

-

Takashi Murakami, 2018

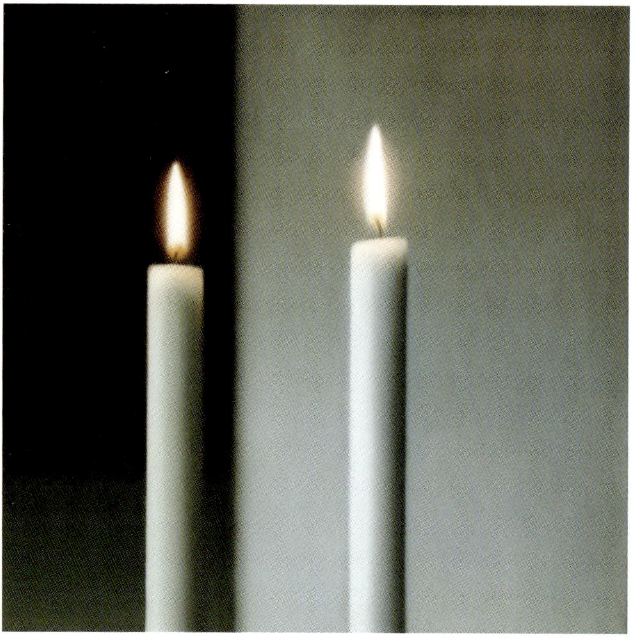

Gerhard Richter
Zwei Kerzen, 1982
Öl auf Leinen
121,9 x 101,6 cm

Richter gilt als Konzeptmaler. Er wechselt zwischen Abstraktion und Realismus, um das Wesen der Malerei selbst zu kommentieren. In den Jahren 1982–83 schuf Richter nach Fotografien eine Serie von Gemälden mit entzündeten Kerzen. Diese Werke erinnern an Vanitas-Stillleben und erforschen die Ideen von Einzigartigkeit und Reproduktion.

Zeitgenössische Kunst ist überall auf der Welt und in vielen verschiedenen Situationen zu finden. Sie können sie in staatlichen und privaten Galerien finden, auf Kunstmessen, in Auktionshäusern und Biennalen. Sie stoßen vielleicht in einem Park auf sie, laden sie von einer digitalen Plattform herunter oder lernen sie auf Initiative der Künstler oder an Tagen des offenen Ateliers kennen.

Zeitgenössische Kunst muss erst noch durch das Sieb der Kunstgeschichte gestrichen werden.

Aufgehende Sterne können fallen. Ihr Künstlernachbar könnte an die Spitze aufsteigen. Es ist ein aufregendes, spekulatives Terrain. Alles ist offen.

Reden Menschen über zeitgenössische Kunst, hört man oft: »Ich verstehe das nicht« oder »Für mich sieht das alles wie Schrott aus!« Kunst durchdringt unsere Kultur genau wie Musik, Konsumwaren und Mode. Wir glauben, wir müssten in der Lage sein, sie zu verstehen. Dabei haben viele Menschen das Gefühl, dass zeitgenössische Kunst sich ihnen nicht erschließt. Am einfachsten scheint zu sein, alle Hoffnung auf Verständnis zu begraben – anscheinend bietet sich kein Einstiegspunkt. Wie bei jedem Wissensgebiet muss man jedoch erkennen, dass diese Welt ihre eigenen (Vor-)Geschichten, Ausdrucksformen und Bezugspunkte besitzt. Je mehr Sie davon entdecken, umso besser werden Sie die zeitgenössische Kunst verstehen.

WAS IST ZEITGENÖSSISCHE KUNST?

Beginnen wir ganz einfach und sagen: Zeitgenössische Kunst ist die Kunst unserer Zeit. Doch was ist »Kunst« und wie definieren wir »unsere Zeit«? Es gibt viele Theorien, was Kunst ist und was Kunst unserer Gesellschaft geben sollte. Wir werden einigen dieser Ideen hier begegnen. Vielleicht hilft es, sich Kunst als eine vielfältige Menge kreativer Praktiken vorzustellen, die zu einer Reflexion der Welt um uns herum auffordern. Künstler nutzen heute ein scheinbar grenzenloses Spektrum an Materialien und Prozessen. Doch wenn Sie unter die Oberfläche dieser unterschiedlichen Produktionsmittel schauen und sich die Essenz der Kunst vor Augen führen, erkennen Sie, dass Kunst vom Wesen her grundlegend philosophisch ist. Kunst ist ein Ort, an dem Ideen geformt und geteilt werden können.

Auch die Frage, was »zeitgenössisch« bedeutet, bietet Raum für Spekulationen. Wann begann die zeitgenössische Kunst? Vor zehn, fünfundzwanzig, fünfzig Jahren? Da dieses Buch eine Einführung sein soll, müssen wir uns einige Grenzen setzen, um nicht abzuschweifen. Wir werden hier Kunst erkunden, die in den letzten

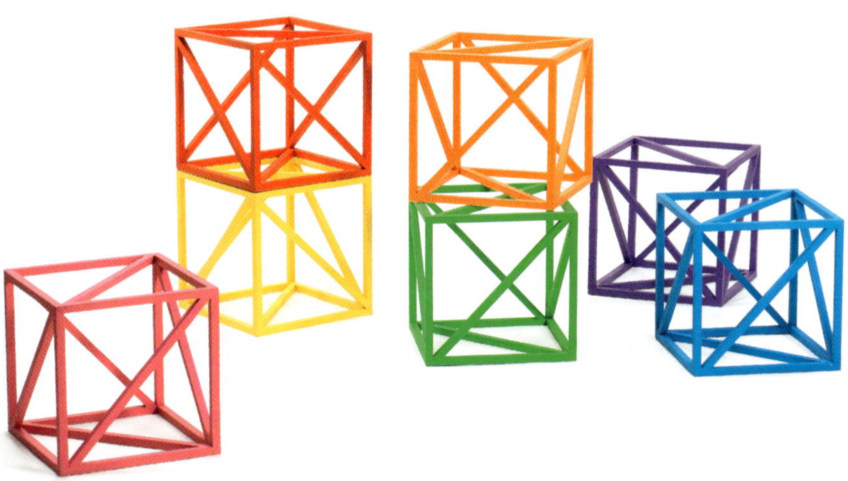

Rasheed Araeen
Rainbow, 2015
Acryl und Holz
30,5 x 30,5 x 30,5 cm
British Council Collection

Araeen ist ein in London lebender pakistanischer Künstler, Kurator und Autor. Mithilfe von Ausstellungen und Publikationen kämpft er unermüdlich gegen den Rassismus in der Kunstwelt. *Rainbow* spiegelt Araeens Interesse daran wider, die strengen Strukturen des Minimalismus aufzubrechen. Besucher sind eingeladen, die Würfel zu nehmen und neue Anordnungen zu erschaffen.

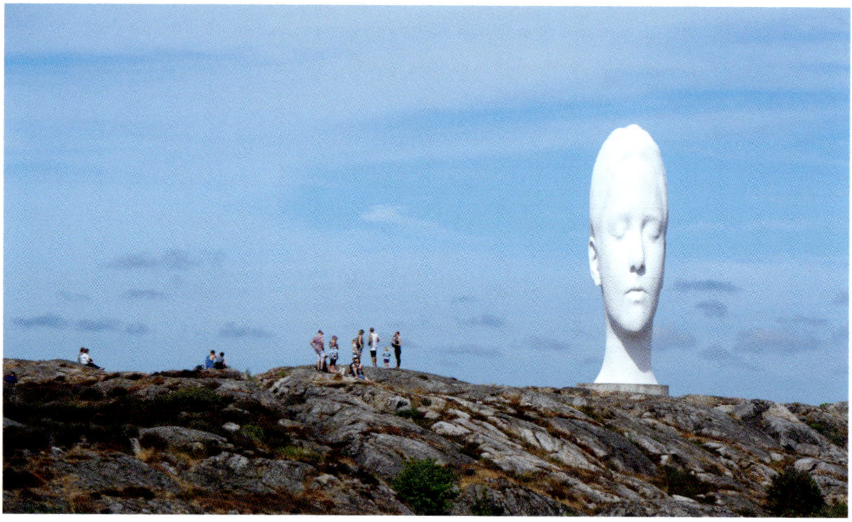

Jaume Plensa
Anna, 2015
Polyesterharz und Marmorstaub
14 x 4,30 x 5,70 m
Pilane Heritage Museum, Klövedal, Schweden

Plensa, der in Barcelona lebt, verwendet eine Vielzahl von Materialien und Technologien, mit denen er großformatige Skulpturen für öffentliche Räume auf der ganzen Welt herstellt. Diese riesigen Wesen, deren Augen in stiller Nachdenklichkeit geschlossen sind, laden uns ein, über Fragen des Inneren und Äußeren, des Öffentlichen und Privaten, von Erde und Himmel nachzusinnen.

fünfundzwanzig Jahren entstanden ist, also von kurz vor der Jahrtausendwende bis etwa zur Entstehungszeit des Buches. Allerdings werden wir kurze Ausflüge in die Vergangenheit unternehmen, um den Ursprung einer Idee oder eines bestimmten Einflusses auszumachen. Schließlich hat jede Periode in der Geschichte ihre eigene zeitgenössische Kunst erlebt, und Künstler haben immer sowohl zurück als auch nach vorn geschaut.

POST-WAS?

Zeitgenössische Kunst kam nicht aus dem Nichts, sondern entstand schrittweise, durch einen komplexen Prozess aus Experimenten und Debatten. Manche Kritiker glauben, dass ihre Wurzeln in den späten 1960er-Jahren liegen, als Künstler begannen, die dominanten Narrative der Moderne zu hinterfragen.

Seit Ende des 19. Jahrhunderts haben Künstler sich schrittweise immer weiter von der einfachen Darstellung der Welt entfernt, um neuen Realitäten nachzuspüren. Dieser Prozess der Reduktion und Verfeinerung führte schließlich zur minimalistischen Bildhauerei und Malerei der 1960er-Jahre. Am Ende dieses Jahrzehnts begannen viele Künstler, sich von diesem Ansatz eingeengt zu fühlen.

Sie zerrissen das Regelwerk und führten eine ganze Reihe von Methoden und Ideen ein, die bewusst Chaos stifteten.

Senga Nengudi
Performance Piece, 1978
Nylon-Mesh
Senga Nengudi und Maren Hassinger in der Pearl C. Woods Gallery, Los Angeles, 1978

Nengudi spielte in den 1960ern und 1970ern eine wichtige Rolle in den schwarzen Kunstszenen von New York und Los Angeles. Bei ihren radikalen Performances der 1970er verwendete sie gefundene Materialien wie Damenstrumpfhosen, mit denen die gesellschaftlichen Beschränkungen von Frauen verdeutlicht werden sollten.

Künstler wie Senga Nengudi und Yayoi Kusama nutzten ihre Körper und Erfahrungen für radikale Performances und Installationen, in denen sie oft weiche, formbare Materialien einsetzten. Andere setzten auf einen konzeptuellen Ansatz, der in seiner Extremform die vollkommene Ablehnung eindeutiger Kunstobjekte zugunsten der reinen Idee bedeutete.

Künstler wollten, dass ihre Arbeit für die Gesellschaft relevant ist. Sie strebten nach größerer Interaktion mit der Außenwelt, indem sie ihre Werke in urbanen oder ländlichen Räumen zeigten oder aufführten. Immer mehr Kunst befasste sich mit sozialen und politischen Fragen wie Feminismus, Gleichberechtigung von Menschen aller Hautfarben und LGBTQIA+-Rechten. Kampagnen für eine bessere Repräsentation in Kunst und Gesellschaft gewannen in den 1970er-Jahren an Schwung. Marginalisierte Künstler kämpften einzeln und gemeinsam für Veränderungen. Die Kunst erreichte ihre »postmoderne« Phase: *raus* aus der Geradlinigkeit, *rein* in die unbegrenzten Möglichkeiten. Dieser Zustand des rastlosen Aktivismus und Experimentierens hat sich als unglaublich resilient erwiesen.

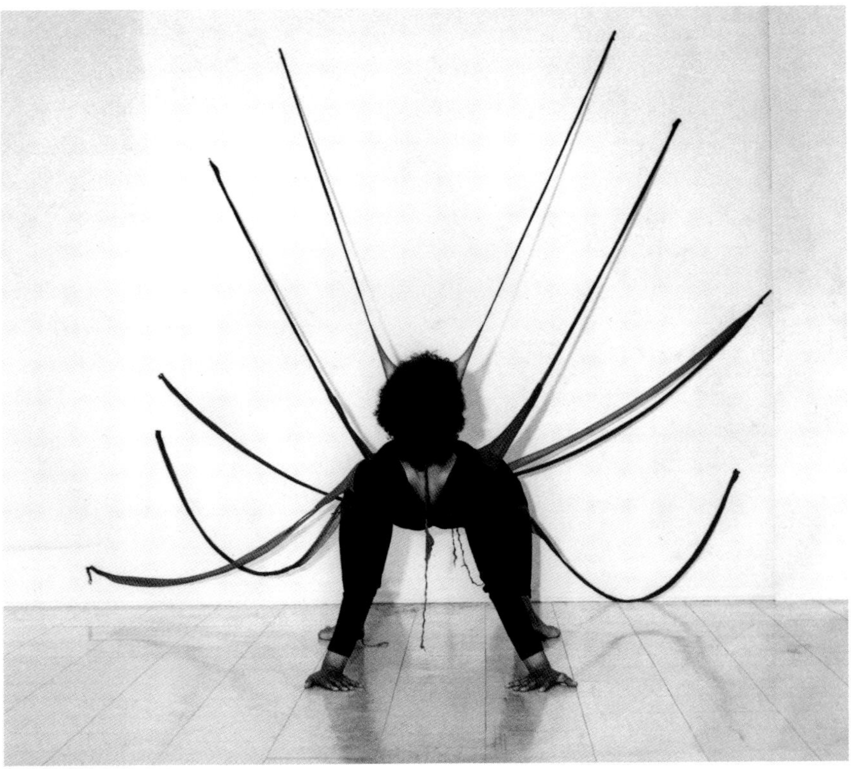

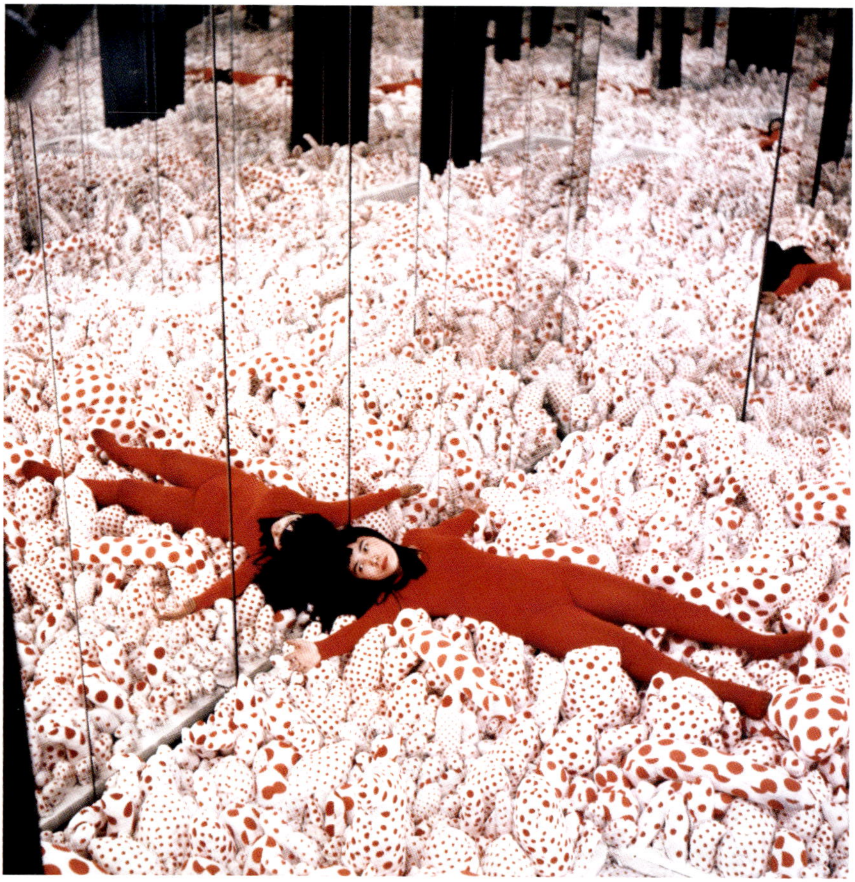

Yayoi Kusama
Kusama in Infinity Mirror Room – Phalli's Field, 1965
Castellane Gallery, New York, 1965

Die japanische Künstlerin Kusama leidet seit ihrer Kindheit unter visuellen Halluzinationen. Mit ihrer Kunst versucht sie, damit klarzukommen: Punktmuster bedecken viele ihrer Werke, von nackten Performern bis zu üppigen, handgenähten phallischen Formen. Diese Arbeit war einer von Kusamas ersten »Infinity Mirror Rooms«, in denen sie mit Spiegeln die Illusion eines unendlichen Raumes schuf.

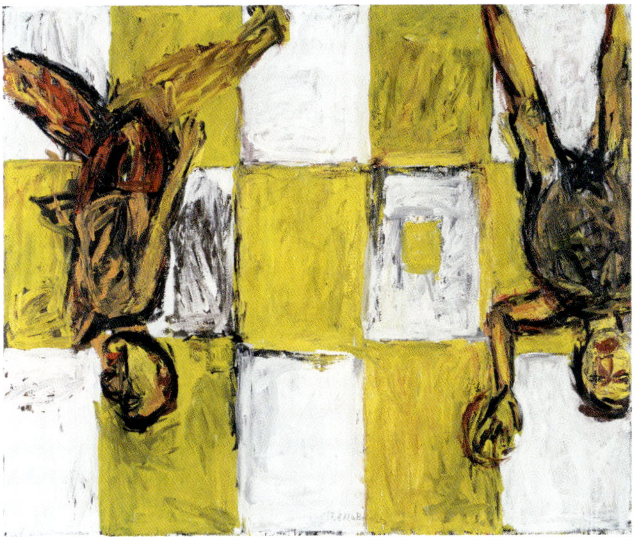

George Baselitz
Adieu, 1982
Ölfarbe auf Leinwand
2,50 x 3 m
Tate Gallery, London

Neoexpressionistische Malerei wurde in den 1980er-Jahren populär. Eine ganze Generation deutscher Maler bekam Anerkennung für großformatige gestische Werke, die persönliche und kollektive Geschichten widerspiegelten. Die Figuren in Baselitz' Gemälden stehen häufig auf dem Kopf, sodass der Betrachter gefordert ist, über die Figur hinaus zu schauen und sich mit formellen Fragen zu befassen.

MACH ES GROSS

Die kommerziell getriebenen 1980er-Jahre waren ein wichtiger Meilenstein in der Entwicklung der zeitgenössischen Kunstszene. Es entstand die Infrastruktur für einen erfolgreichen Kunstmarkt. Sicher wirkte der Beginn des Jahrzehnts für Händler nicht sehr rosig, da viele Künstler lieber weiter Werke entwickelten, die bewusst tatsächliche Objekte vermieden. Doch eine überraschend schnelle Rückkehr zur großformatigen, expressiven Malerei und objektbasierten Bildhauerei befeuerte den Markt. Künstler wie Andreas Gursky, Cindy Sherman und Jeff Wall, die neue Wege gingen, etablierten die Fotografie als eigenständiges Medium.

In einigen der kommerziell erfolgreichsten Kunstwerke der 1980er-Jahre vermischte die ausdrückliche Rückkehr zum Kunstobjekt mit viel Wissen und Esprit. Der Amerikaner Jeff Koons, der Spezialisten beschäftigte, um seine Werke herzustellen, entwickelte ambitionierte, technisch aufwendige Skulpturen und großformatige Gemälde – ein bisschen wie sein Pop-Art-Vorläufer Andy Warhol, dessen gewitztes Management sein Studio, die »Factory«, immens produktiv werden ließ. Doch damit nicht genug: Koons gewann genau wie Warhol weltweit Anerkennung für seine Verwendung von existierenden Bildern und Konsumgütern. Er interpretierte sein Quellmaterial – von Michael Jackson und seinem Schimpansen Bubbles bis zu Ballonhunden und Staubsaugern – mit glänzenden Oberflächen und einem superglatten Finish völlig neu. Diese Formel erwies sich als ausgesprochen lukrativ.

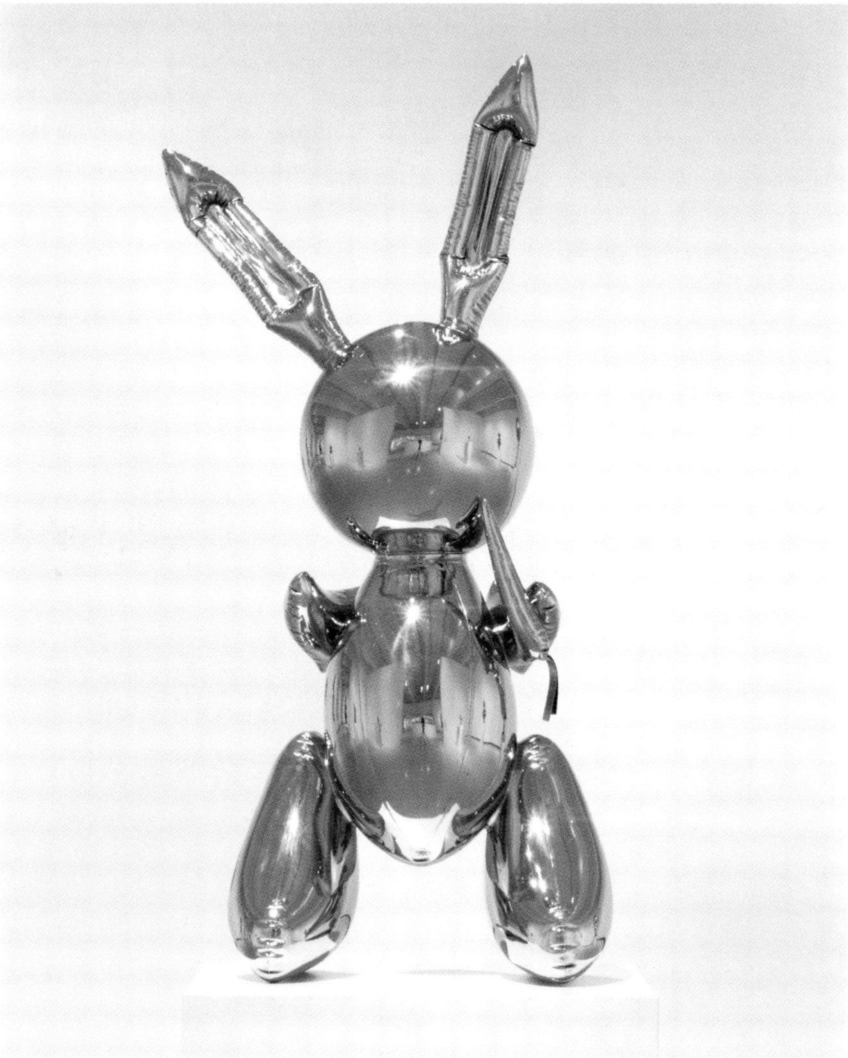

Jeff Koons
Rabbit, 1986
Spiegelblank polierter Edelstahl mit einem transparenten Farbüberzug
3,10 x 3,60 x 1,10 m

***Rabbit* ist eine Edelstahlfigur, die an einen aufblasbaren Hasen erinnert. Mit seiner Möhre und dem schief stehenden Ohr erfüllt er alle Merkmale seines Vorbilds. Er wirkt allerdings ausdruckslos, unzugänglich und räuberisch.**

Im Mai 2019 brach Jeff Koons' Edelstahlversion eines aufblasbaren Häschens bei einer Auktion mit unglaublichen 91,1 Millionen Dollar den Rekord für das teuerste Werk eines noch lebenden Künstlers.

In den 1980er-Jahren kam es zu Bedenken hinsichtlich der Repräsentation und Gleichheit in der Kunstwelt. Künstler mit ethnisch unterschiedlichem Hintergrund gingen gemeinsam gegen die institutionelle Ignoranz gegenüber ihrer Arbeit vor. So kuratierte der Künstler Rasheed Araeen 1989 die wichtige Ausstellung »The Other Story« an der Hayward Gallery in London, die eine alternative, Menschen aller Hautfarben umfassende Geschichte der modernen Kunst erzählte. Die Kunst von LGBTQIA+-Künstlern, darunter Robert Mapplethorpe und David Wojnarowicz, fand großen Widerhall in einem Jahrzehnt, das auch die verheerenden Auswirkungen von AIDS erlebt hatte. Allerdings stieß ihre Arbeit auf beträchtlichen Widerstand konservativer Kreise in den USA. Eine große Retrospektive von Mapplethorpes Fotografien am Institute of Contemporary Art, Philadelphia, im Jahre 1988 entzündete eine erbitterte Debatte rund um Obszönitätsgesetze und die Verwendung staatlicher Gelder zur Kunstförderung.

David Wojnarowicz
Untitled (Face in Dirt),
1991/2018
Silbergelatineabzug
31,5 x 32,4 cm

Wojnarowicz war ein einflussreicher amerikanischer Künstler und AIDS-Aktivist, der mit verschiedenen Medien und Disziplinen arbeitete. Dieses Werk entstand gemeinsam mit seiner Freundin, der Fotografin und Filmemacherin Marion Scemama, kurz bevor Wojnarowicz mit 37 Jahren an AIDS verstarb. Dieses bewegende Bild zeigt den Künstler im Begriff, von der Erde verschlungen zu werden.

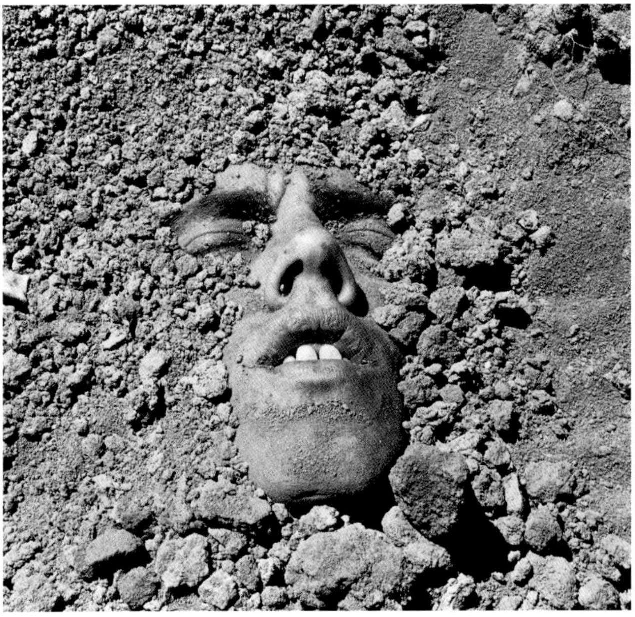

Für einen Großteil der 1980er-Jahre drehte sich in der Kunstwelt alles um Künstler aus den USA oder Westeuropa. Das Ende des Jahrzehnts brachte jedoch erste Veränderungen. Der Fall der Berliner Mauer 1989 und das Ende des Kalten Krieges boten die Möglichkeit, die Kunstwelt zu globalisieren und integrativere Praktiken zu entwickeln.

MACH ES GRÖSSER

Rasante Fortschritte in der Kommunikation ließen die Kunstwelt in den 1990er-Jahren zusammenrücken. Billige Flüge und die Entwicklung des Internet begünstigten die Schaffung einer engen globalen Gemeinschaft. Die Infrastruktur für die zeitgenössische Kunst nahm rapide zu, es entstanden viele neue kommerzielle Galerien und große staatliche Einrichtungen. 1997 eröffnete das Guggenheim Museum Bilbao, Frank Gehrys futuristisches architektonisches Meisterwerk. Das Ende der Dekade brachte die Eröffnung der Tate Modern (2000), den beeindruckenden Umbau der Londoner Bankside Power Station durch Herzog & de Meuron.

Wie lassen sich diese großartigen architektonischen Leistungen besser genießen als durch eine Präsentation gleichermaßen atemberaubender Kunstwerke? Die 1990er-Jahre erlebten die Zunahme riesiger und komplexer Kunstinstallationen, die dazu gedacht waren, sie zu erleben und mit ihnen zu interagieren.

Frank Gehry
Guggenheim Museum Bilbao, 1997, und Louise Bourgeois, *Maman*, 2001
Bronze, Marmor und Edelstahl
9,30 x 8,90 x 10,20 m

Mit 24.000 Quadratmetern Fläche ist das Guggenheim Museum Bilbao eine der größten staatlichen Galerien in Spanien. Das Programm der Galerie umfasst temporäre Ausstellungen sowie Präsentationen aus der eigenen Sammlung des Guggenheim, darunter auch *Maman* (2001), eine riesige Spinne aus Bronze, Marmor und Edelstahl der französisch-amerikanischen Bildhauerin Louise Bourgeois.

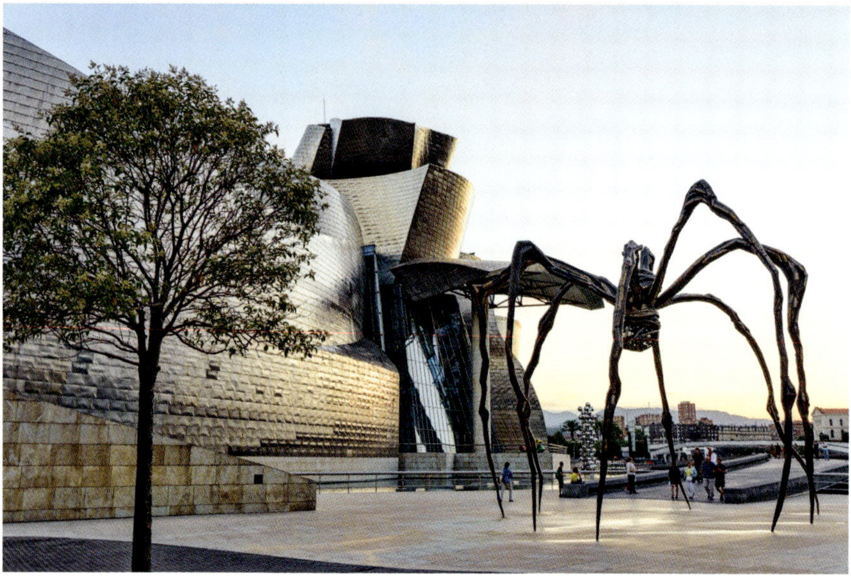

Vanessa Beecroft
VB35, 1998
Performance
Solomon R. Guggenheim
Museum, New York

Beecroft erlangte in den 1990er-Jahren aufgrund ihrer provokativen Performances Berühmtheit, die junge Frauen fast oder ganz unbekleidet zeigten. Ihr Werk befasst sich mit Fragen des Voyeurismus und der Kontrolle. Bei *VB35* standen zwanzig Frauen zwei Stunden lang in einer kreisförmigen Formation, die die Architektur des Guggenheim widerspiegeln sollte.

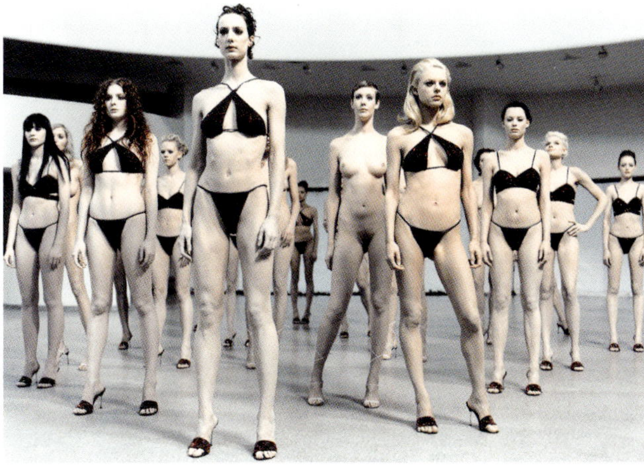

Die 1990er-Jahre erlebten darüber hinaus den Aufstieg des Kurators. Einige prominente Figuren, wie Hans Ulrich Obrist und Okwui Enwezor, erreichten fast schon Kultstatus. Inzwischen wird es immer schwieriger, den Urheber einer Idee auszumachen: Ist es der Künstler oder der Kurator? Meist erwächst ein erfolgreiches Projekt aus einer soliden Partnerschaft der beiden.

DER KUNST AUF DER SPUR

Angesichts der Tatsache, dass das reichste 1 % der Weltbevölkerung 43 % des Reichtums der Welt besitzt, überrascht es kaum, dass der Kunstmarkt lebhaft bleibt. Kunsttourismus ist ein wichtiges Merkmal der globalen Szene, mit einem aufregenden Programm aus Ausstellungen und Kunstmessen, die die beste neue Kunst versprechen. Kunstwerke werden durch die ganze Welt geschickt, um den Ansprüchen dieser flüchtigen Ereignisse zu genügen. Der »Art Set« folgt begierig, immer auf der Suche nach dem nächsten heißen Ding. Eine Kunstmesse bietet die Chance, ein breites Spektrum an aktueller Kunst zu sehen, bevor das meiste davon in Privatsammlungen verschwindet. Allerdings ist es dort bei all den superteuren Kunstwerken und extrem reichen Menschen nicht schwer, über Ungleichheit nachzusinnen. Auch die Auswirkungen dieses steten Kreislaufs auf die Umwelt sind kaum zu ignorieren.

Ein wichtiger Fixpunkt im Kalender eines Kunstliebhabers ist die Biennale, ein Großereignis, das alle zwei Jahre an einem bestimmten Ort stattfindet. Venedig richtete 1895 die erste Biennale aus. Inzwischen gibt es weltweit mehr als dreihundert Kunstbiennalen, von denen die meisten in den 1990er-Jahren etabliert wurden.

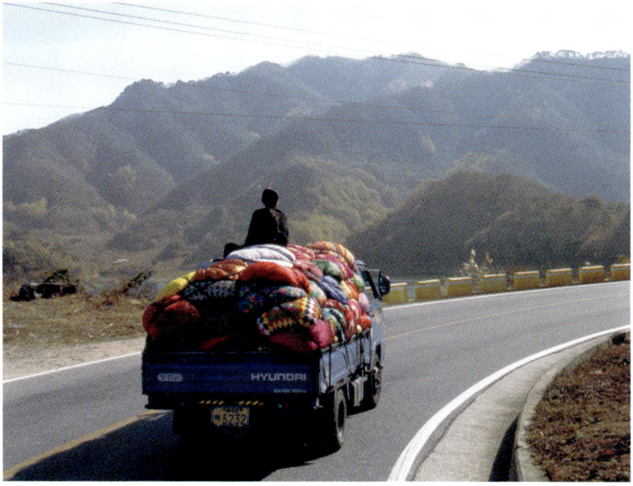

Kimsooja
Cities on the Move: 2,727 Kilometers Bottari Truck, Korea, 1997
Standbild aus einem Einkanal-Video, Schleife, 7 Minuten 3 Sekunden lang, ohne Ton

Kimsoojas Kunst reflektiert über Fragen von Migration und Vertreibung. Für dieses Werk reiste sie mit einem Bottari-Laster durch Korea und besuchte all die Stätten, an denen sie gelebt hatte, bevor sie Ende der 1990er-Jahre nach New York zog.

Die Organisatoren von Kunstbiennalen bemühen sich, die innovativsten Kunstwerke an ungewöhnlichen Orten zu präsentieren, um die Kunstwelt in Atem zu halten.

Es würde mehrere Tage dauern, um alles zu sehen, und selbst dann haben Sie wahrscheinlich nicht alle Filmwerke angeschaut! Die Organisatoren stehen unter einem ungeheuren Druck, das kulturelle Profil des gastgebenden Ortes zu steigern und gleichzeitig lokale Künstler und Unternehmen zu fördern. Biennalen sind im Grunde politisch. Oft wird das fehlende Engagement für einen Ort nach Ende der Ausstellung bemängelt. Kritiker spotten außerdem über die vorhersagbare Uniformität von Ereignissen in der Kunstwelt und hinterfragen, ob sie wirklich so frei ist, wie sie selbst glaubt. Messe, Biennale, Messe, Biennale. Die Show muss weitergehen.

Die Rückschau auf die Entwicklung der Kunstszene seit den 1960er-Jahren erinnert uns daran, dass Kunst ein verkäufliches Gut ist, das den gleichen Trends und Belastungen unterliegt wie andere Waren. Nur wenige Künstler genießen eine anhaltende, lukrative, sichere Karriere. Andere haben kurzzeitig Erfolg, wenn ihr Werk mit einem bestimmten Trend zusammenfällt. All die in diesem Buch genannten Künstler fallen in eine der beiden Kategorien. Wir müssen uns jedoch immer vor Augen führen, dass die meisten heute tätigen Künstler niemals breite Anerkennung gewinnen werden. Dennoch erschaffen sie weiterhin Werke und glauben an die Macht der Kunst und den Wert ihres Beitrags. Ungeachtet der Frivolitäten der Moden und Trends der Kunstwelt ist Kunst eine unbezähmbare und grundlegend menschliche Aktivität und wird es immer bleiben.

WICHTIGE IDEEN

- Kunst zu schaffen, ist eine unbezähmbare menschliche Aktivität.
- Künstler arbeiten heute mit einem riesigen Spektrum an Materialien und Prozessen.
- Zeitgenössische Kunst findet sich in vielen unterschiedlichen Situationen.
- Der zeitgenössische Kunstmarkt ist eine mächtige globale Macht.

WICHTIGE KÜNSTLER

- Jean-Michel Basquiat | Daniel Buren | Judy Chicago | Katharina Fritsch | Anselm Kiefer | Barbara Kruger | Ana Mendieta | Sigmar Polke | Julian Schnabel | Lee Ufan

WICHTIGE AKTIVITÄTEN

- Gewinnen Sie eine Freundin oder einen Freund für Ihr Vorhaben, mehr über die zeitgenössische Kunst zu erfahren. Ermitteln Sie gemeinsame Interessen und erstellen Sie eine Liste aller Ausstellungen, die Sie gern sehen würden.
- Unterstützen Sie Ihre lokale Kunstgalerie, indem Sie eine Ausstellung besuchen und an einer damit verbundenen Gesprächsrunde oder Veranstaltung teilnehmen.

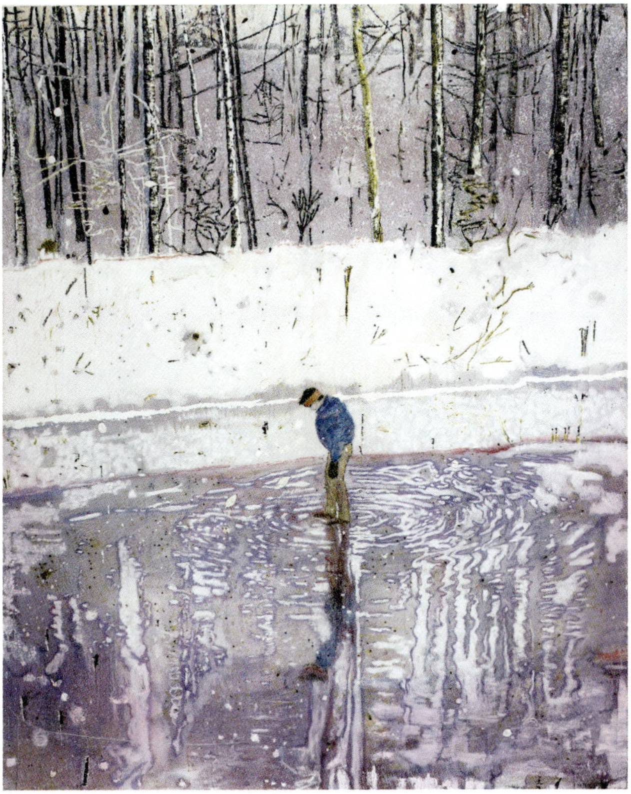

Peter Doig
Blotter, 1993
Öl auf Leinwand
2,60 x 2,10 m
Walker Art Gallery, National Museums, Liverpool

Doig, ein schottischer Künstler, der in Trinidad lebt, stellt opulente Gemälde her, mit denen er die menschliche Besiedlung der Landschaft erkundet. Seine geschichteten Flächen deuten auf viele verborgene Narrative und kunstgeschichtliche Bezüge hin. Doig hat viele andere Maler beeinflusst und seine Werke sind bei Sammlern hochgeschätzt.

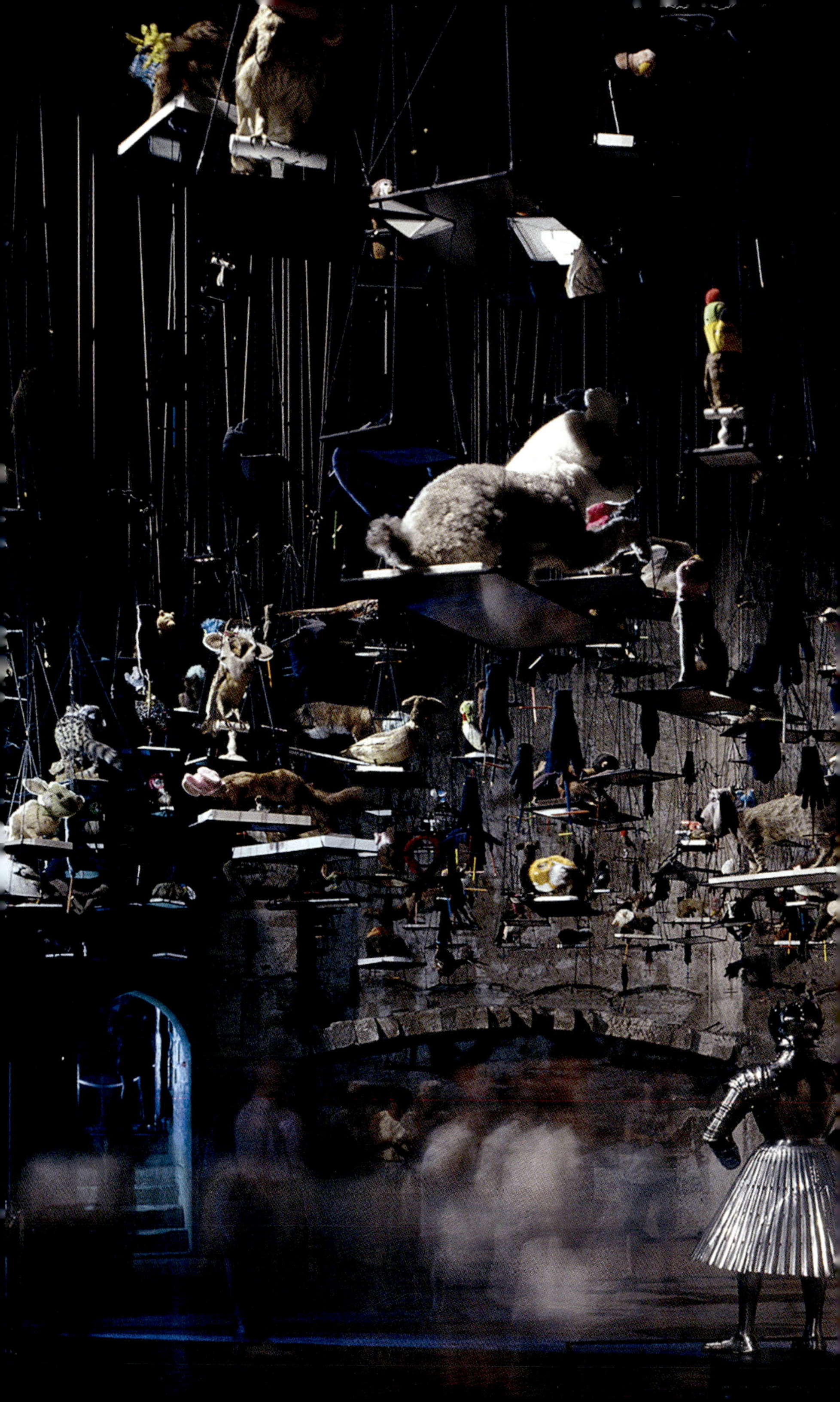

WELCHEN REGELN FOLGT DAS SPIEL?

-

Der Künstler besetzt den Platz des schelmischen kleinen Mädchens, das in uns allen schlummert!

-

Annette Messager, 1989

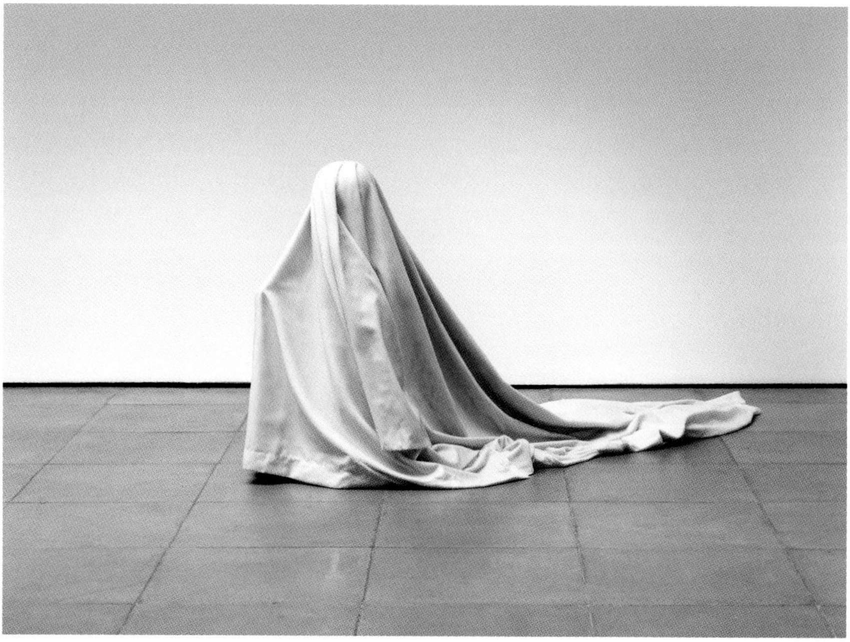

Ryan Gander
Tell my mother not to worry (ii), 2012
Marmor
175 x 60 x 80 cm

Diese aus Marmor hergestellte vielsagende Skulptur stammt aus einer Serie, die flüchtigen Kinderspielen eine permanente Form geben will. Es gibt einen faszinierenden Kontrast zwischen Höhlen aus Tüchern und Decken, die Ganders Tochter sich gebaut hat, und dem klassischen Umgang mit den Stofffalten aus Marmor. In diesem Werk gibt seine Tochter dem Stoff eine Struktur, indem sie ihre Arme wie ein Geist ausstreckt.

Zeitgenössische Kunst fühlt sich manchmal wie ein Insider-Spiel an. Mit ihren Witzen, Sprüchen und Anspielungen wirkt die Kunstszene ein bisschen wie eine Party, zu der Sie nicht eingeladen sind. Künstler scheinen die Freiheit zu haben, jederzeit tun zu können, was sie wollen. Manche machen einen ausgesprochen ironischen Eindruck. Meinen sie es ernst oder ist das Ganze nur ein Witz?

Gewiss steckt in der zeitgenössischen Kunst ein verschmitzter Geist. Künstler bauen oft Witze, Spiele und Unbeschwertheit in ihre Werke ein. Sie wollen damit unterhalten und ihre Kunst zugänglicher machen. Diese Verspieltheit wirft aber auch ernste Fragen nach dem gesellschaftlichen Zweck von Kunst, der Rolle der Betrachter und dem Wesen der Kreativität auf. Dieses Kapitel schaut genauer auf die Beziehung zwischen zeitgenössischer Kunst und Spiel. Wenn wir die Regeln des Spiels lernen, können wir alle mitmachen.

EIN BLICK ZURÜCK

Witze in der Kunst sind nicht neu. Fäkalhumor ziert die Randspalten mittelalterlicher Handschriften, Renaissance-Kunst ist voller sexueller Anspielungen. In der ganzen Kunstgeschichte finden Sie täuschende *Trompe-l'oeil-* (täusche das Auge) Effekte, bei denen winzige Objekte so echt wirken, dass kaum zu unterscheiden ist, ob sie sich *in* oder *auf* der gemalten Fläche befinden.

Im 20. Jahrhundert nahm die Witzelei in der Kunst richtig Fahrt auf. Dadaistische und surrealistische Werke sind voller Doppeldeutigkeiten und schmutziger Anspielungen. Der vermutlich bekannteste Scherzbold der Kunstwelt ist Marcel Duchamp. 1917 stellte er ein Urinal in eine Galerie und nannte es Kunst. Zwei Jahre später malte er einer Reproduktion von Leonardo da Vincis *Mona Lisa* einen Schnurrbart an und bescheinigte ihr einen »heißen Hintern« (*L.H.O.O.Q*, 1919). Dabei war es Duchamp mit seiner Witzelei durchaus ernst. Er wollte hinterfragen, was Kunst sein und welche Materialien und Aktionen Kunst ausmachen könnten. Duchamps radikaler Humor prägt auch weiterhin die Praktiken und Diskurse der zeitgenössischen Kunst. Eine unbeschwerte Sicht auf die Welt kann für Künstler und Publikum befreiend sein.

KINDERSPIEL

Kinder sind die Mitglieder der Gesellschaft, die am offensten auf die Welt reagieren. Sie erwerben ihr Wissen über die Welt durch das Spiel, und ihre Reaktionen sind noch nicht durch Zynismus oder Vorurteile gedämpft. Es ist faszinierend, wie viele Künstler mit einer

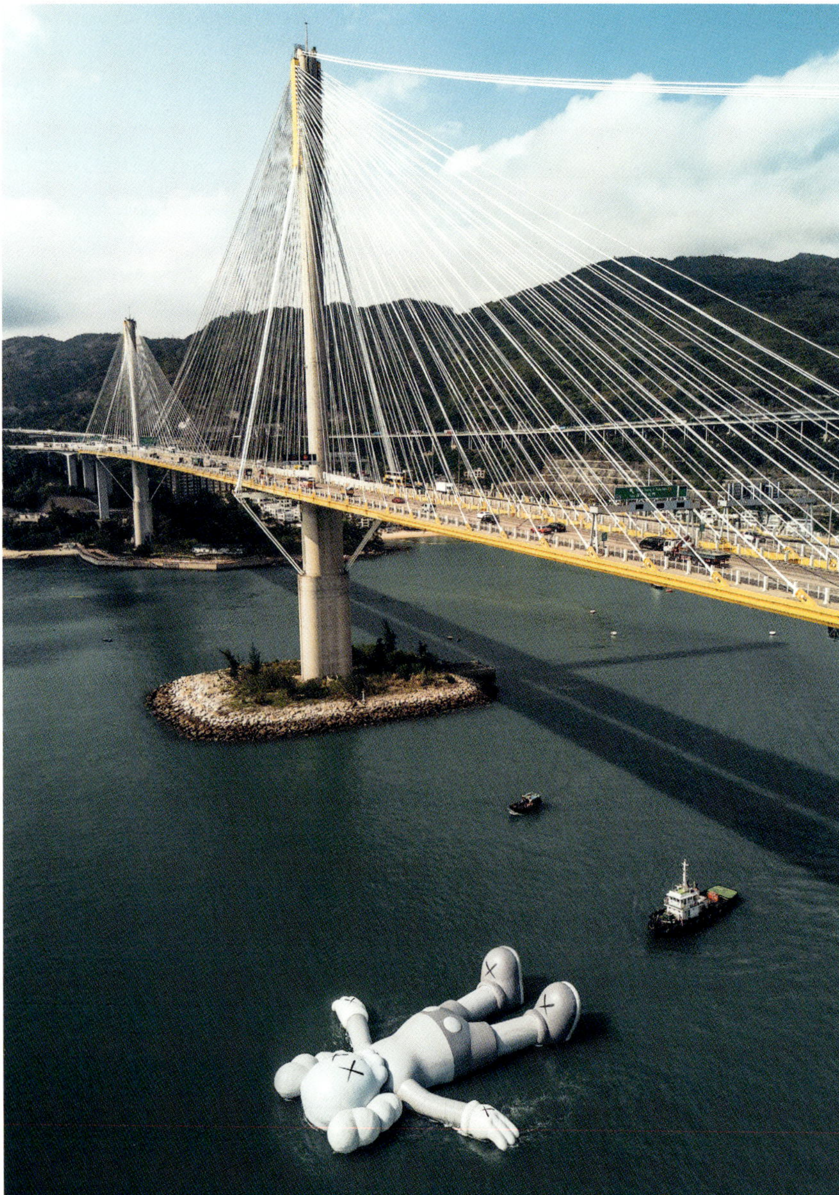

KAWS
HOLIDAY, 2019
Aufblasbar
Länge 37 m

Diese riesige aufblasbare Skulptur repräsentiert COMPANION, einen von KAWS' berühmtesten Charakteren. Mit ausgestreckten Armen liegt COMPANION auf dem Rücken und starrt in den Himmel. KAWS hat beschrieben, dass sein Werk ein Gefühl von Unbekümmertheit ausstrahlen sollte: »Ich wollte etwas schaffen, bei dem es wirklich um das Entspannen geht – sich Zeit für sich selbst nehmen und sich einfach nur hinlegen und nach oben schauen.«

kindlichen Verspieltheit zu Werke gehen. Diese kreative Energie erlaubt die freie Erkundung von Ideen. Manche Künstler, wie Pilvi Takala aus Finnland und Ugo Rondinone aus der Schweiz, arbeiteten direkt mit Kindern, um von deren Kreativität zu lernen.

Der britische Künstler Ryan Gander sieht sein Vorgehen als den Prozess des ergebnisoffenen verspielten Erkundens. Seinen kleinen Kindern beim Spielen zuzuschauen, inspirierte ihn zu vielen neuen Werken, darunter eine denkwürdige Serie von Marmorskulpturen, mit denen er die Verstecke und Unterschlüpfe verewigte, die seine Tochter aus Möbelstücken und Decken gebaut hat.

Angesichts der starken Verknüpfung zwischen zeitgenössischer Kunst und Spiel überrascht es kaum, dass viele Künstler, darunter auch Olafur Eliasson, Spielplätze entworfen haben. Andere, wie Takashi Murakami aus Japan, integrierten spielzeugartige Formen und leuchtend farbige Designs in ihre Werke. Murakamis ansprechende visuelle Sprache ist unverwechselbar. Er gehört zu einer wachsenden Anzahl von Künstlern, die mit Herstellern zusammengearbeitet haben, um Spielzeuge in begrenzter Auflage herauszubringen. Solche Kollaborationen lassen die Grenzen zwischen Kunst und Kommerz, zwischen einmaligen Objekten und Markenwaren in »Special Edition« verschwimmen. Der amerikanische Künstler KAWS ging ähnliche Partnerschaften mit einer Reihe von Unternehmen ein, um Waren – von Spielzeugen und Figuren bis Mode und Dekoartikeln – zu entwickeln. Seine charakteristischen Arbeiten zeigen eine Reihe süßer Charaktere, die anstelle der Augen Kreuze tragen, wodurch der Eindruck des Starrens erzeugt wird. Manche dieser Charaktere entstammen seiner Fantasie, während andere der Populärkultur entlehnt sind.

SICH EINBRINGEN

Zeitgenössische Künstler nutzten viele unterschiedliche Methoden, um das interaktive Potenzial ihrer Arbeiten zu maximieren, von Carsten Höllers riesigen Rutschen, die von Gebäuden herabführen, bis zu Martin Creeds ballongefüllten Galerien. Spaß und ansprechende Erlebnisse sorgen dafür, dass eine Idee sich leichter weiterverbreitet. Die Einladung, mitzumachen, ist klar.

Raus aus den muffigen alten Regeln in den Galerien und rein in ein Fest für die Sinne: anfassen, fühlen, lachen, kreischen

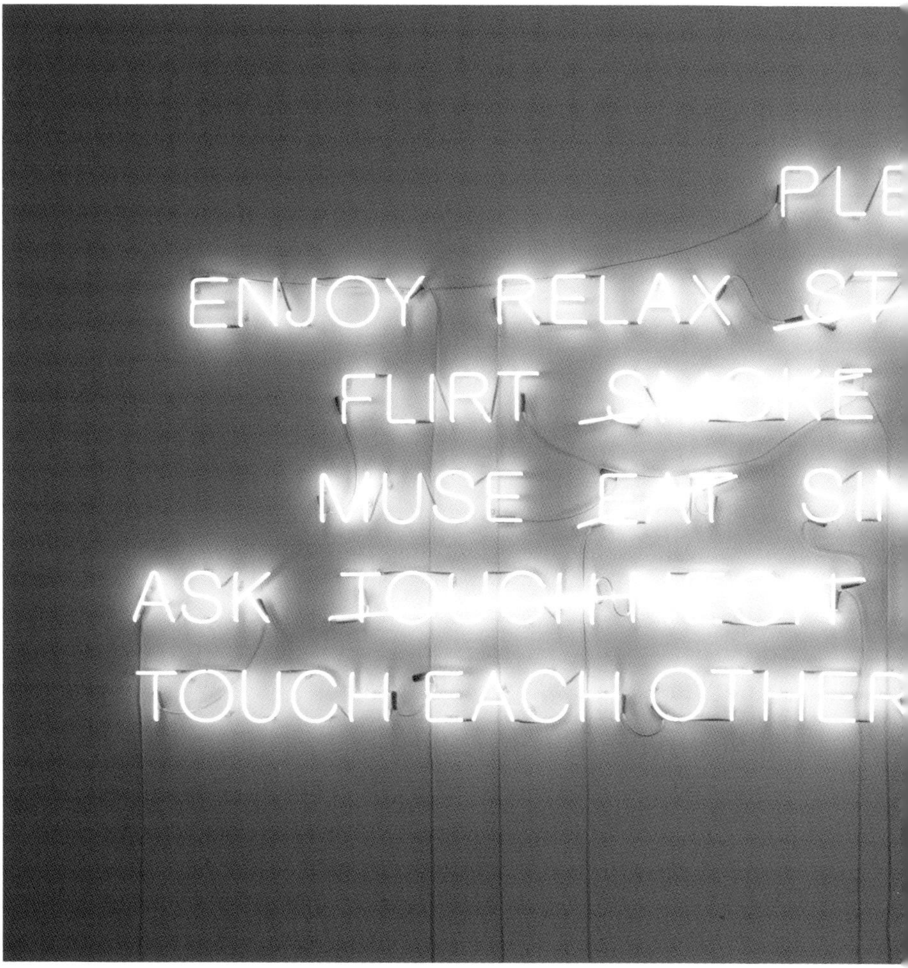

Jeppe Hein
Please ..., 2008
Weißer Neontext
165 x 487 cm

Galeriebesucher sind es gewohnt, sich an bestimmte Regeln zu halten: nichts anfassen, nichts essen, nicht mit Blitz fotografieren. Doch was wäre, wenn man diese Regeln über Bord werfen und durch verspieltere und freiere Anweisungen ersetzen würde? Dieses Werk schlägt genau das vor – eine ansprechendere und freizügigere Annäherung an die Kunst.

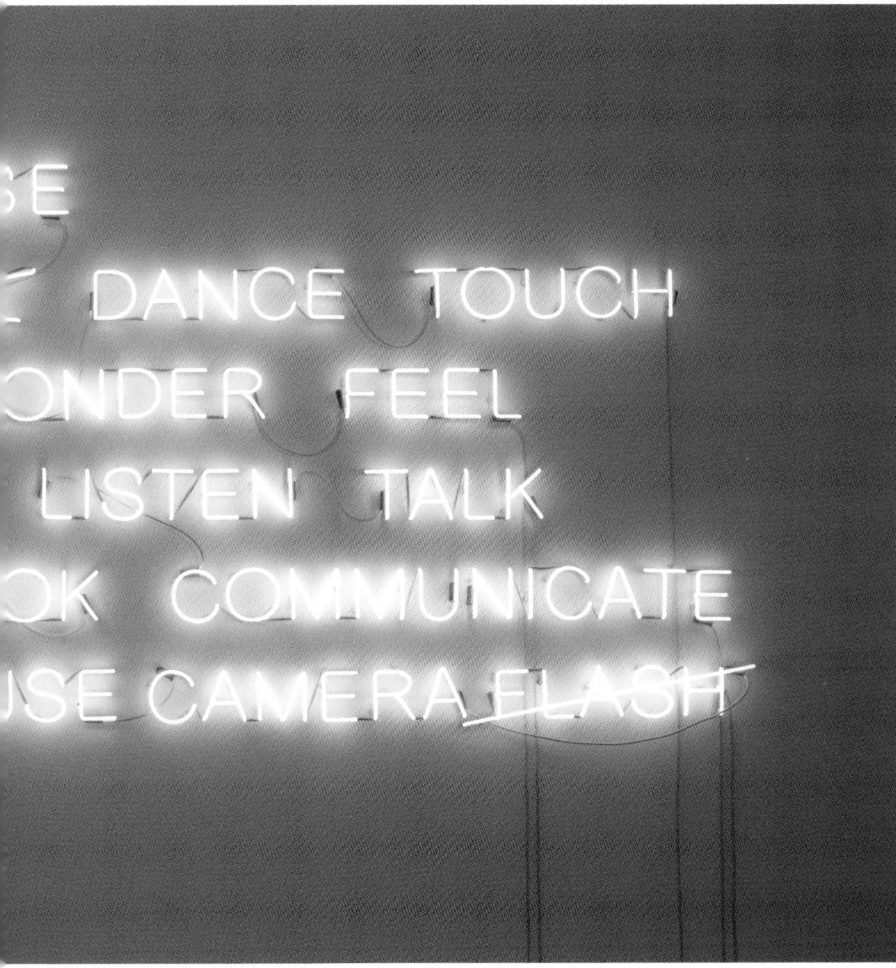
DANCE TOUCH
FEEL
LISTEN TALK
COMMUNICATE
CAMERA FLASH

Positive Publikumsreaktionen beeinflussen Besucherzahlen und Kritik. Die Galerie wird zum Ort, an dem man Spaß haben kann. Das kann beiden Seiten nützen ... *falls* der Spaß von Dauer ist.

Die Präsentation von Kunst im öffentlichen Raum kann unwahrscheinliche Interaktionen unter ungewöhnlichen Umständen verursachen. Arbeiten Künstler jenseits der Galerie, bietet sich ihnen die Möglichkeit, ein breiteres Publikum anzusprechen. So verfolgte der thailändische Künstler Rirkrit Tiravanija verschiedene Strategien, um Künstler und Zuschauer auf eine gemeinsame Ebene zu bringen. Eine bemerkenswerte Serie von Arbeiten nutzte etwa die Präsentation von Tischtennisplatten aus Edelstahl in öffentlichen Parks und auf Plätzen, um durch sie zum Spiel und zur Interaktion einzuladen. »Wichtig ist nicht, was Sie sehen, sondern, was zwischen den Menschen passiert«, erklärte Tiravanija. Der dänische Künstler Jeppe Hein verwandelte schlichtes urbanes Mobiliar in belebte öffentliche Räume. Die leuchtend farbigen Metallbänke sind alles andere als ergonomisch, doch laden sie mit ihrer seltsamen Form zu verspielter Interaktion ein. Entspanntes Sitzen wird zum sportlichen Kraftakt! Und Heins freche Wasserfontänen bespritzen ahnungslose Umstehende. Zeitgenössische Kunst kann den städtischen Raum wiederbeleben, uns die Welt auf frische Art erleben lassen und neue gesellschaftliche Verbindungen schmieden.

Bruce Nauman
Clown Torture, 1987
Vierkanal-Video mit Ton (zwei Projektionen, vier Monitore)
Schleife, etwa eine Stunde lang
Art Institute of Chicago

Diese immersive Videoinstallation ist ein Angriff auf die Sinne. Die Kakofonie aus Geräuschen, kombiniert mit den verstörenden Bildern von Clowns, die gefoltert werden, ist nur schwer zu ertragen. Dieses Werk testet die Grenzen des Humors und versucht herauszufinden, wie weit man mit dem Publikum gehen kann.

ERNSTHAFTER SPASS

Bevor wir uns in utopischen Visionen gemeinsamer Erfahrungen verlieren, wollen wir die vielen Künstler auf der dunklen Seite des Humors nicht vergessen. Ihr Werk kann konfrontativ und herausfordernd sein. Haben Sie sich jemals wirklich vor Clowns gefürchtet? Falls ja, sollten Sie sich vor *Clown Torture* (1987) des Amerikaners Bruce Nauman hüten. Die Videoinstallation zeigt ahnungslose Clowns, die allen Arten mentaler und körperlicher Strapazen ausgesetzt werden. Der Zuschauer, der ihr Unbehagen beobachtet, wird zum Komplizen. Das Werk soll zum Nachdenken über die nötigenden latenten Strömungen der Populärkultur und der Gesellschaft an sich anregen. Naumans amerikanische Zeitgenossen Mike Kelley und Paul McCarthy sowie die französische Künstlerin Annette Messager setzten ebenfalls Spielzeuge und Kindheitshelden subversiven Akten und Prozessen aus, um Probleme und Verhalten der Gesellschaft zu kommentieren. Ihr Werk inspirierte nachfolgende Künstlergenerationen dazu, dem subversiven Potenzial des Spiels nachzugehen.

Slapstick-Humor wird in *Deadpan* (1997) erkundet, dem bahnbrechenden Kurzfilm des britischen Künstlers und Filmemachers Steve McQueen. Basierend auf der berühmten Hurrikan-Szene aus Buster

Steve McQueen
Deadpan, 1997
16mm-Film auf Video übertragen (Schwarzweiß)
4 Minuten, 35 Sekunden

Slapstick nimmt in McQueens ikonischem Kurzfilm *Deadpan* eine ernste Wendung. Der immer und immer wieder mit zunehmender Geschwindigkeit und Intensität wiederholte Film zeichnet ein ergreifendes Porträt von Widerstandskraft und Gelassenheit angesichts von Ungemach. McQueen überhöht den Slapstick-Einzeiler, um tiefere Wahrheiten zu enthüllen.

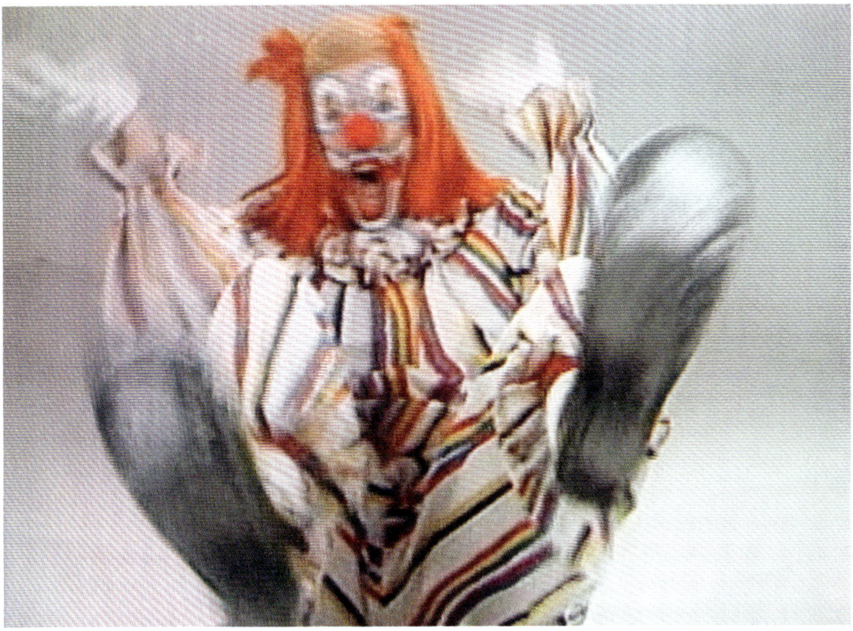

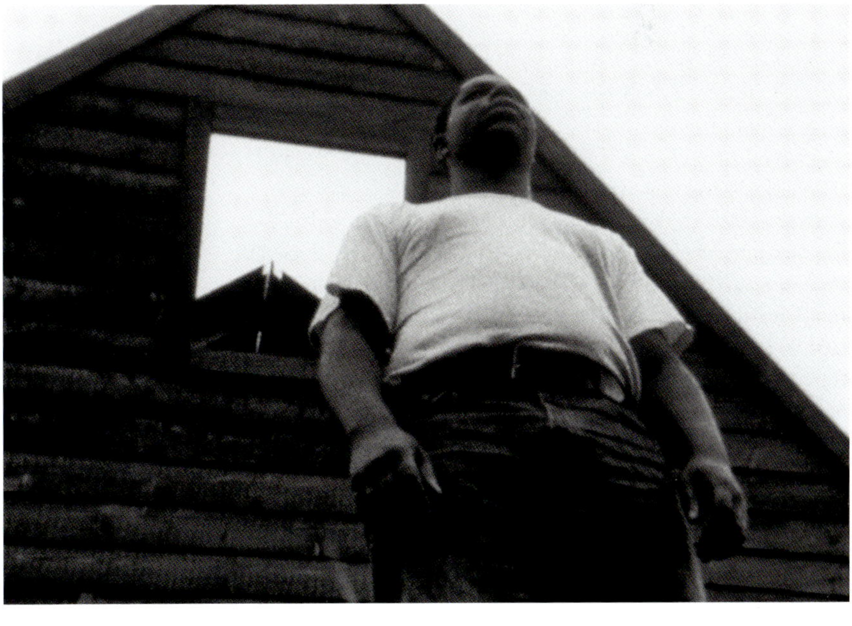

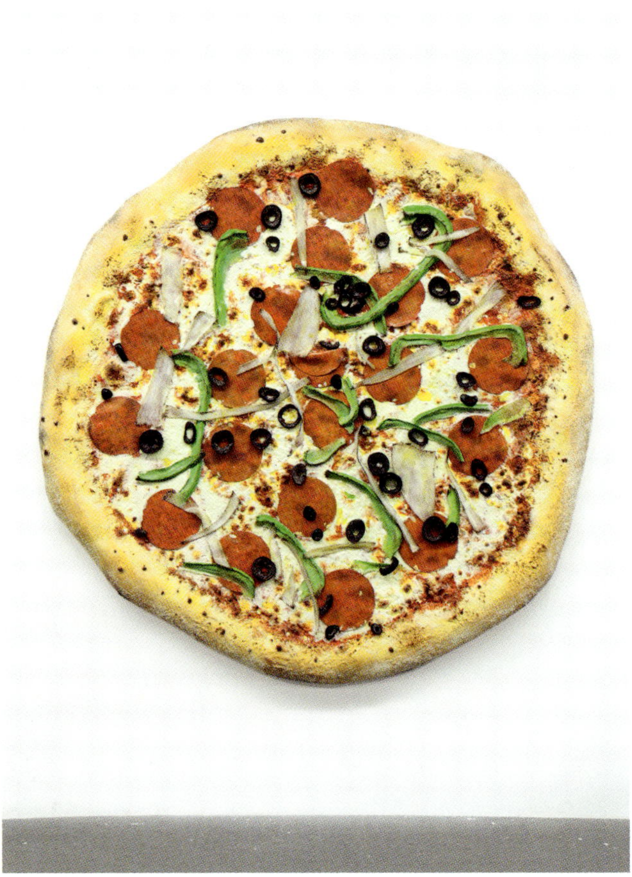

Tom Friedman
Untitled (Pizza), 2013
Styropor und Farbe
218,44 x 218,44 x 12,7 cm

Diese gigantische Pizza voller Pepperoni, Gemüse und Käse scheint zum Reinbeißen gut zu sein. Natürlich ist dieses köstliche Backwerk vollkommen ungenießbar. Friedmans akribisches Können lässt die Betrachter innehalten, und sei es nur kurz, und über ein Paralleluniversum mit unbegrenzten Mengen an Pizza nachdenken.

Keatons Film *Steamboat Bill, Jr.* von 1928 zeigt McQueens kurzer Schwarzweißfilm den Künstler, der stoisch stehen bleibt, während das Haus um ihn herum zusammenfällt. Mit sich selbst in der Hauptrolle kommentiert McQueen den Mangel an schwarzen Vorbildern in der Geschichte des Films. Comedy kann ein ernstes Geschäft sein.

DER LETZTE LACHER

Dieses Kapitel begann mit dem Verweis auf *Trompe-l'oeil*-Effekte in der Kunst, surrealistische Objekte und Marcel Duchamps schockierende »Readymades«. Viele heutige Künstler befassen sich mit der Macht der Suggestion und der Umnutzung von Objekten.

Seltsam geformtes Obst, Tiere, die komische Sachen machen, und Fäkalwitze bringen uns vermutlich immer zum Lachen. Sie bieten Künstlern Gelegenheit, ihr Werk frisch und ansprechend zu erhalten. Nehmen Sie die Arbeiten des amerikanischen Künstlers Tom Friedman. Seine verblüffenden Objekte aus Alltagsmaterialien verbinden Witz und Handwerkskunst: ein lebensgroßes Selbstbildnis aus Würfelzucker, eine perfekte Kugel aus 500 gekauten Kaugummis und ein erstaunlicher Stern aus 30.000 Zahnstochern.

Die Britin Sarah Lucas machte in den 1990er-Jahren Schlagzeilen mit ihren unverschämten Skulpturen, in denen sie Nahrungsmittel verwendete. In einem berühmten frühen Werk kombinierte sie einen alten Tisch, zwei Eier und ein Kebab, um damit eine liegende weibliche Form anzudeuten. Die suggestive Reduzierung der Figur erinnert an surrealistische Kunst, jedoch erweitert um einen feministischen Kommentar zur Darstellung von Weiblichkeit. Lucas produziert immer noch schlüpfrige Skulpturen aus verschiedenen Materialien. So stopfte sie Nylonstrumpfhosen aus, um zerknautschte Körperteile zu erschaffen, riesige Glieder und Hängebrüste.

Der letzte Lacher soll für Maurizio Cattelan reserviert sein. Dieser berühmt-berüchtigte italienische Künstler gilt vielen als der vielleicht

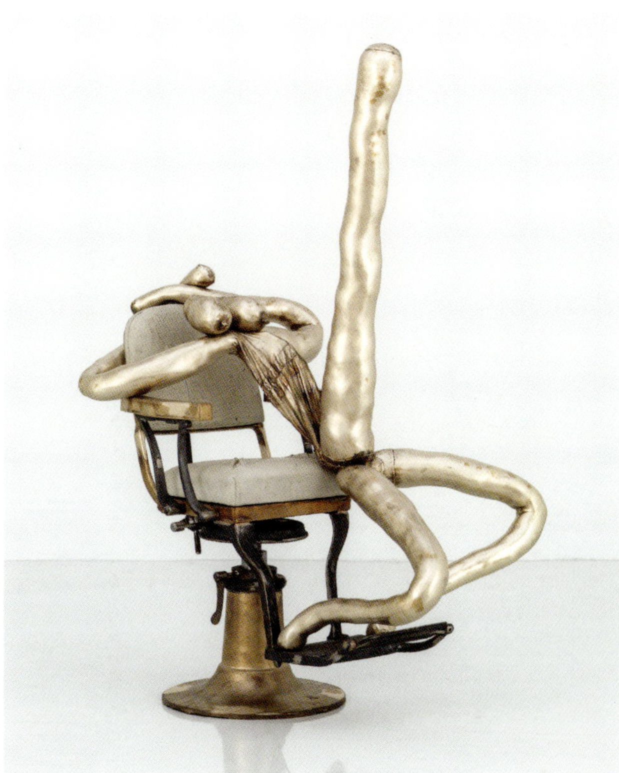

Sarah Lucas
DICK 'EAD, 2018
Bronze, Beton und Gusseisen
Edition aus 6 + 2 Künstlerabzüge
172 x 78,5 x 116,5 cm

Dieses neuere Werk ist typisch derb und ordinär – das künstlerische Äquivalent eines schmutzigen Witzes. Mit ihren durchhängenden Falten und erigierten Auswüchsen erinnern diese anzüglichen Skulpturen an Lucas' frühere Experimente mit ausgestopften Strumpfhosen und phallischen Lebensmitteln. Die Verwendung polierter Oberflächen und traditioneller Materialien wie Bronze verleiht diesen Werken einen etwas altmodischen Glanz und Permanenz.

größte Scherzkeks der Kunstwelt. Einer seiner dreistesten Akte in der jüngsten Zeit bestand darin, mit Klebeband eine Banane an die Wand der Kunstmesse Art Basel in Miami Beach zu kleben. Das Werk mit dem Titel *Comedian* (2019), von dem drei Exemplare hergestellt worden waren, war bereits am ersten Ausstellungstag ausverkauft: für 120.000 Dollar pro Banane, komplett mit speziellen Anweisungen für künftige Präsentationen. *Comedian* löste eine internationale Debatte über den Preis und den Zweck von Kunst aus. Ein Künstler, der die Messe besuchte, beschloss sogar, die Banane aus Protest aufzuessen. Sie wurde schnell ersetzt. So viel Spaß auf der Messe!

Doch zurück zur Ausgangsfrage: »Welchen Regeln folgt das Spiel?« Nun, tatsächlich gibt es keine Regeln. Zeitgenössische Kunst bietet unzählige Möglichkeiten und ein weites Feld für das Spiel. Es gibt Raum, um Materialien und Ideen zu erkunden. Raum, mitzumachen und abzukichern. Freiheit, um dunklere Themen zu erkunden und Kommentare zu gesellschaftlichen Themen abzugeben. Wenn Sie das nächste Mal ein zeitgenössisches Werk in einer Galerie oder der Öffentlichkeit sehen, versuchen Sie, diese Strategien oder Hinweise darauf zu entdecken.

Maurizio Cattelan
Comedian, 2019
Frische Banane, Klebeband
Variable Maße

***Comedian* verursachte einen internationalen Aufschrei, als es 2019 zum ersten Mal auf der Art Basel Miami Beach ausgestellt wurde. Presse und Publikum waren gleichermaßen erstaunt angesichts dieser dreisten Installation und ihres unerhörten Preises. Cattelan genießt die Chance, mit seiner Kunst eine starke Reaktion hervorzurufen: zu schockieren, zu erleuchten, zu amüsieren.**

WICHTIGE IDEEN

- Viele zeitgenössische Künstler nutzen Verspieltheit und Humor, um das Publikum zu Interaktion und Dialog anzuregen.
- Der freie Geist der Kindheit bietet eine Quelle der Inspiration. Manche Künstler haben Spielzeuge und Spielplätze entworfen oder einfache, farbenfrohe Bildelemente integriert.
- Humor und Witze können ernste Aussagen über Gesellschaft, Politik und menschliches Verhalten vermitteln.
- Ein spielerisches Vorgehen hat zur innovativen Verwendung einfacher oder alltäglicher Materialien geführt.

WICHTIGE KÜNSTLER

- Jeremy Deller | Jake & Dinos Chapman | Sylvie Fleury | Rodney Graham | Yue Minjun | Yoshitomo Nara | David Shrigley | Ryan Trecartin | Pipilotti Rist | Bedwyr Williams

WICHTIGE AKTIVITÄTEN

- Falls Sie jüngere Verwandte haben, fragen Sie diese nach ihrer Meinung über ein Werk oder eine Ausstellung; ihre Ideen können erhellend sein.
- Versuchen Sie sich an »Window-Shopping« und suchen Sie online nach käuflichen Waren von Künstlern.

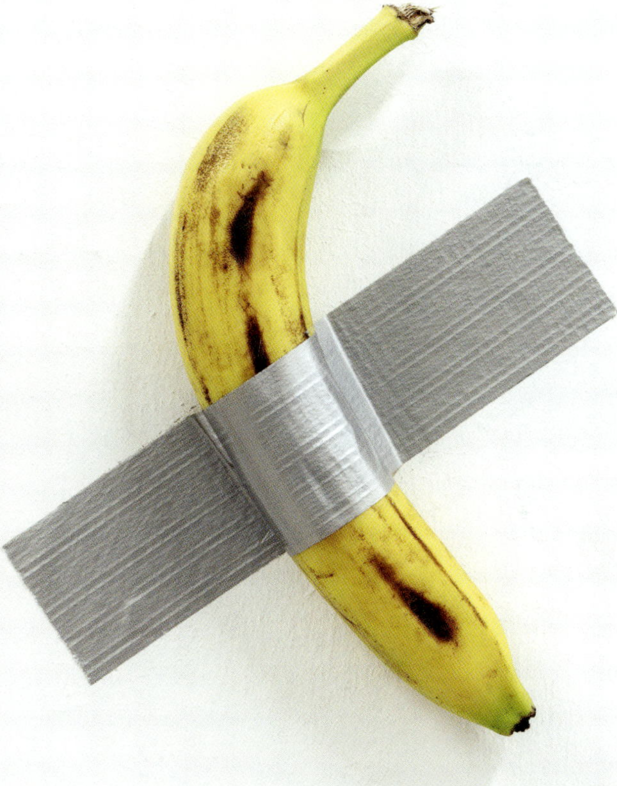

CARSTEN HÖLLER
*1961, BRÜSSEL, BELGIEN

Lebt und arbeitet in Stockholm, Schweden, und Biriwa, Ghana

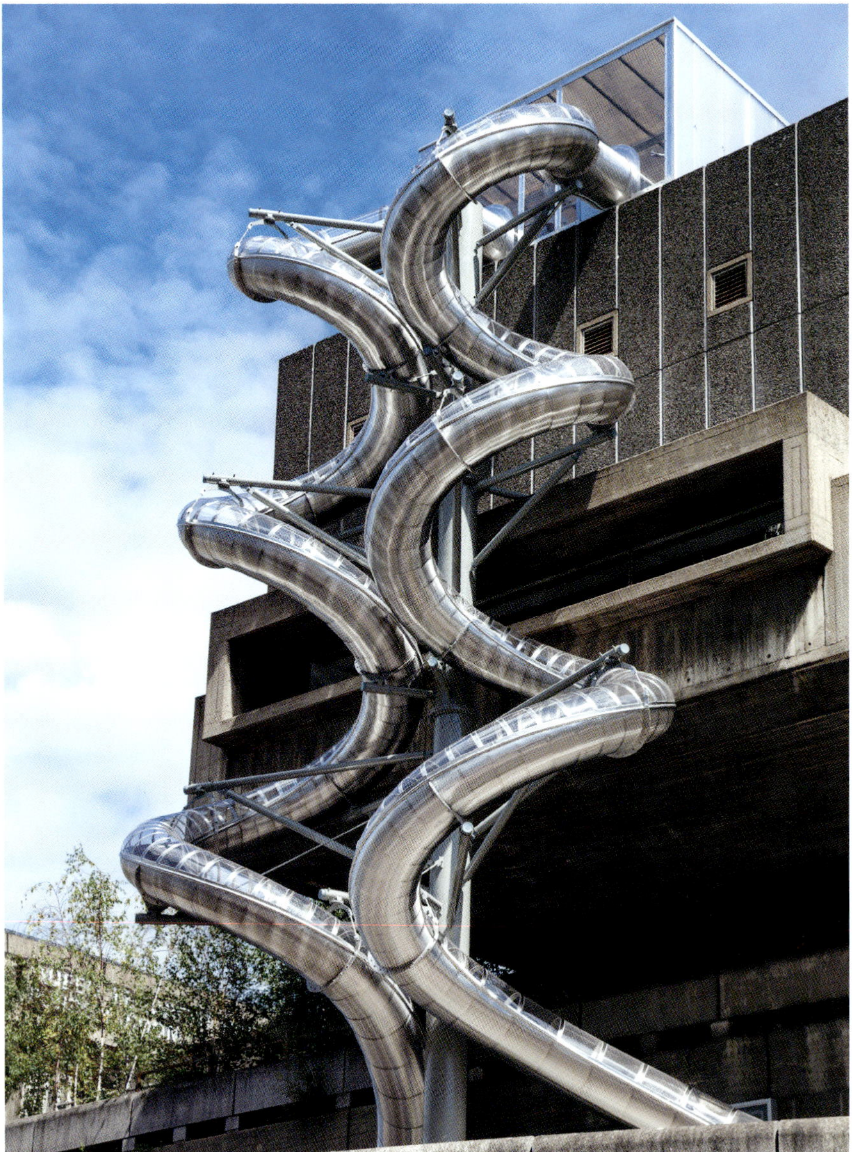

Carsten Höller
Isomeric Slides, 2015
Installation
Hayward Gallery, London

Begleitend zu Höllers großer Ausstellung »Decision« (2015) wurden zwei Rutschen an der Hayward Gallery installiert. Am Ende der Ausstellung konnten die Besucher, so sie das wollten, über eine der Rutschen wieder in das Erdgeschoss gelangen. Die Rutschen boten ein letztes aufregendes und unvergessliches Erlebnis: eine rasante Reise an der Außenseite des Gebäudes entlang.

Für Carsten Höller ist eine Ausstellung ein interaktiver Ort zum Experimentieren. Seine verspielten Installationen verlangen vollen körperlichen Einsatz: Sie wirbeln uns herum, lassen uns fliegen und stellen unsere Welt auf den Kopf, bevor sie uns herauswerfen. 2006 verwandelte Höller die Galerien des Mass MoCA in einen *Amusement Park*, wobei er die Besucher verwirrte, indem er die Fahrgeschäfte auf Schneckentempo verlangsamte. Seine *Upside-Down Goggles* waren ähnlich verwirrend: Sie kehrten die Sicht des Trägers um. Indem er sein Publikum im wahrsten Sinne des Wortes bewegt und erschüttert, lädt Höller uns ein, die Welt aus anderen Perspektiven zu sehen. Kann sich unser Leben verändern, wenn wir uns oft genug neuen Erfahrungen öffnen?

Höllers vermutlich bekannteste Werke sind riesige, komplizierte Rutschen. Die Röhrenstrukturen aus Plexiglas winden sich dramatisch um Museen und Galerien. Besucher sind eingeladen, zu rutschen, die Kontrolle zu verlieren, zu schreien, zu lachen. Benutzt man eine von Höllers Rutschen, kann man in wenigen Sekunden das volle Spektrum an Emotionen von Angst bis Freude erleben. Er hält eine Rutsche für ein »Gerät zum Erleben eines einmaligen Zustandes irgendwo zwischen Entzücken und Wahnsinn«. Sie ist für ihn eine »Skulptur, in der man sich bewegen kann«. Rast man durch die Röhre, fordert dies unser Verständnis, wie man sich in einer Galerie verhält und bewegt, heraus. Wir sind gewöhnt, gemächlich zu schlendern oder mit dem Aufzug zu fahren, nicht zu rasen.

Höller schuf seine ersten Rutschen für die Berliner Biennale 1998. 2006 entwarf er einen aufwendigen Aufbau aus fünf Rutschen für die Turbinenhalle der Tate Modern in London. Diese dynamische Installation mit dem Titel *Test Site* lud die Besucher ein, verschiedene Arten von Rutschen auszuprobieren. Die Galerie wurde zum Experiment und das Publikum lieferte die Daten.

WICHTIGE FAKTEN

- Carsten Höller hat nie eine Kunstschule besucht. Er studierte Agrarwissenschaften, promovierte in Phytopathologie und arbeitete bis 1994 als Entomologe in der Forschung.
- 2000 installierte Höller für die italienische Designerin Miuccia Prada im Mailänder Prada-Hauptquartier eine Rutsche, damit sie stilvoll von ihrem Büro zu ihrem Auto gelangen kann.

WICHTIGE ARBEITEN

- *Upside-Down Mushroom Room*, 2000, Installation am MOCA, Los Angeles, USA, 2005–6
- *Amusement Park*, 2006, Installation am Massachusetts Museum of Contemporary Art, USA, 2006

ANNETTE MESSAGER
*1943, BERCK, FRANKREICH

Lebt und arbeitet in Malakoff, Frankreich

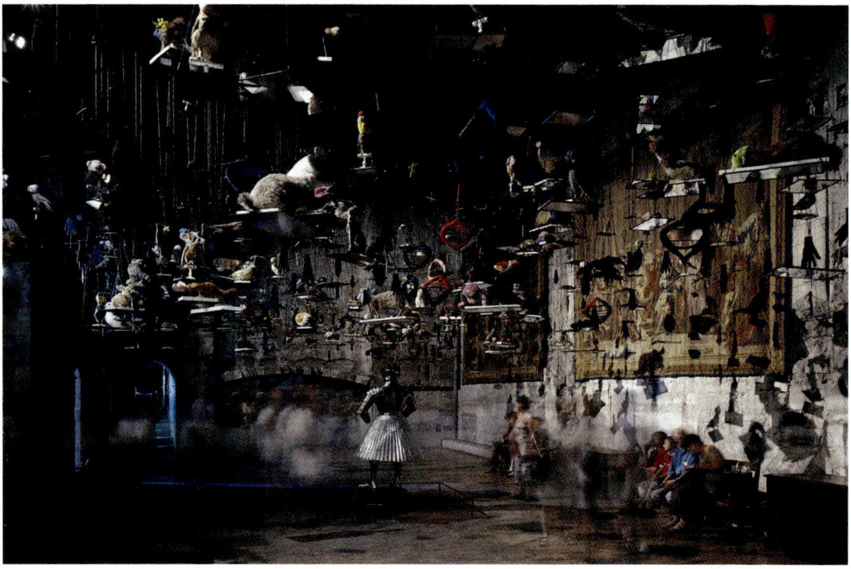

Annette Messagers Werk ist bewusst verspielt und weicht verschmitzt von der Norm ab. Es lässt sich nicht leicht kategorisieren und folgt nicht den etablierten Genres. Als Kunststudentin in den späten 1960er-Jahren zog Messager Kraft aus den damals zirkulierenden Ideen der feministischen und Konzeptkunst. Diese befreienden Prinzipien lieferten den Rahmen, in dem sie ihren ganz eigenen Ansatz entwickeln konnte.

Messager zieht Inspiration aus einer Vielzahl kultureller Quellen, von Astrologie und Okkultismus bis Symbolismus, Surrealismus und Art brut (auch: Outsider Art oder Außenseiterkunst). Sie zieht außerdem ein breites Spektrum an Fiktion heran, darunter Märchen, Mythen und Filme. Messagers Umgang mit Materialien ist gleichermaßen vielfältig. »Ich mag Krimskrams, Herumspielen, das Aufeinanderprallen verschiedener Genres.« Sie hat Drucke, Fotos, Zeichnungen und Bücher hergestellt und außerdem großformatige, dramatische Installationen geschaffen, in denen sie Puppen, Teddys, Marionetten und ausgestopfte Tiere und Vögel verwendet. Diese unschuldigen Formen erfahren eine sinistre Wandlung, wenn sie ausgestopft, aufgehängt und auf gruselige Weise angeordnet werden. Auf Stöcke gespießt oder von der Decke hängend, scheinen diese kindischen Sachen zwischen Leben und Tod festzustecken. Sie spielen eine Rolle in einer sehr erwachsenen Art von Theater, gleichzeitig grotesk, grauenerregend und absichtlich absurd.

Messagers Art rührt an persönliche Erinnerungen und Erfahrungen, hat aber auch politische und historische Implikationen. Als Frau betrachtet Messager sich als marginalisierte Künstlerin. Ironischerweise bot das Ignoriertwerden ihr Raum und Gelegenheit für Regelbrüche und die Freiheit des Ausdrucks.

Annette Messager
Eux et Nous, Nous et Eux, 2000
Handschuhe, Buntstifte, Spiegel, ausgestopfte Tiere und Plüschspielzeuge
Variable Maße

Diese außerordentliche Installation entstand für die Ausstellung »La Beauté« im französischen Avignon, 2000. Messager reagierte auf die kunstvollen Tapeten im Papstpalast, indem sie eine große Anzahl ausgestopfter Kreaturen mit Spielzeugköpfen aus Plüsch herstellte. Jede der hybriden Figuren hockte auf einer verspiegelten Plattform, die von der Decke abgehängt war. Die Besucher wurden eingeladen, unter diesem in der Luft schwebenden Spektakel herumzulaufen.

WICHTIGE FAKTEN

- Messager repräsentierte Frankreich auf der 51. Biennale in Venedig im Jahre 2005. Für ihre immersive Installation *Casino* (2004–5), die auf der Geschichte von Pinocchio basiert, wurde sie mit dem Goldenen Löwen ausgezeichnet.
- 2016 gewann Messager den angesehenen internationalen Kunstpreis Praemium Imperiale für Skulptur.

WICHTIGE ARBEITEN

- *Les Piques (Die Piken)*, 1992–3, Installation, Centre Pompidou, Paris, Frankreich
- *Petite Babylone*, 2019, Marian Goodman Gallery, New York, USA, und Paris, Frankreich

TAKASHI MURAKAMI
*1962, ITABASHI, TOKIO, JAPAN

Lebt und arbeitet in Tokio, Japan, und New York, USA

Man kann leicht verstehen, wieso Takashi Murakami oft mit Andy Warhol verglichen wird. Genau wie Warhol sucht Murakami sowohl in der Hoch- als auch in der Alltagskultur nach Inspiration und hat das kommerzielle Potenzial seiner Kunst maximiert. Warhol betrieb seine »Factory« in einem Loft in New York, wo Angestellte die Produktion übernahmen. Murakamis 2001 in Tokio gegründetes Handelsunternehmen Kaikai Kiki Co. Ltd. beschäftigt Hunderte von Menschen, die seine Werke produzieren und vermarkten.

Murakamis Interesse an japanischer Kultur erstreckt sich über viele Genres, von traditioneller Blumenmalerei bis zu den neuesten *Animes* und *Mangas*. Mittels Elementen aus den einzelnen Quellen erschafft er eine ganz eigene visuelle Sprache. Seine Kunst ist bunt, mit einer »superflachen« Comicbuch-Präzision. Er nutzt eine Vielzahl an Charakteren, darunter DOB, der oft den Künstler selbst repräsentiert. Die Bildsprache weist eine kindliche Unschuld und ein klares Interesse am japanischen Konzept von *kawaii* oder »Niedlichkeit« auf. Allerdings verdeckt das Zuckersüße kaum das Vorhandensein erwachsener Themen und sinistrer Untertöne.

Murakami erschafft Gemälde und Skulpturen für wichtige Galerien und Museen. Seine große Wanderausstellung »© Murakami« führte ihn von 2007 bis 2009 nach Los Angeles, New York City, Frankfurt und Bilbao. Er ist außerdem berühmt für eine bemerkenswerte Breite an Merchandising-Artikeln, von T-Shirts und Bettwäsche bis Mauspads und kleinen Spielzeugen. Eine Zusammenarbeit mit dem Modehaus Louis Vuitton (2003–15) führte zu einer exklusiven Kollektion an Hand- und Reisetaschen. Abgesehen vom Preis gibt es nur wenig, was Murakamis Kunst von seinen Verkaufswaren unterscheidet: Alle Artikel haben denselben typischen Stil, dieselbe unverwechselbare Bildsprache. Murakami erinnert uns ganz unironisch an die engen Verbindungen zwischen Kunst und Kommerz, die beide aus unserer warengetriebenen Gesellschaft erwachsen.

Takashi Murakami
Flower Ball (3-D), Kindergarten, 2007
Acryl und silbernes Blattgold auf Leinwand, auf ein Brett montiert
100,3 x 100,3 cm
Gagosian Gallery, New York

Murakami findet Blumen sowohl anziehend als auch bedrohlich. In diesem Gemälde könnte man die lächelnden Blumen als süß interpretieren, die grinsende Masse wirkt aber gleichzeitig auch gefährlich. Murakamis Interesse an solchen Gegensätzen kann man auch in der Kombination seiner typisch »superflachen« Bildoberfläche mit der Andeutung einer Kugelform erkennen.

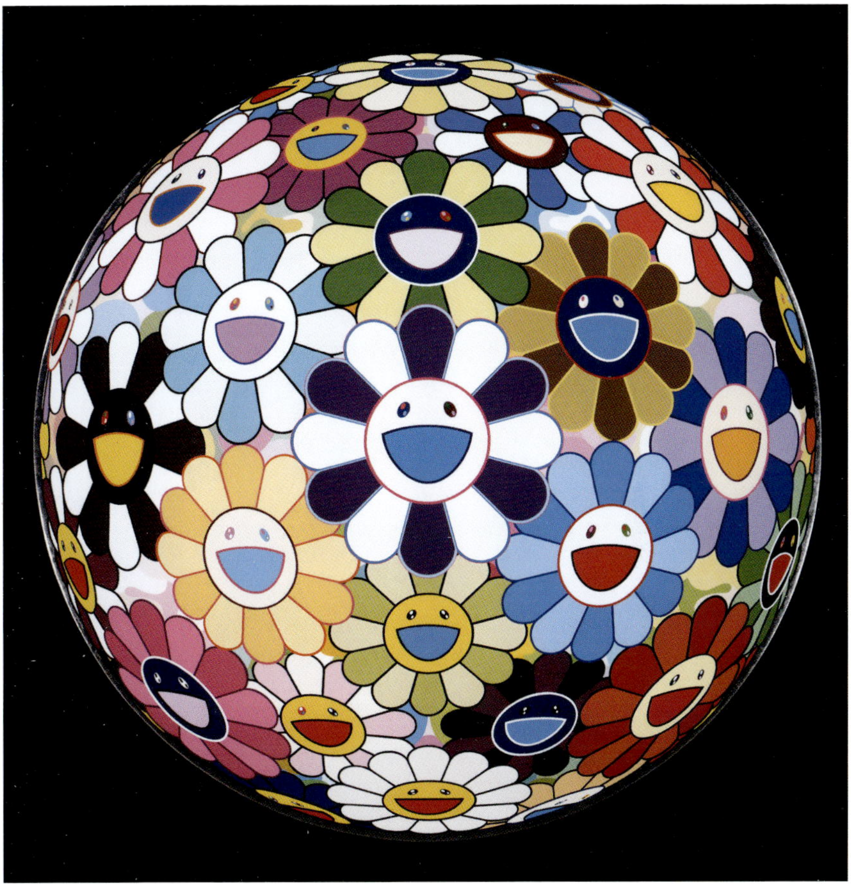

WICHTIGE FAKTEN

- Takashi Murakami erwarb einen Abschluss an der Kunsthochschule in Tokio. Zu seiner Ausbildung gehörte auch das *Nihonga* – traditionelle japanische Malerei.
- 2001 kuratierte Murakami die Gruppenausstellung »Superflat« am Museum of Contemporary Art in Los Angeles, die Werke von Künstlern zeigte, die von der flachen Ästhetik der japanischen Kultur beeinflusst sind.
- Murakamis Kunst wird wegen ihrer engen Verbindungen zur Pop-Art oft als Post-Pop oder Neo-Pop bezeichnet.

WICHTIGE WERKE

- *727*, 1996, Museum of Modern Art, New York, USA
- *Invoking the Vitality of a Universe Beyond Imagination*, 2014, Gagosian Gallery, New York, USA

UGO RONDINONE
*1964, BRUNNEN, SCHWEIZ

Lebt und arbeitet in New York, USA

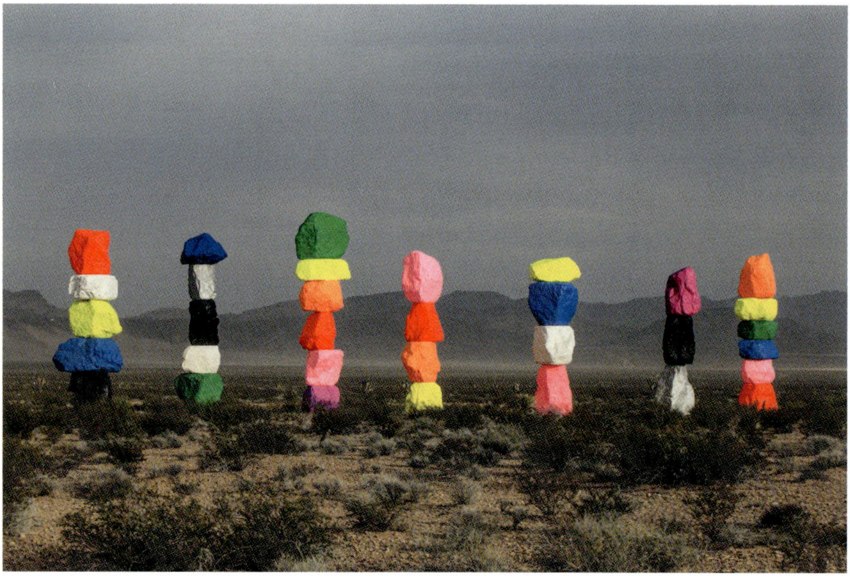

Ugo Rondinones Kunst hat etwas Kindliches: ein Gefühl des Staunens angesichts der natürlichen Welt, Freude an einfachen Farbklötzen sowie Ehrlichkeit und Direktheit. Rondinone sagte einmal: »Alle Künstler halten das Wunderbare am Leben. Kunst beginnt in der Kindheit. Als Künstler zehrst du von den Kindheitserinnerungen. Viele Künstler ziehen sich als Kinder zurück und erschaffen sich ihre eigene Welt. Ihre Kunst bringt dies zutage.« Rondinone dringt darauf, dass seine Kunst leicht verständlich ist. Er vermeidet komplexe intellektuelle Positionen und setzt stattdessen auf eine vertraute Bildsprache und regt zum direkten persönlichen Dialog an: »Ich sage immer, dass man ein Kunstwerk nicht verstehen muss. Man muss es einfach fühlen. In meinem Werk nutze ich sehr einfache rohe Symbole, etwas, mit dem jeder etwas verbinden kann, vom Kind zum alten Menschen, von Ost bis West.«

Rondinone arbeitet mit vielen unterschiedlichen Medien. Ein Großteil seiner Arbeit konzentriert sich auf die Beziehung zwischen Natur und Künstlichem, Logik und Irrationalität. Eine Menge In-

Ugo Rondinone
Seven Magic Mountains, 2016
Sieben leuchtende Totems, bestehend aus bemalten, lokal gebrochenen Felsbrocken
Höhe, jeweils 9,14–10,66 m
Nevada Museum of Art, Las Vegas

Diese mehr als neun Meter aufragende Installation ist das größte auf dem Boden stehende Kunstwerk in den USA seit mehr als 40 Jahren. Die einzelnen Felsen wiegen zwischen zehn und fünfzehn Tonnen. Die Arbeiten dauerten fast fünf Jahre und umfassten komplexe technische und rechtliche Verhandlungen.

spiration hat er aus der deutschen Romantik, die erhabene Visionen der Natur mit starken menschlichen Emotionen verband. In Rondinones Werken tauchen immer wieder Regenbogenmotive auf, in farbenfrohen Airbrush-Gemälden und als Neonzeichen, die positive Botschaften verkünden. Außerdem hat Rondinone Schulkinder von Mexiko bis Moskau eingeladen, eigene Bilder von Regenbögen und Sonnen herzustellen. Diese gemeinsamen Darstellungen vermitteln positive und hoffnungsvolle Botschaften.

Berge boten eine weitere wichtige Quelle der Inspiration. Rondinones spektakuläre Installation *Seven Magic Mountains* (2016) besteht aus sieben vor Ort gebrochenen und aufgestapelten Kalksteinbrocken, die jeweils mit Leuchtfarbe bemalt wurden. Dieses atemberaubende Werk direkt am Freeway zwischen Las Vegas und der Mojave National Preserve mit den McCullough Mountains sichtbar in der Ferne dient als Brücke »zwischen Mensch und Natur, Künstlichem und Natürlichem, Damals und Jetzt«.

WICHTIGE FAKTEN

- 2013 präsentierte Rondinone vor dem Rockefeller Center in New York *Human Nature*. Das Werk bestand aus neun riesigen Blaustein-Figuren, über der urbanen Landschaft schwebend.
- Für seine Ausstellung »Vocabulary of Solitude« am Museum Boijmans Van Beuningen arrangierte Rondinone 2016 fünfundvierzig lebensgroße Clownsfiguren, die menschliche Emotionen nachahmten.

WICHTIGE WERKE

- *Liverpool Mountain*, 2018, Tate Liverpool, Großbritannien

Ugo Rondinone
Hell, Yes!, 2001
Neon, Acrylglas, durchscheinender Film, Aluminium
7,30 x 2,80 x 0,15 m

Seit 1997 hat Rondinone eine Reihe von regenbogenfarbenen Neonzeichen an öffentlichen Plätzen aufgestellt. Jedes Zeichen vermittelt eine positive Botschaft aus der Popmusik oder dem Alltagsleben. Der Regenbogen ist ein meteorologisches Phänomen, das für Freude, Liebe und Hoffnung steht. Die Regenbogenflagge repräsentiert LGBTQIA+-Stolz und feiert die Vielfalt der menschlichen Sexualität und Geschlechter.

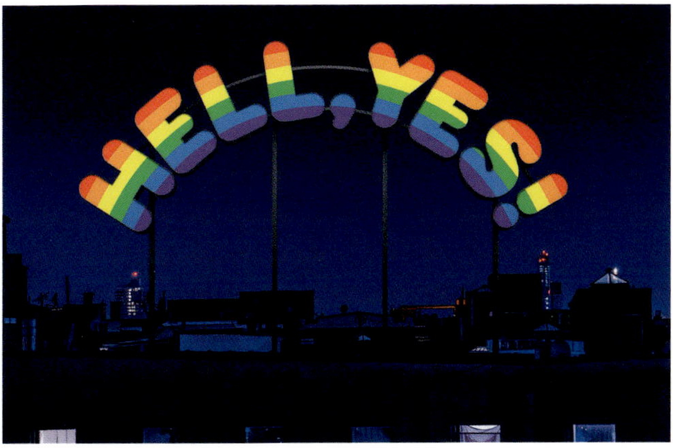

PILVI TAKALA
*1981, HELSINKI, FINNLAND

Lebt und arbeitet in Berlin, Deutschland, und Helsinki, Finnland

Pilvi Takala interessiert sich für Regeln: nicht die offiziellen, schriftlich festgehaltenen, sondern die ungesagten Sitten und Gebräuche, die wir allmählich und unbewusst lernen. Takala erkundet die Verwirrung, die man an einem Ort mit fremdartigen Gepflogenheiten erlebt: »Ich bin gern an unberechenbaren Orten.« Nach sorgfältiger Recherche betritt sie einen neuen Alltagskontext, in dem sie mit schelmischen und vorsichtig Unruhe stiftenden Aktionen die anerkannten Grenzen testet. 2008 absolvierte sie ein Trainee-Programm in der Marketing-Abteilung von Deloitte, Helsinki. Einen Monat lang schlenderte, bummelte und starrte sie herum, sehr zur Verwunderung und Frustration ihrer Kollegen.

Einige von Takalas bemerkenswertesten Performances erwachsen aus einem Geist bewusster Naivität. In dem Kurzfilm *Real Snow White* (2009) verkleidete sie sich als die berühmte Disney-Figur und stellte sich in der Schlange an, um ein Ticket für Eurodisney zu erwerben. Ihre Hoffnungen wurden von einigen eifrigen Sicherheitsleuten zerschlagen, die ihr klarmachten, dass ihre Anwesenheit problematisch sei. In ihrem Bemühen, ihre Gründe zu erklären, kamen die Sicherheitsleute zu dem Schluss, dass Takala die Autorität des »echten« Schneewittchens im Park unterlaufen würde. Außerdem wäre es inakzeptabel für eine Erwachsene, das komplette Kostüm zu tragen. Takala hatte unsichtbare Grenzen ausgereizt und ungeschriebene Regeln enthüllt.

2013 gewann Takala einen angesehenen EMDASH Award, mit dem neue Talente in der Performance-Kunst geehrt werden. Bei ihrer Arbeit mit der Frieze Foundation und als Pädagogin führte sie mehrere Workshops für einen Jugendclub von Acht- bis Zwölfjährigen in Bow, East London, durch. Die Kinder bildeten ein Komitee, um über die Verwendung des Preisgeldes in Höhe von 7.000 Pfund zu entscheiden. Nach längerer Diskussion verkündete das Komitee,

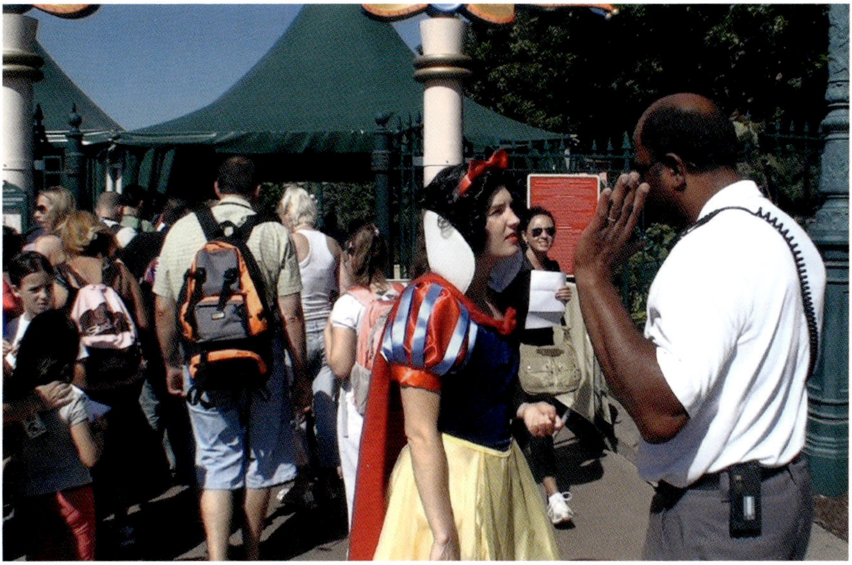

Pilvi Takala
Real Snow White, 2009
Video
9 Minuten 19 Sekunden

Takalas Ankunft in Eurodisney erregte ziemliches Aufsehen. Sorgfältig als Schneewittchen gekleidet, ging sie zielstrebig an das Ende der Schlange und wurde dabei nur von Kindern angehalten, die ein Autogramm haben, sowie von Eltern, die ein Gruppenfoto machen wollten. Sie wurde schnell von Angestellten abgefangen, die argumentierten: »Nur das echte Schneewittchen darf sich so kleiden. Sie dürfen das nicht.«

dass man das Geld für eine »Fünf-Sterne-Hüpfburg« ausgeben werde. Das Spielgerät wurde ordnungsgemäß installiert, sodass alle Spaß daran haben können. *The Committee* (2014) vereint das Interesse, Kinderspiele zu spielen und Wünsche zu erfüllen, mit dem Tragen von Verantwortung und Fertigkeiten, die nötig sind, um Entscheidungen zu treffen.

WICHTIGE FAKTEN

- 2013 gewann Pilvi Takala eine staatliche finnische Auszeichnung für Bildende Kunst.
- 2022 vertrat Takala Finnland auf der 59. Biennale in Venedig. Sie stellte eine extra beauftragte Videoinstallation namens *Close Watch* aus, die auf ihren direkten Erfahrungen mit der Sicherheitsbranche beruht.

WICHTIGE ARBEITEN

- *The Trainee*, 2008
- *The Committee*, 2014

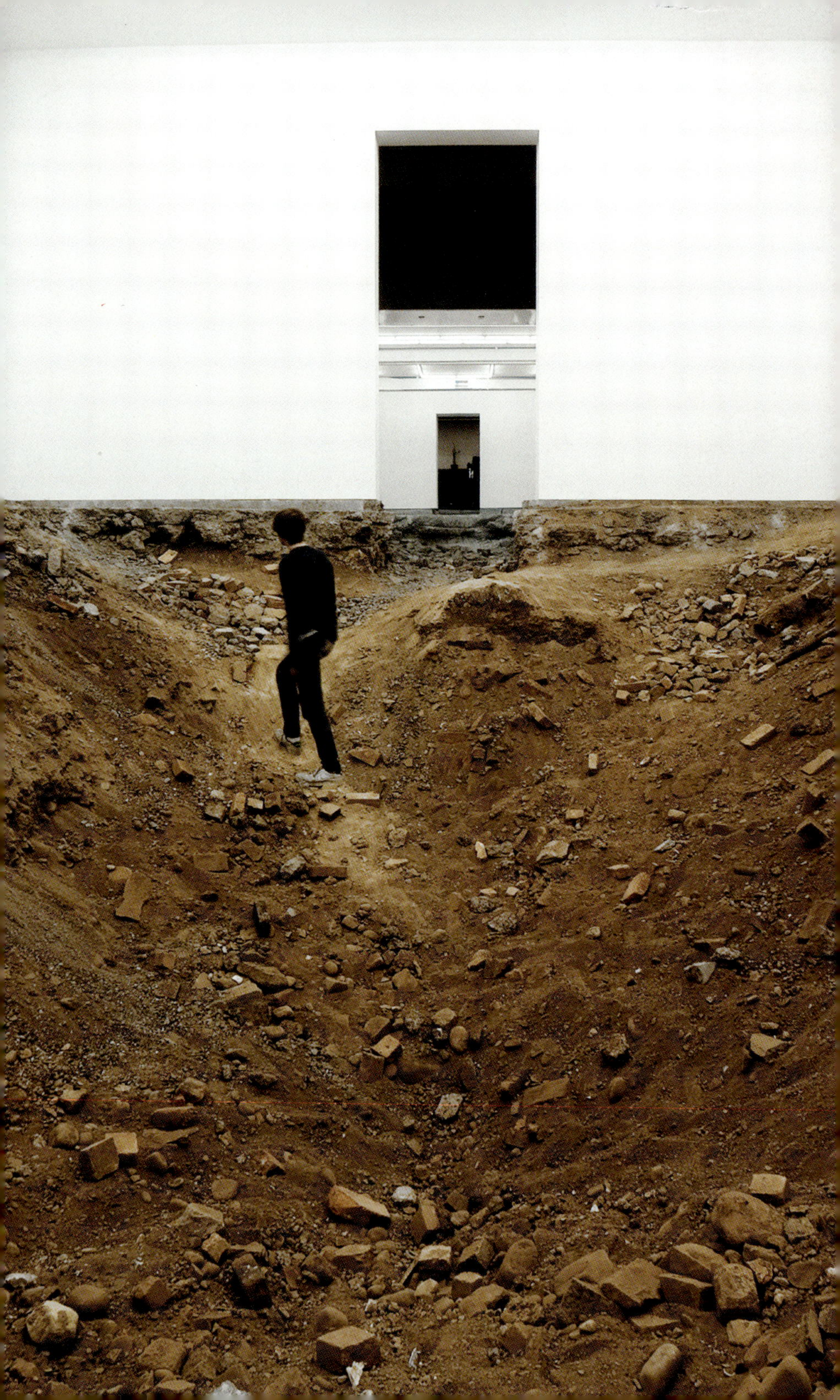

WIESO ETWAS AUS NICHTS MACHEN?

–

Kunst hat immer Platz für alles und jeden. Kunst ist, was auch immer Sie ihr erlauben zu sein, ob als Künstler oder als Zuschauer.

–

Urs Fischer, 2020

Oft wird an zeitgenössischer Kunst bemängelt, dass es nicht viel zu sehen gibt. Wieso kommen Künstler mit so wenig davon? Warum kann ein Klecks auf einer Leinwand, ein leerer Raum oder eine unbedeutende Geste Kunst genannt werden? Wo bleibt das Können? Und überhaupt, jeder Fünfjährige *könnte* das doch, oder? Es ist von »des Kaisers neuen Kleidern« die Rede – ob in Galerien oder in Zeitungen und sozialen Medien. Manchmal scheint es einfacher, in die Schelte einzustimmen, als zu versuchen, herauszufinden, *wieso* Künstler am Unbeständigen so interessiert sind. Dieses Kapitel untersucht einige der Methoden, mit denen Künstler verschiedene Arten des Nichts, von leeren Räumen bis zu flüchtigen Momenten, erkundet haben. Manche Künstler drücken ihre Ideen mit leicht verderblichen Materialien aus. Andere machen ihre Werke so ununterscheidbar vom Alltäglichen, dass sie praktisch unbeachtet bleiben. Es gibt Werke, die den Betrachter an einen stillen, meditativen Ort versetzen, damit er die Schönheit und Weite des Universums bewundern kann. Vom Kleinen zum Großen und wieder zurück rühren diese Arbeiten an das, was es bedeutet, Mensch zu sein.

NICHTS ZU SEHEN HIER

Das Thema des Nichts fasziniert Künstler schon lange. Kasimir Malewitschs berühmtes *Schwarzes Quadrat* (1915) führte die abstrakte Malerei an einen »Nullpunkt«, den der ukrainische Künstler »befreites Nichts« nannte. In den 1960er-Jahren reduzierte der Minimalismus die Sprache der Skulptur auf modulare, sich wiederholende Einheiten, deren Präsentation nicht nur das Werk selbst, sondern auch den umgebenden Raum betonte.

Das internationale Aufblühen der Konzeptkunst führte zum Glauben an die *Idee* als wichtigstem Antrieb hinter der Kunst. Eine kurze Performance (ob miterlebt oder nicht), ein geschriebener Text oder gar die Art, ein Essen zuzubereiten, konnten als Kunst gelten.

Konzeptkünstler hofften, sich aus den Klauen des Kunstmarkts zu befreien, indem sie sich weigerten, verkaufsfähige Objekte herzustellen. Dieser Ansatz ging oft mit der bewussten Ablehnung des Schaffens selbst einher. 1969 präsentierte die amerikanische Konzeptkünstlerin Lee Lozano *Untitled (General Strike Piece)*, das mit ihrem völligen Ausstieg aus der Kunstwelt einherging. Mit ihrem späteren und noch extremeren Werk *Dropout Piece* (begonnen ca. 1970) ließ sie das gesellschaftliche Leben ganz hinter sich.

Das Entstehen von Land Art erweiterte die Möglichkeiten über den urbanen Kontext hinaus. *A Line Made by Walking* (1967) von Richard Long markiert einen besonders leichtherzigen Umgang mit der Natur. Für sein Werk ging Long in einem Feld auf und ab, bis eine weiche Linie

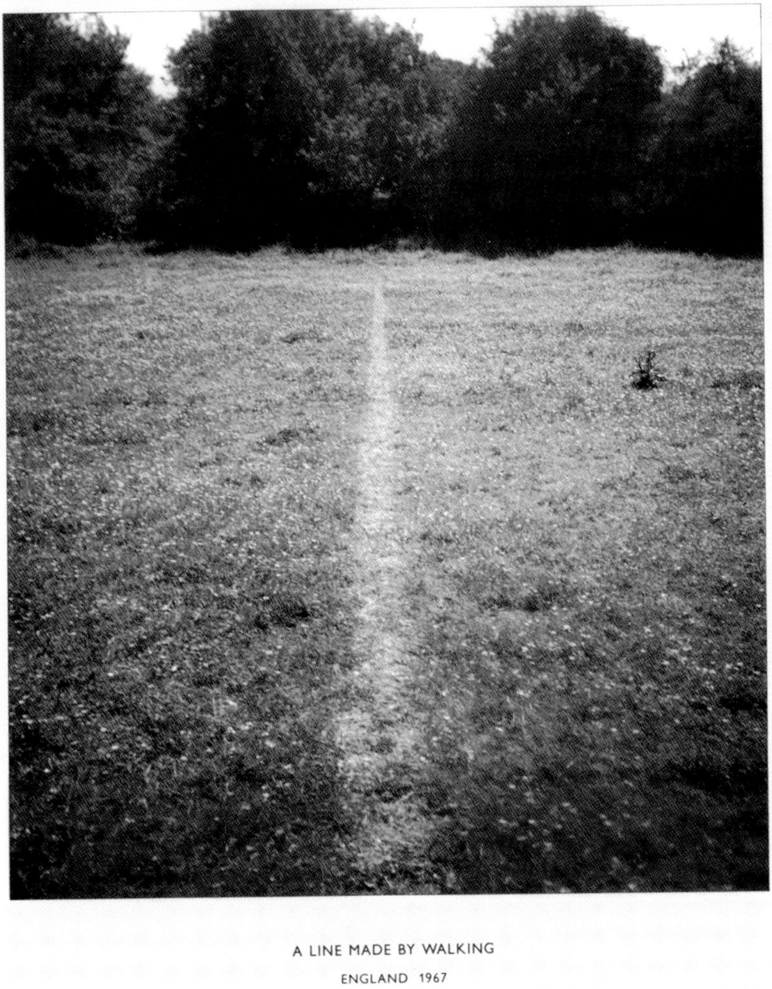

Richard Long
A Line Made by Walking, 1967
Fotografie, Silbergelatineabzug auf Papier und Grafit auf Brett
37,5 x 32,4 cm
Tate Gallery, London

Bei einer seiner vielen Fahrten als Student von Bristol nach London beschloss Richard Long, an einer Station auszusteigen und auf einem Feld in Wiltshire auf und ab zu gehen, bis seine Fußspuren sichtbar werden. Diese Intervention kann dem Minimalismus, der Land Art sowie der Performance Art zugerechnet werden.

sichtbar wurde. Hier zeigen sich die Einflüsse von minimalistischer und Konzeptkunst. Gleichzeitig wird die Erschaffung von Kunst als mobil, flüchtig und wandelbar verstanden.

FLÜCHTIGE MOMENTE

Mit der Auflösung aller festen Vorstellungen davon, wie Kunst gemacht und präsentiert werden soll, wandten zeitgenössische Künstler sich experimentellen und flüchtigen Prozessen mit oftmals vergänglichen Materialien zu. Urs Fischer etwa erschafft Installationen aus Obst, Brot, Gemüse und Kerzenwachs, die mit der Zeit verrotten, sich auflösen und verwelken. In Karla Blacks Werk erzeugen dünne Polyethylen-Folien mit darübergestreutem Kosmetikpuder ätherische Visionen, die niemals von Dauer sein sollen.

-

Verderbliche Materialien verkörpern die Ideen von Vergänglichkeit und Unsicherheit.

-

Der in Belgien geborene und in Mexiko lebende Künstler Francis Alÿs unternimmt flüchtige und scheinbar nutzlose Aktionen in öffentlichen Räumen, oft unter Beteiligung anderer. So bewegte er einmal einen Straßenkehrer dazu, Zigarettenkippen in einer Linie zusammenzukehren, die den riesigen zentralen Platz in Mexiko-

Francis Alÿs
Paradox of Praxis 1 (Sometimes Making Something Leads to Nothing), 1997
Fotografie, Mexiko-Stadt
Video, 5 Minuten, Farbe, Ton

Dieser Kurzfilm zeigt, wie Alÿs einen Eisblock durch die Straßen von Mexiko-Stadt schiebt. Zuerst geht es nur schlecht voran und er muss sich sehr abmühen. Nach und nach kann er den Brocken leicht mit dem Fuß voranstoßen, bis er schließlich verschwunden ist. Alÿs sieht das Werk als »Abrechnung mit der minimalistischen Bildhauerei«.

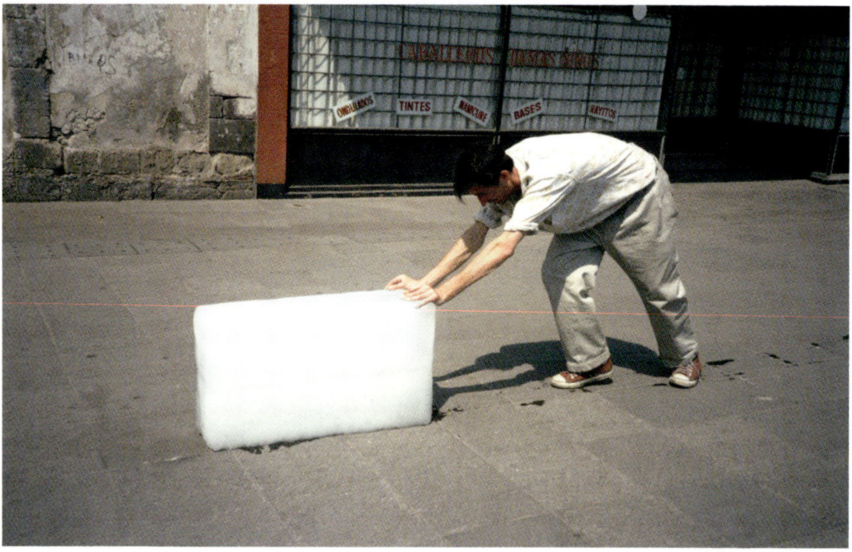

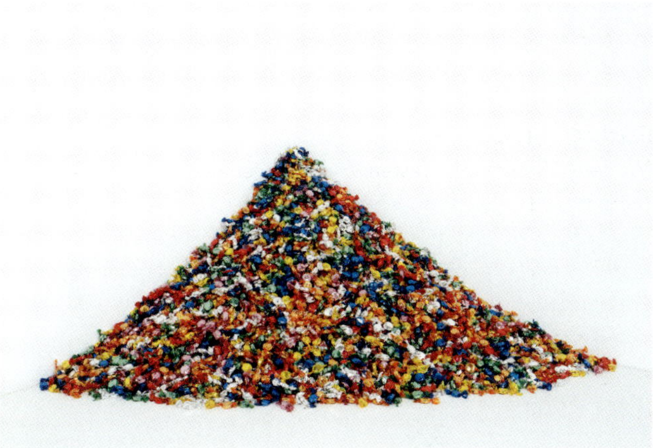

Felix Gonzalez-Torres
»Untitled« (Portrait of Ross in L.A.), 1991
Süßigkeiten in verschiedenfarbigen Verpackungen, endloser Nachschub
Gesamtmaße variieren je nach Installation, Idealgewicht 175 Pfund

Dieses »allegorische Porträt« bezieht sich auf den Partner des Künstlers, Ross Laycock, der 1991 an AIDS verstorben ist. Man kann das Gewicht von 175 Pfund als Ross' Gewicht vor der Krankheit auffassen. Es spielt außerdem auf das ungefähre Gewicht einer gesunden Person an. Wenn das Publikum sich an den Süßigkeiten bedient, unterläuft das Porträt einem beeindruckenden Schrumpfungsprozess.

Stadt, den sogenannten Zócalo, umspannte. Und er stellte 500 Jugendliche mit Schaufeln ein, die außerhalb von Lima einen Tag lang einen Berg umsetzen sollten. In Alÿs' Werk geht es oft darum, sich an einem bestimmten Ort zu bewegen und zarte Spuren zu hinterlassen. Einmal trennte er beim Gehen einen Pullover auf und nutzte den Wollfaden, um seinen Weg zu markieren – bei einer ähnlichen Aktion nutzte er dazu einen Eimer Farbe.

Der in Kuba geborene amerikanische Künstler Felix Gonzalez-Torres suchte die Poesie im Alltäglichen. Seine Kunst atmet den Geist der Großzügigkeit. Seine unauffälligen Installationen laden zum Mitmachen ein: Besucher dürfen Süßigkeiten oder Plastikfolien aus dem Werk mitnehmen. Besitze dein eigenes Kunstwerk. Iss es. Stell es zur Schau. Einige seiner Werke präsentierte er im öffentlichen Raum, um mehr Menschen Zugang zu bieten. Viele seiner Arbeiten spiegeln sein Leben als schwuler Mann während der AIDS-Krise wider und drehen sich um Liebe, Verlust und das Verstreichen der Zeit. Ganz im Bewusstsein seiner eigenen begrenzten Lebenszeit bereitete Gonzalez-Torres sorgfältige Prozeduren und Anweisungen vor, um das Vermächtnis seiner Kunst zu sichern. Seine eleganten, emotionalen Werke sind für viele Künstler heute noch eine riesige Quelle der Inspiration.

DEN RAUM LEEREN

Überraschend viele Künstler lassen sich vom kreativen Potenzial eines leeren Raumes inspirieren. Es gab dazu mehrere internationale Ausstellungen, darunter »Voids: A Retrospective« am Centre Pompidou, Paris (2009), in der aufeinanderfolgende leere Räume, nur unterbrochen von den leichtesten Eingriffen, gezeigt wurden.

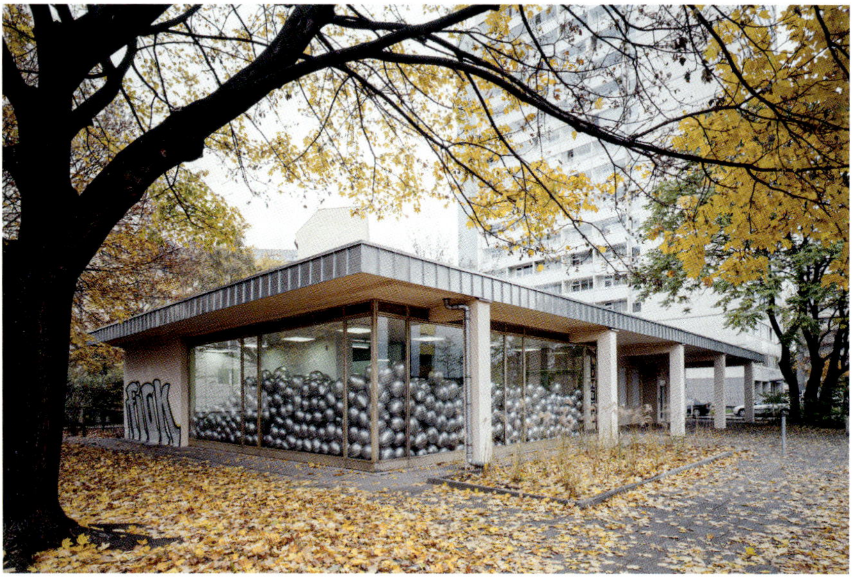

Der südkoreanische Künstler Do Ho Suh hat detaillierte textile Rekonstruktionen seiner früheren Wohnstätten geschaffen. Der Preis für den kargsten Raum gebührt jedoch vielleicht dem Briten Martin Creed, der 2001 den Turner Prize gewonnen hat. Seine einzige Präsentation von *Work No. 227 lights going on and off* (2000) sorgte in den Medien für Aufruhr. Das Werk bestand aus einem völlig leeren Galerieraum, in dem im Fünf-Sekunden-Takt das Licht an und aus ging. Creed, ein Meister des Zauderns, nutzt einfache Materialien wie zusammengeknüllte A4-Blätter und Bälle aus Blu Tack. Seine Ballon-Installationen füllen fünfzig Prozent eines Raums, der dadurch weder voll noch leer ist. Creeds Werk fragt philosophisch nach Präsenz und Abwesenheit, Aktion und Ruhe und lädt uns ein, darüber nachzudenken, was Kunst der Welt geben kann.

Rachel Whitereads Reaktion auf leeren Raum besteht darin, ihn zu füllen! Seit den 1990er-Jahren erschafft sie Abdrücke von Dingen. Nach Wärmflaschen und Matratzen wandte sie sich größeren Formen zu: dem Inneren eines Raumes, eines Treppenhauses, selbst eines ganzen Hauses. Obwohl inzwischen abgerissen, nimmt *House* (1993) immer noch einen wichtigen Platz in der Geschichte der zeitgenössischen Kunst ein. Whitereads Abguss des Inneren eines Reihenhauses in East London fungiert als eine Art geisterhaftes Mahnmal für Abwesenheit und Verlust. Seine melancholische graue Form erfasste jedes Eckchen des verlassenen Gebäudes.

Martin Creed
Work No. 360, Half the air in a given space
2004
Silberballons
Mehrere Teile, jeder Ballon mit einem Durchmesser von 40,6 cm; variable Gesamtmaße

Work *No. 360* gehört zu einer Serie von Installationen, in denen die Hälfte der Luft eines bestimmten Raumes in tausenden von Ballons festgehalten wird.

Rachel Whiteread
House, 1993

Whitereads Fusion aus einer streng minimalen Form und einem reichen menschlichen Inhalt hat weltweite Aufmerksamkeit erregt. Whiteread gewann 1993 als erste Frau den Turner Prize für diesen Abdruck eines Londoner Reihenhauses.

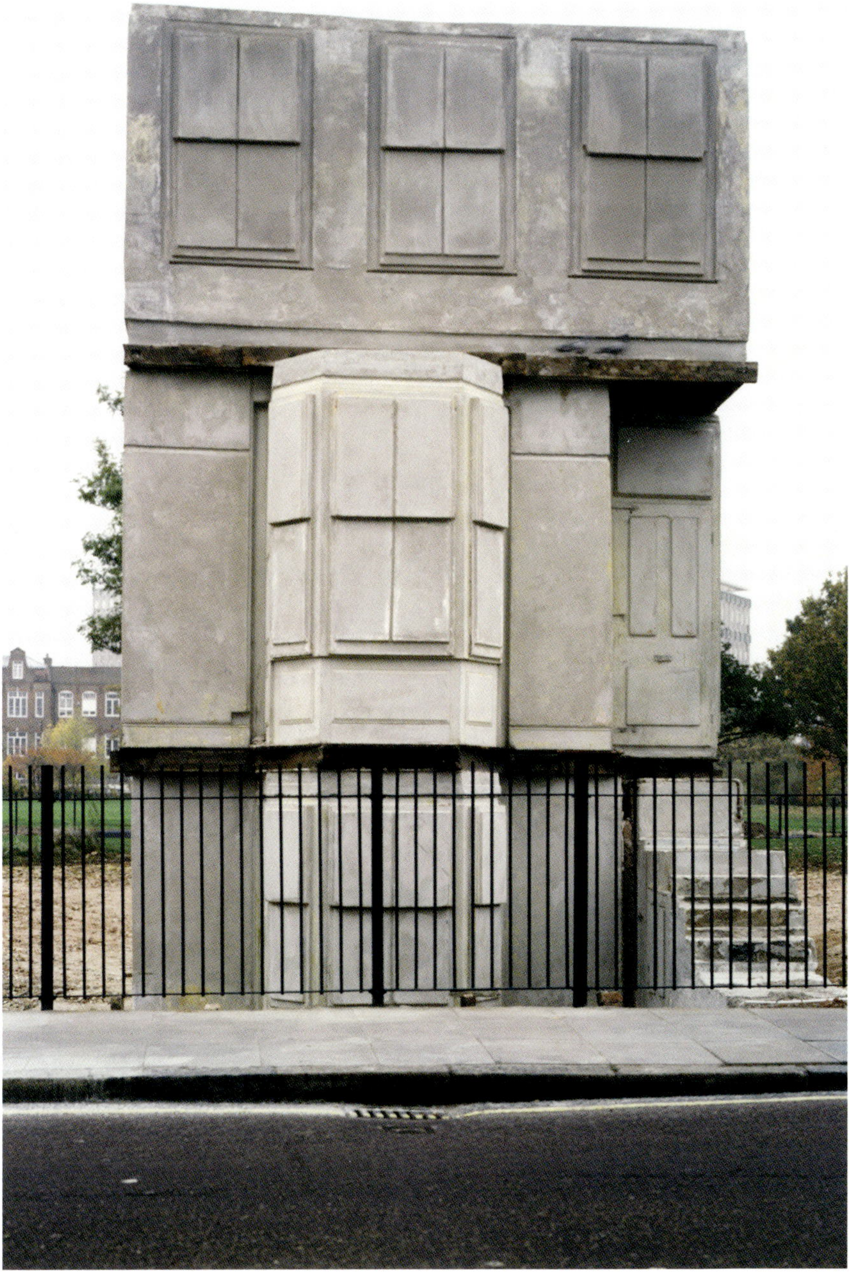

Olafur Eliasson
Din blinde passager (Dein blinder Passagier), 2010
Leuchtstoffröhren, Monofrequenzlampen (gelb), Nebelmaschine, Ventilator, Holz, Aluminium, Stahl, Stoff, Plastikfolien
3,30 x 2,70 x 96 m
Tate Modern, London

Eliasson ist berühmt für seine immersiven Installationen, die sich die Wirkungen von Licht, Wasser und Temperatur zunutze machen. »Din blinde passager« verwendet Nebel und Lichter, um die visuelle Wahrnehmung der Besucher zu beschränken, während diese sich durch einen langen, schmalen Gang bewegen. Sie sollen andere Möglichkeiten finden, sich im Raum zu orientieren.

IN DIE LEERE

Das Starren auf den klaren Himmel oder die ruhige See kann uns aus uns hinausführen – in die träumerischen Gefilde der stillen Kontemplation und unendlichen Ruhe. Künstler versuchten, diesen meditativen Zustand mit den machtvollen Effekten von Licht und Farbe einzufangen. So ließen sich etwa Olafur Eliasson, Roni Horn und James Turrell direkt von natürlichen Phänomenen zu erfahrbaren und immersiven Installationen inspirieren. Von außen sieht Eliassons *Din blinde passager* (2010) wie eine normale Bühne oder ein behelfsmäßiger Durchgang aus. Treten Sie jedoch ein, finden Sie sich in einem dichten, gelben Nebel wieder, der von Nebelmaschi-

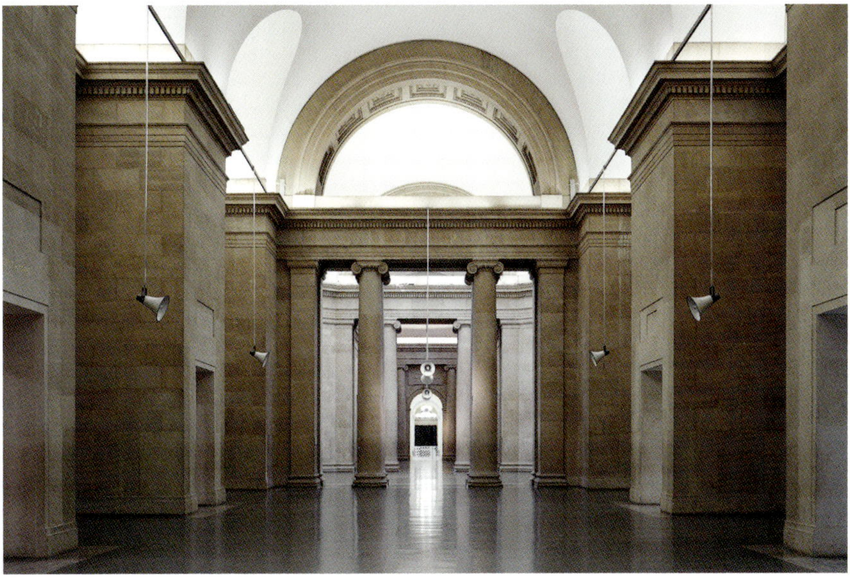

Susan Philipsz
War Damaged Musical Instruments, 2015
Variable Maße

Das zur Erinnerung an den einhundert Jahre zuvor ausgebrochenen Ersten Weltkrieg geschaffene Werk besteht aus vierzehn Aufnahmen deutscher und englischer Blech- und Holzblasinstrumente, die in Kämpfen beschädigt wurden. Philipsz sagte dazu: »Ich interessiere mich weniger dafür, Musik zu machen, als vielmehr festzustellen, zu welchen Tönen diese Instrumente noch in der Lage sind, und seien es nur die Atemgeräusche des Spielers.«

nen und speziellen gelben Lampen erzeugt wird. Da Besucher kaum etwas sehen konnten, mussten sie sich mithilfe ihrer anderen Sinne orientieren. Der Künstler erklärte: »Nimm den Gesichtssinn weg und plötzlich sind die Dinge nicht mehr so einfach.«

Einem leeren Raum Töne hinzuzufügen, bietet eine weitere Möglichkeit, über das Erschaffen von Objekten hinauszugehen und zu neuen Narrativen und Begegnungen zu gelangen. Susan Philipsz ist für ihre meditativen Klanginstallationen bekannt, die oft Musik und Lieder enthalten. *War Damaged Musical Instruments* (2015) ist ein ergreifendes Beispiel für ihr Werk. Die Arbeit, die ursprünglich in den ausgedehnten Duveen Galleries der Tate Britain installiert war, besteht aus Lautsprechern, die von der Decke abgehängt sind. Jeder Lautsprecher gab den Klang eines einzelnen Blech- oder Holzblasinstruments wieder, das während eines Kampfes beschädigt worden war. Einige waren so sehr zerstört, dass sie nur noch müde keuchten. Zusammen spielte dieses abgekämpfte Orchester eine traurige Darbietung des klassischen Hornsignals *The Last Post*. Susan Philipsz' Werk verdeutlicht, wie sich ein leerer Raum mit einem reichen und vollen, wenn auch unsichtbaren Inhalt füllen lässt.

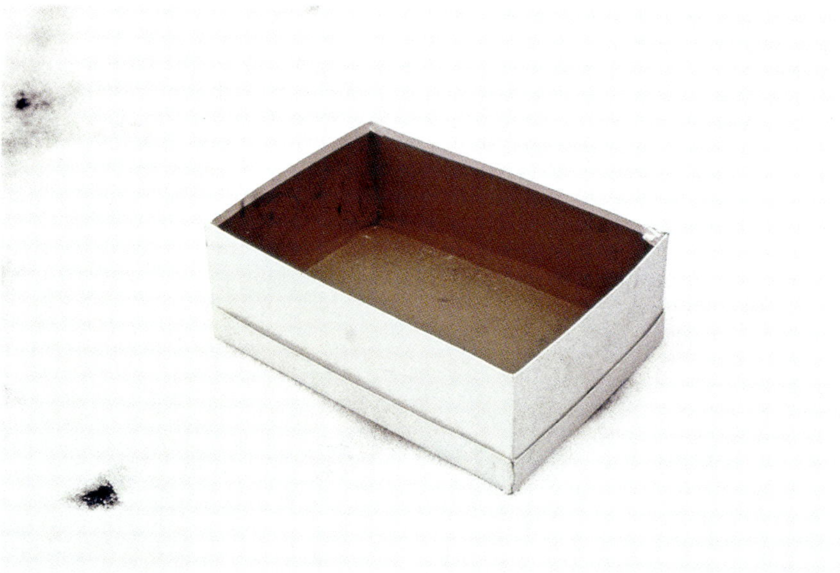

ALLES ANDERE ALS NORMAL

Manchmal ist Kunst so alltäglich, dass sie unbeachtet bleibt. 1993 reichte der Mexikaner Gabriel Orozco als Beitrag zur 45. Biennale in Venedig einen leeren Schuhkarton ein. Als leerer Raum in einem leeren Raum wurde dieses unauffällige Objekt übersehen, weggetreten und sogar in den Müll geworfen. Orozco genoss, dass es so zerbrechlich und gleichzeitig offen für Interaktion und Kommentare war – der Karton als Sammelbecken für Ideen und Gespräche in Echtzeit.

Roman Ondák nutzte die Performance, um den Galerieraum auf subtile und bewusst banale Weise zu beleben. Für *Good Feelings In Good Times* (2007) versammelte er Freiwillige und Schauspieler an einer unauffälligen Stelle der Galerie in einer lockeren Schlange. Auch hier bestand das Risiko, dass das Werk übersehen wird. Für diejenigen, die davon wussten, war diese flüchtige Performance jedoch ein Kommentar zum Wesen und Wert des Spektakels und rührte zugleich an Ondáks Kindheitserinnerungen des Schlangestehens nach Lebensmitteln in der kommunistischen Slowakei. Diese bewusst unspektakulären Werke enthüllen, wie Ideen auch ohne teure Materialien oder umfassende Ausbildung florieren können. Um diese bescheidene Kunst allerdings zu erkennen, müssen wir wachsam bleiben.

Gabriel Orozco
Empty Shoe Box, 1993
Schuhkarton
12,4 x 33 x 21,6 cm
Museum of Modern Art, New York

Wann ist ein leerer Schuhkarton ein leerer Schuhkarton und wann ist er eine Kunstinstallation? In den Händen von Orozco wird aus einem leeren Schuhkarton eine Art von zeitlicher Performance. Herumgetreten, in den Müll geworfen, misstrauisch beäugt, bekommt der Karton ein ganz eigenes Leben, während er Mächten ausgesetzt ist, die sich seiner Kontrolle entziehen.

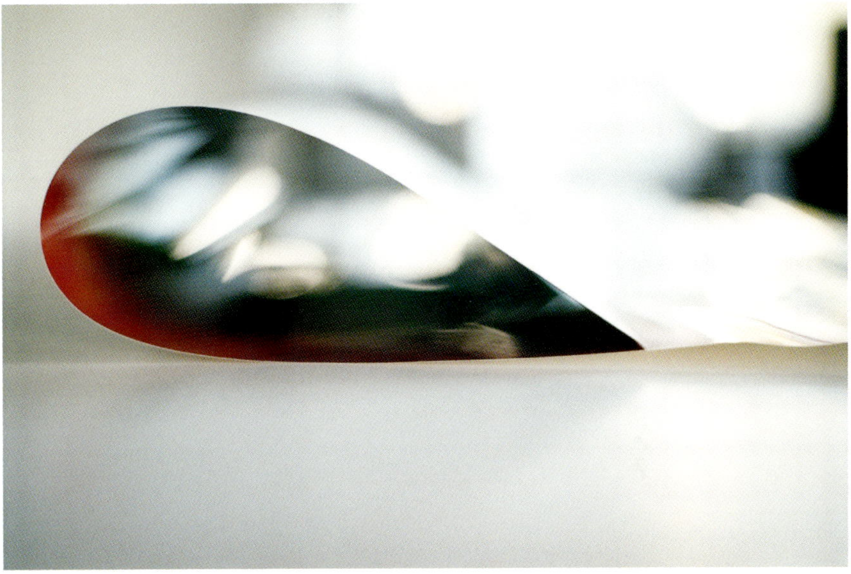

Wolfgang Tillmans
Paper drop (London), 2008
Chromogenabzug
50,8 x 61 cm
Arts Council Collection, Southbank Centre, London

Dieses Werk gehört zu einer großen Serie von Fotos gefalteter oder gerollter Papiere. Tillmans erklärt: »Papier ist die materielle Grundlage der meisten meiner Werke. Im Jahr 2000 begann ich, es zum Thema meiner Arbeit zu machen, und stellte schon bald Bilder vom glänzenden Fotopapier selbst her, das ich vor dem Entwickeln speziell gefärbtem Licht ausgesetzt hatte.«

Fragmente aus dem Alltag können poetische Signifikanz gewinnen, wenn sie in ein anderes Medium überführt werden. Der belgische Maler Michaël Borremans stellt zum Beispiel Menschen dar, die in scheinbar alltägliche Aktivitäten vertieft sind, wie das Zubereiten eines Sandwichs, Herumsitzen oder Schlafen. Werden diese belanglosen Tätigkeiten im Gemälde dargestellt, gewinnen sie plötzlich ganz neue Bedeutung.

Vergleichen wir zwei aktuelle Kunstwerke; beide reagieren auf ein scheinbar unbedeutendes Stück Papier. *Paper drop (London)* (2008) des deutschen Künstlers Wolfgang Tillmans beweist dessen technische Kompetenz als Fotograf. Seine Darstellung eines einfachen, aufgerollten Blattes Papier wird zu einer anmutigen Abstraktion, einem üppigen Rauschen, fast schon malerisch in seinem empfindsamen Umgang mit Farbe und Form. Alison Watts Gemälde *Warrender* (2016) ist gleichermaßen gekonnt. Dieses kunstvoll in Öl ausgeführte schwermütige Bild eines aufgefalteten Blattes vermittelt eine fast schon andächtige Intensität. Beide Werke sinnieren über die bildnerischen Prozesse des Faltens und die Fühlbarkeit, und beide erwachsen aus einem tiefgründigen und forschenden Blick auf das Alltägliche. Schönheit findet sich an den unwahrscheinlichsten Orten. In den Händen zeitgenössischer Künstler kann etwas aus Nichtigkeiten entstehen. Und manchmal verwandeln sich Dinge in nichts.

WICHTIGE IDEEN

- Minimalistische und Konzeptkunst beeinflussen auch heutige Künstler.
- Viele Künstler haben den leeren Raum genutzt, um neue Bedeutungen und Ideen zu vermitteln.
- Zeitgenössische Künstler verwenden oft vergängliche Materialien, um die Vorstellung von Sterblichkeit und Verwundbarkeit zu erforschen.
- Künstler nutzen Licht und Klang, um leere Räume zu beleben, und erschaffen so immersive Erlebnisse.

WICHTIGE KÜNSTLER

- Michael Asher | Maria Eichhorn | Ceal Floyer | Isa Genzken | Thomas Hirschhorn | Alfredo Jaar | On Kawara | Laurie Parsons | Anish Kapoor | James Turrell

WICHTIGE AKTIVITÄTEN

- Wählen Sie ein Kunstwerk oder Konzept aus diesem Kapitel, das Sie besonders schwierig oder faszinierend finden, und führen Sie online oder in einer Bibliothek weitere Recherchen durch.
- Einem Künstler zuzuhören, der über seine Arbeit spricht, kann hilfreich sein, um das Verständnis zu vertiefen. Sie können online viele Interviews mit Künstlern finden. www.art21.org ist ein guter Ausgangspunkt.

Alison Watt
Warrender, 2016
Öl auf Leinwand
122 x 91,5 cm
Arts Council Collection, Southbank Centre, London

Dieses Werk bezieht sich auf ein Stillleben von Thomas Warrender aus dem 17. Jahrhundert in der Sammlung der National Galleries of Scotland. Warrenders *Trompe-l'oeil-Darstellung eines Briefregals ist das einzige noch existierende Werk des Künstlers.* Watt reagierte mit einer sorgfältigen Darstellung eines sauberen Blattes weißen Papiers, das in vier Abschnitte gefaltet wurde.

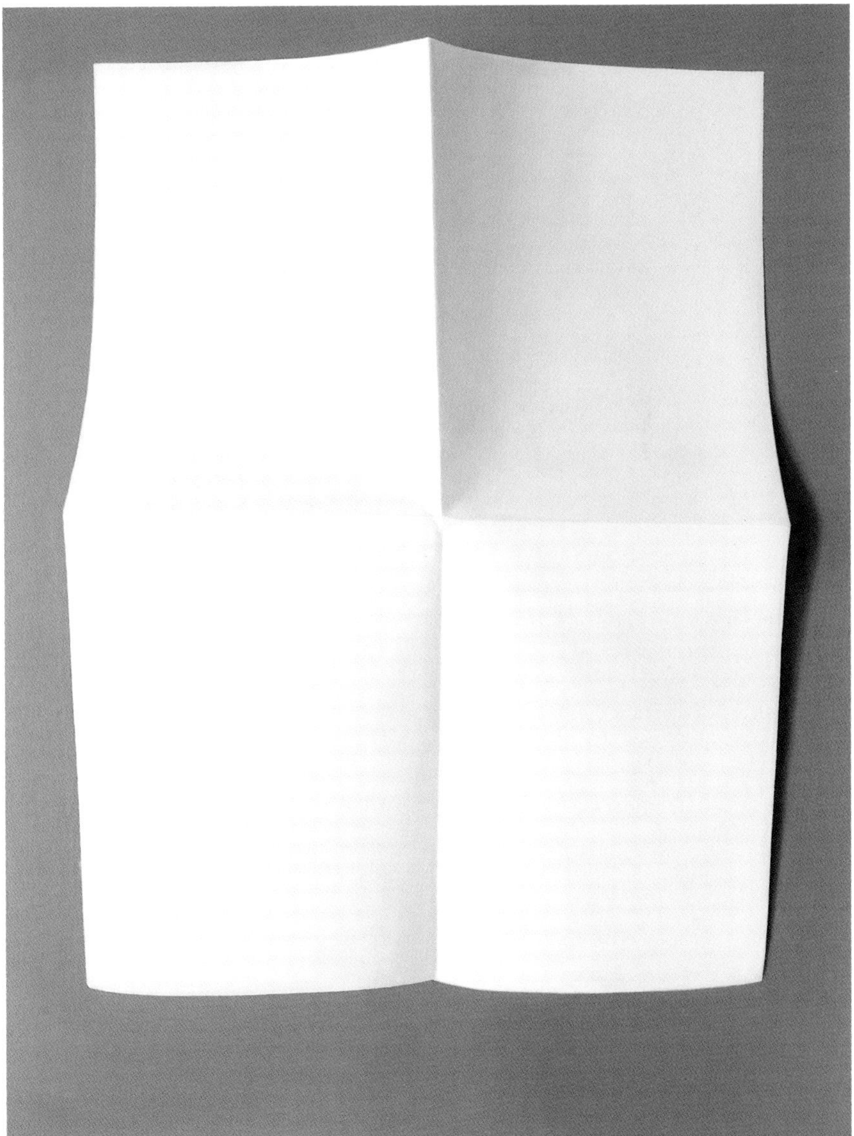

KARLA BLACK
*1972, ALEXANDRIA, SCHOTTLAND

Lebt und arbeitet in Glasgow, Schottland

Kunst muss nicht ewig halten, um machtvoll zu sein. Manchmal bleiben die kürzesten Einschnitte am längsten im Gedächtnis. Karla Black erschafft Skulpturen aus Substanzen, die nicht von Dauer sein sollen. Sie kombiniert traditionelle Materialien wie Papier, Gips, Farbe und Pigmente mit unkonventionellen Produkten wie Zahnpasta, Körperlotion, Lidschatten und Bräunungsspray zu immersiven und sinnträchtigen Werken. Ihre pastellfarbenen Zusammenstellungen wirken empfindlich – ein plötzlicher Windstoß oder Fußtritt scheint sie in Gefahr zu bringen. Von der Decke der Galerie abgehängt oder über den Boden drapiert, nehmen ihre Werke eine stille Autorität an.

Black sieht ihre Kunst als abstrakt an. Sie reagiert auf die äußerlichen Beziehungen von Licht und Farbe, Raum und Masse. Ihr Werk greift tief in die Geschichte und ortsspezifischen Eigenschaften der Land Art zurück. Es reflektiert außerdem ihre Kindheitserinnerungen an das Buddeln und Machen: Loslegen, die Hände schmutzig, Lernen durch Berühren. Es gibt starke Anklänge an die Performance; das Werk erwächst aus einer energiegeladenen Menge von Aktionen und Impulsen. Diese Gesten haben eine malerische Qualität, die an den Abstrakten Expressionismus erinnert. Black genießt die Freiheit dieses Zwischenseins: »fast Malerei, fast Installation, fast Performance-Kunst«.

Alle Materialien haben einzigartige Eigenschaften. So kann etwa die reine Pastellfarbe und der sinnliche Glanz von Lidschatten den Schimmer und die Färbung herkömmlicher Farben übertreffen. Für Black sind Kosmetika nicht typisch weiblich: Sie mag zwar Erfahrungen damit haben, doch die haben auch viele Männer. Kosmetika tragen jedoch das Versprechen der Transformation in sich. Sie sind verbunden mit Sehnsucht. Black erklärt dies so: »Ich denke an die Materialien oft als etwas, das ich einfach benutzen muss, etwas, das aus dem Verlangen entsteht, aus dem Unbewussten.«

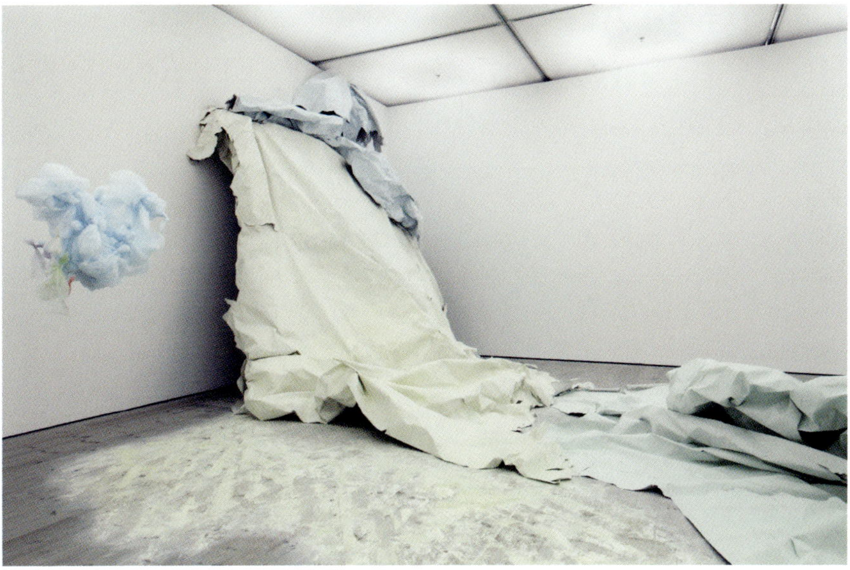

Karla Black
Doesn't Care In Words, 2011
Cellophan, Farbe, Klebeband, Zuckerpapier, Kreide, Farbpulver, Gipspulver, Holz, Polystyrol, Polyethylen, Faden, Badebomben, Vaseline, Feuchtigkeitscreme
Variable Maße

Black schuf dieses ambitionierte Werk für ihre Turner-Prize-Ausstellung am BALTIC Centre for Contemporary Art, Gateshead. Es nutzt eine Vielzahl verformbarer Materialien, die sie über die Galerie drapiert, geklebt, gehängt und verteilt hat. Der für sie typische mehrdeutige Titel verhindert eine einfache und eindeutige Interpretation.

WICHTIGE FAKTEN

- Karla Black ist in einer Arbeitersiedlung in Schottland aufgewachsen. Sie begann, sich für Kunst zu interessieren, nachdem sie mit ihrem älteren Bruder Galerien in Glasgow besucht hatte. Black studierte Bildhauerei an der Glasgow School of Art (1995–99) und erwarb anschließend postgradual weitere Qualifikationen.
- Im Jahr 2011 war Black für den Turner Prize nominiert und repräsentierte Schottland auf der 54. Biennale in Venedig.

WICHTIGE ARBEITEN

- *Make Yourself Necessary*, 2012, Solomon R. Guggenheim Museum, New York, USA
- *Waiver for Shade*, 2021, Galerie Gisela Capitain, Köln, Deutschland, und Modern Art, London, Großbritannien

MICHAËL BORREMANS
*1963, GERAARDSBERGEN, BELGIEN

Lebt und arbeitet in Gent, Belgien

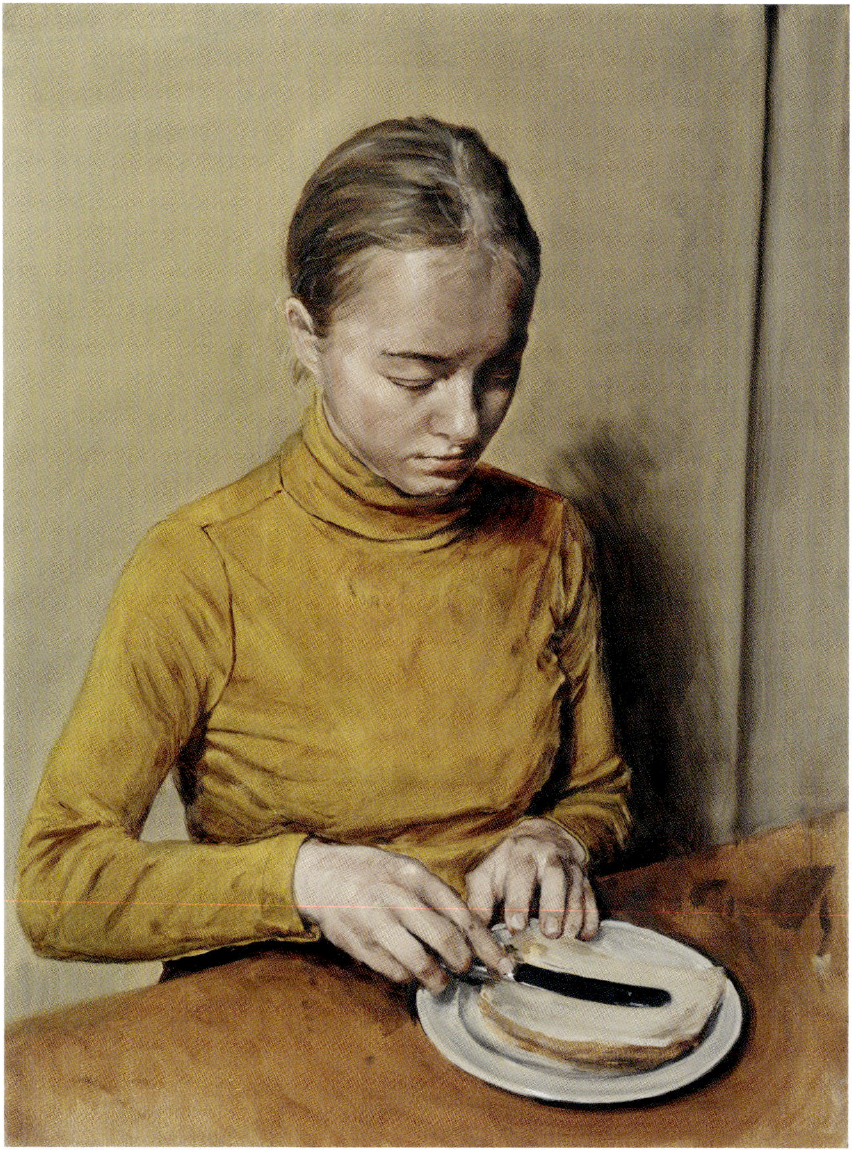

Michaël Borremans
The Cheese Sandwich, 2019
Öl auf Leinwand
80 x 60 cm
Privatsammlung

Dieses Gemälde ist eines von mehreren Werken, bei denen eine Figur an einem Tisch sitzt und etwas mit ihren Händen tut. Die ordentlich gekleideten Protagonisten wirken ernst, die Augen sind konzentriert auf ihre Arbeit gerichtet. Ihr Blick lenkt unsere Aufmerksamkeit auf private Rituale. Sorgfältig in Öl festgehalten, gewinnen diese schnappschussartig erfassten Aktionen eine ganz neue Bedeutung.

In einem Interview für das *Apollo*-Magazin 2016 versuchte Michaël Borremans, sein Vorgehen zusammenzufassen: »Man kann es nicht einordnen, man kann es nicht katalogisieren, man kann es nicht definieren und ansonsten sieht es sehr bezaubernd aus.« Seine wunderbar rätselhaften Gemälde zeigen Männer, Frauen und Kinder in eigenwilligen Situationen, wie Akteure auf einer Bühne. Seine anonymen Protagonisten weigern sich, unseren Blick zu erwidern, und konzentrieren sich stattdessen auf ritualistische oder scheinbar banale Aktivitäten. Manchmal sind ihre Augen geschlossen, so als würden sie schlafen oder vielleicht sogar tot sein. Wer sind diese Leute und was geht hier vor? Sind sie Besucher aus der Geschichte oder Bewohner einer sinistren Gegenwart?

Borremans hegt tiefen Respekt für die Kunst der Vergangenheit. Er bewundert die Werke von Édouard Manet, Diego Velázquez und Francisco de Goya. Auch der Einfluss der niederländischen Malerei und der Porträtmalerei des 17. Jahrhunderts ist deutlich. Seine Pinselführung ist sinnlich und leicht, die Farbwahl bewusst reduziert: Mattes Creme, schmutziges Rosa und reiche Brauntöne ziehen den Betrachter in die stillen Dramen hinein. Die Werke weisen eine starke filmische Qualität auf und erkennen die Bedeutung der Fotografie an. Anfangs nutzte Borremans Fotos aus den 1930er- und 1940er-Jahren als Quellmaterial. Aus Sorge, dass seine Gemälde als nostalgisch missverstanden werden könnten, arbeitet er nun mit echten Modellen. Sie legen sorgfältig ausgewählte Kleidung an und nehmen bestimmte Posen ein, bevor er sie fotografiert. Die Fotos dienen ihm als Vorlage, allerdings ist der Bildschirm ein Stück entfernt von der Leinwand platziert, um simples Kopieren zu vermeiden. Es ist sinnlos, in Borremans Werk nach Geschichten, Antworten und definitiven Bedeutungen zu suchen, da der wirkliche Antrieb hinter seiner Arbeit im Prozess liegt: »Ich mache Gemälde, weil meine Thematik zum großen Teil die Malerei ist.«

WICHTIGE FAKTEN

- Borremans begann mit 33 Jahren zu malen, nachdem er viele Jahre an einer Kunstschule Zeichnen gelehrt hatte.
- Eine große Ausstellung, »Michaël Borremans: As sweet as it gets«, begann 2014 im Palais des Beaux Arts, Brüssel, bevor sie an das Tel Aviv Museum of Art und das Dallas Museum of Art ging. Gezeigt wurden 100 Gemälde aus zwei Jahrzehnten.

WICHTIGE WERKE

- *The Bodies 3*, 2005, Zeno X Gallery, Antwerpen, Belgien
- *The Devil's Dress*, 2011, Dallas Museum of Art, Dallas, USA
- *The Angel*, 2013, Zeno X Gallery, Antwerpen, Belgien

URS FISCHER
*1973, ZÜRICH, SCHWEIZ

Lebt und arbeitet in New York, USA

Urs Fischer nutzt kurzlebige Materialien und Prozesse, um Fragen von Vergänglichkeit und Verlust zu erkunden. Seine Arbeiten setzen oft auf den Faktor Zeit, indem sie mit jedem verstreichenden Tag langsam und sanft vergehen. Für Fischer ist »Verfall ganz natürlich und alles, das natürlich ist, ist per se schön«. Ende der 1990er-Jahre begann er, mit dem bildnerischen Potenzial von Lebensmitteln zu experimentieren. *Rotten Foundation* (1998) zeigt eine gemauerte Struktur auf einem Haufen vergammelnder Früchte und Gemüse. Für *Bread House* (2004–5) baute er aus Sauerteigbroten ein Schweizer Chalet, das er dann den Elementen preisgab.

Fischer begann 2001, Skulpturen aus Kerzenwachs herzustellen. Diese langsam brennenden Skulpturen wurden im Laufe der Zeit immer aufwendiger und majestätischer. Für die 54. Biennale in Venedig schuf er 2011 eine detaillierte Wachskopie von Giambolognas Spätrenaissance-Werk *Der Raub der Sabinerinnen* (1579–83), das er dann entzündete, sodass das Wachs schmolz und heruntertropfte, was eine monströse Wirkung entfaltete. Dieses Werk rührt nicht nur an die menschliche Schwäche, sondern hinterfragt auch die Einzigartigkeit des Kunstobjekts. Dank der Weiterentwicklung von 3D-Scan- und Drucktechniken kann Fischer diese komplexen Wachsskulpturen leicht reproduzieren.

Fischers vielleicht dreistester Akt bestand darin, den Fußboden von Gavin Brown's Enterprise, einer Galerie in New York, von eigens angeheuerten Arbeitern ausschachten zu lassen. Dieses Werk namens *You* (2007) war mit einer Sicherheitswarnung versehen. Besucher konnten sich am Rand dieses 2,50 Meter tiefen Loches herumdrücken. Ein zuvor makelloser »weißer Würfel«-Raum war zu einem klaffenden Loch geworden. Die Macht von *You* ergab sich aus dem Prozess des Wegnehmens. Der Galerieraum war weniger

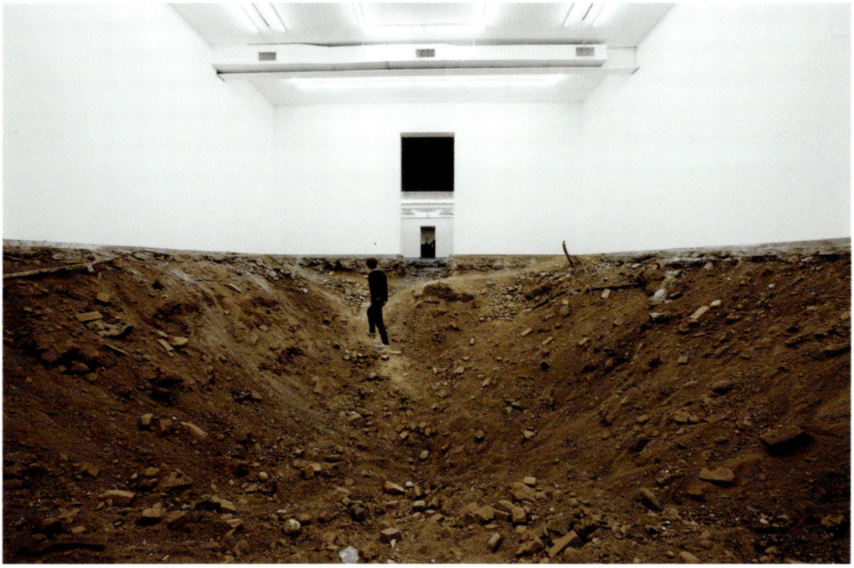

Urs Fischer
You, 2007
Ausschachtung,
Galerieraum
Variable Maße

Fischers Entscheidung, den Fußboden einer Galerie auszuschachten, steht in der Tradition einer langen Reihe von Künstlern, die in großem Maßstab radikale Gesten unternommen haben. In den 1960er- und 1970er-Jahren führten Michael Heizer und Robert Smithson große Ausgrabungsarbeiten durch, um ihre ambitionierten Erdarbeiten umzusetzen. Fischers Werk erinnert auch an Gordon Matta-Clarks kühne architektonische Unternehmungen der 1970er-Jahre.

geworden, als er war. Er war leerer als leer. Dennoch wurde er zu einem Auffangbecken für neue Ideen über die Kreisläufe der Regeneration.

WICHTIGE FAKTEN

- Urs Fischer studierte Fotografie an der Schule für Gestaltung, Zürich. Die finanziellen Mittel dazu erwarb er sich als Türsteher in den Nachtclubs der Stadt.
- Im Jahr 2013 wurde Fischer der erste lebende Künstler, der zu einer Einzelausstellung im Palazzo Grassi in Venedig eingeladen wurde. Die von Caroline Bourgeois kuratierte Show zeigte einen Nachbau seines Ateliers.

WICHTIGE WERKE

- *Ohne Titel*, 2000, Museum of Modern Art, New York, USA
- *Ohne Titel*, 2011, Biennale, Venedig, Italien

RONI HORN
*1955, NEW YORK, USA

Lebt und arbeitet in New York, USA

Den Kern von Roni Horns Werk bildet das Interesse an der Transformation. Ihre Kunst verbindet wechselnde Licht- und Wetterbedingungen mit unseren eigenen fluktuierenden Wahrnehmungen und Identitäten. Mit einer Vielzahl von Medien, wie Skulpturen, Installationen, Zeichnungen und Fotografien, beschwört Horn die Kräfte der Natur herauf: etwa die Wirkung des Wetters auf die menschliche Haut und das rastlose Auf und Ab eines Flusses. Seit 1975 ist Horn oft in Island gewesen: »Ich komme hierher, um meinen Platz in der Welt zu finden. Island ist ein Verb und seine Handlung ist es, sich zu sammeln.« Die in dieser dramatischen Landschaft verbrachte Zeit hinterließ Spuren in Horns Kunst. Ihre evokativen und poetischen Werke verlangen nach natürlichem Licht und regen zur sachten Kontemplation an.

Seit Mitte der 1990er-Jahre hat Horn eine Reihe von Glasskulpturen gegossen. Angesichts der schieren Menge an Glas, das für diese eleganten Formen nötig ist, kann es Monate dauern, bis die Stücke ausgehärtet sind. Die Seiten der Form lassen die Textur der ursprünglichen Gussform erkennen. Oben ist sie dagegen feuerpoliert. So entsteht eine nahtlos glänzende Oberfläche, wie ein ruhender Teich. Dieser gegossene Spiegel fängt alles in seinem Umfeld ein: hineinspähende Menschen, architektonische Elemente und die unendlichen Nuancen des natürlichen Lichts.

Auch wenn Horns Glasskulpturen steinhart und sehr schwer sind, kann man die Anspielung auf das Wasser nicht ignorieren. Horn beschrieb Wasser als »eine Form immerwährender Beziehung, nicht so sehr eine Substanz, sondern ein Ding, dessen Identität auf seiner Beziehung zu anderen Dingen beruht. Das meiste, was Sie sehen, wenn Sie auf Wasser blicken, ist eine Lichtreflexion.« Genau wie Wasser lehnen Horns Glasskulpturen feste Positionen ab. Sie

Roni Horn
Water Double, v. 1,
2013–15
Gegossenes Glas, die Oberflächen nach dem Gießen unbearbeitet, zwei Teile
Höhe jeweils 132,1 cm; Durchmesser jeweils 134–142 cm (konisch zulaufend); Gewicht jeweils 4.524 kg

Horn achtet sehr auf die Oberflächen ihrer Skulpturen, die blinken und glitzern wie wertvolle Juwelen oder Eisblöcke. Diese Installation besteht aus zwei gegossenen Glasformen, eine blau, die andere farblos. Horn interessiert sich für Ideen rund um etwas Doppeltes. Indem sie zwei Formen in Beziehung zueinander setzt, etabliert sie einen Dialog zwischen Gleichheit und Unterschied, Anhänglichkeit und Unabhängigkeit.

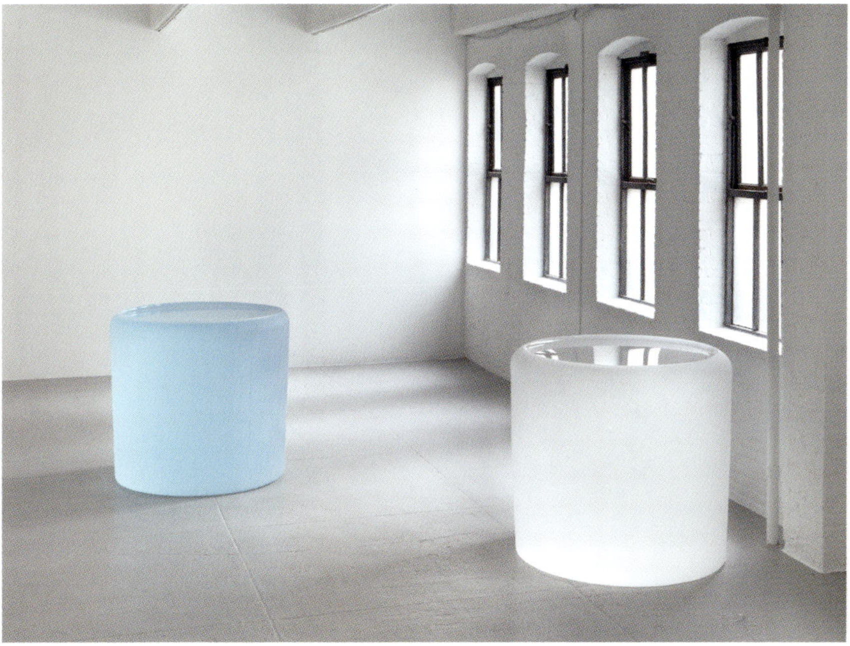

schweben zwischen fest und flüssig, Leichtigkeit und Schwere, Stille und Bewegung. Binäre Positionen werden infrage gestellt und es eröffnet sich Raum für neue Möglichkeiten.

WICHTIGE FAKTEN

- 1993 schenkte Roni Horn Felix Gonzalez-Torres ein Quadrat aus Goldfolie als Zeichen ihrer Freundschaft und Anerkennung seiner verbalen Unterstützung ihres Werks *Gold Field* (1980–82). 1993 erwähnte Gonzalez-Torres Horn in *»Untitled« (Placebo - Landscape – for Roni)* (1993). Dieses Werk besteht aus einem Teppich aus Bonbons, die in goldenes Cellophan gewickelt sind.
- 2009 fand am Whitney Museum of American Art eine große Ausstellung von Horns Werk statt, die anschließend an das Museum of Contemporary Art, Chicago, und die Fondation Beyeler, Basel-Riehen, reiste.

WICHTIGE WERKE

- *Still Water (The River Thames, For Example)*, 1999, Museum of Modern Art, New York, USA
- *Pink Tons*, 2009, Tate, London, Großbritannien

DO HO SUH
*1962, SEOUL, SÜDKOREA

Lebt und arbeitet in New York, USA, London, Großbritannien, und Seoul, Südkorea

Suh, der Sohn eines bedeutenden koreanischen Künstlers, genoss die Freiheit, seinen eigenen Weg wählen zu dürfen. 1991 zog er nach New York City. Seitdem hat er an verschiedenen Orten gelebt und verbringt viel Zeit auf Reisen in Flugzeugen und Zügen. Er hat immer ein Skizzenbuch dabei und zieht seine Inspiration aus der effizienten Architektur des Reisens und dem Prozess des Sichbewegens durch Raum und Zeit.

Suh arbeitet mit verschiedenen Medien. Kern seines Werks ist das Interesse an der Frage, was Zuhause bedeutet. Am bekanntesten ist er vermutlich für seine Nachbildung von Wohnräumen aus farbigen Seiden- oder Polyesterstoffen. Suh ist seit Mitte der 1990er-Jahre immer wieder zu dieser Serie zurückgekehrt. Er konzentriert sich besonders auf die Gebäude, in denen er gelebt hat. Dazu nimmt er exakte Messungen vor und dokumentiert alles, von den Fenstern und Türen bis zu den Lichtschaltern, Toiletten und Türklinken. Dann näht er mit koreanischen Nähtechniken, die er bei seiner Mutter abgeschaut hat, jeden Bereich von Hand zusammen.

Nach der Installation nimmt Suhs sanfte Architektur ein geisterhaftes Aussehen an. Diese ätherischen, im Licht schimmernden Strukturen laden uns ein und regen uns an, unseren Weg durch das Leben zu bedenken. »Die Räume, mit denen ich arbeite, haben vor meinem Leben viele andere enthalten und werden später von anderen bewohnt werden. Sie sind für mich etwas Persönliches, aber sie stellen auch ein Mittel dar, das Emotionen, Erinnerungen und Empfindungen auslöst.« Suh achtet besonders auf Übergangszonen, wie Eingänge, Treppenhäuser und Flure. Die inhärente Portabilität des Werks ist ebenso wichtig: Es kann sauber verpackt und leicht von Ort zu Ort gebracht werden. Für Suh sind Kunst und Leben von Natur aus leichtfüßig und nomadisch.

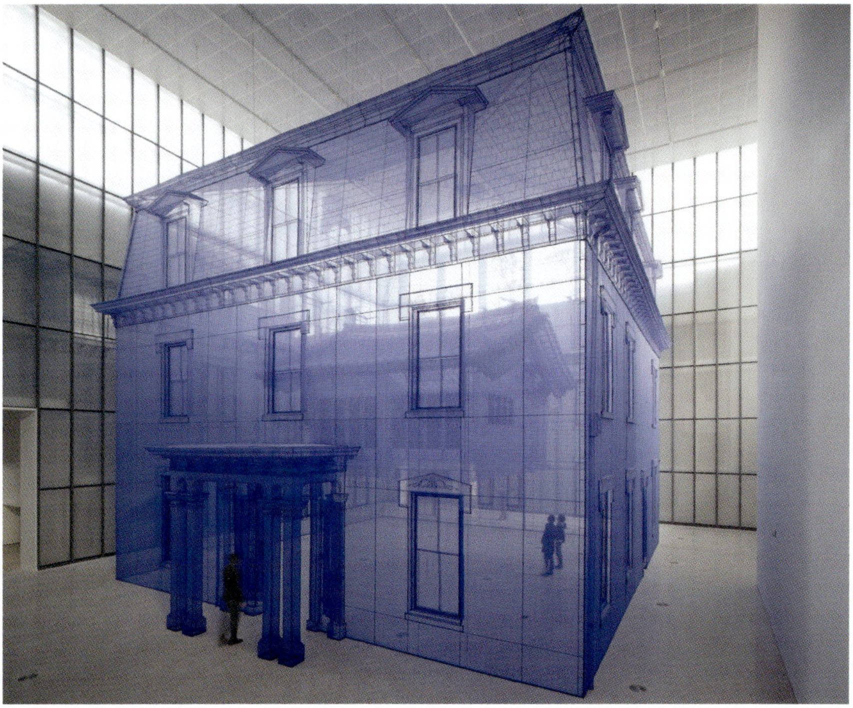

Do Ho Suh
Home within Home within Home within Home within Home, 2013
Polyesterstoff, Metallrahmen
15,30 x 12,80 x 13 m

Das große äußere Gebäude in dieser lebensgroßen Installation stellt das Stadthaus in Rhode Island dar, in dem Suh nach seiner Ankunft in Amerika als Erstes lebte. In diesem Haus schwebt eine Repräsentation des traditionellen koreanischen Hauses, in dem der Künstler aufgewachsen ist. Diese Umhüllung wirft Fragen auf: Ist das innere Haus gefangen oder wird es umarmt?

WICHTIGE FAKTEN

- Suh hat sich von Felix Gonzalez-Torres' Süßigkeitenstapel-Arbeiten inspirieren lassen, besonders davon, wie sie entstehen und wieder verschwinden. Außerdem bewundert er Rachel Whitereads Abdrücke von Innenräumen, allerdings repräsentieren seine eigenen Untersuchungen einen »eher fernöstlichen Denkprozess«.
- Ein weiteres wichtiges Untersuchungsgebiet für Suh ist die Beziehung zwischen individuellen und kollektiven Identitäten. *Some/One* 2005 besteht aus tausenden von militärischen Erkennungsmarken, die zu einer Metalljacke zusammengenäht wurden.

WICHTIGE WERKE

- *Some/One*, 2005, Whitney Museum of American Art, New York, USA
- *348 West 22nd Street* (2011–15), LACMA, Los Angeles, USA

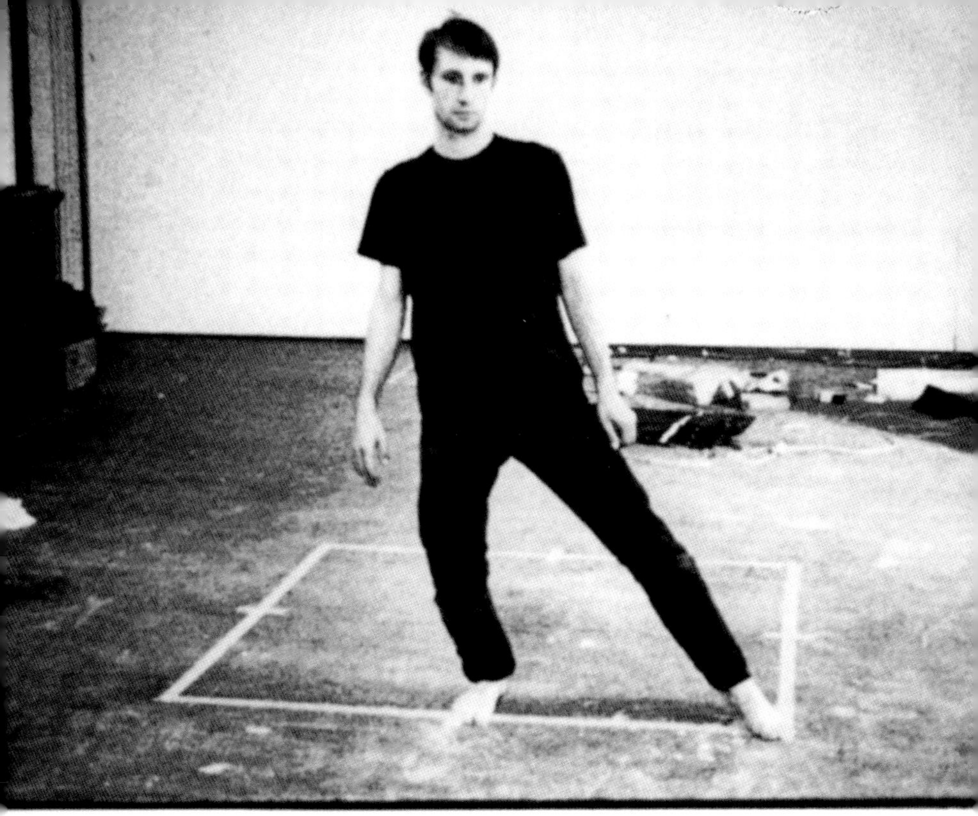

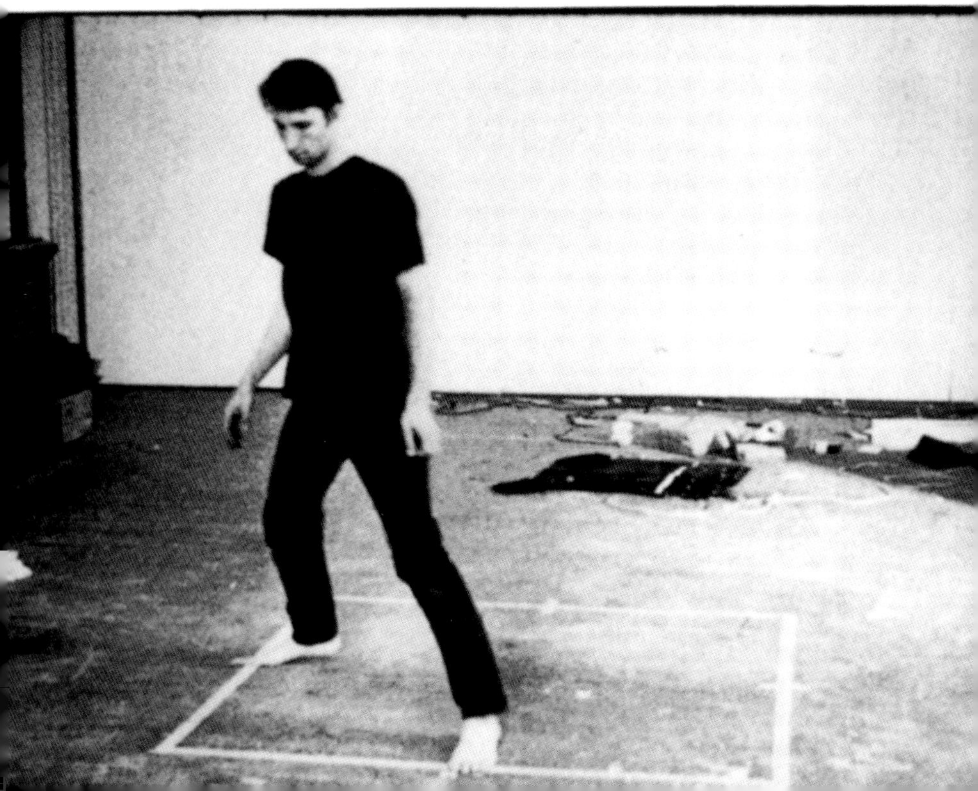

WAS MACHEN KÜNSTLER DEN GANZEN TAG?

-

Ein Künstler zu sein, hat etwas mit einem Lebensstil zu tun, denn man kann jeden Tag entscheiden, was man machen will.

-

Bruce Nauman, ca. 1970

Etwa 1967 führte der amerikanische Künstler Bruce Nauman in seinem Studio eine Reihe von Aktionen durch. Ein Kurzfilm zeigt, wie er auf übertriebene Weise um ein Quadrat herumgeht, das auf den Boden geklebt ist. In einem anderen zeigt er im Takt eines Metronoms mit nackten Zehen auf die Ecken des Quadrats.

Nauman nutzte trügerisch simple (und scheinbar alberne) Gesten, um Künstlern neue Möglichkeiten zu eröffnen. Er sah Kunst als lebendige Form, umgesetzt in Raum und Zeit, getrieben von den Aktionen und Entscheidungen des Künstlers.

Künstler müssen nicht bei einem gewählten Medium bleiben und brauchen keine spezielle Ausbildung. Alles hängt einfach davon ab, was man in einem bestimmten Augenblick fühlt, denn, wie Nauman sagt, »man kann jeden Tag entscheiden, was man machen will«.

Dieses Kapitel erkundet einige der Rollen, die heutige Künstler einnehmen. Es untersucht, wie und warum Künstler sich von traditionellen Techniken und Materialien lösen und stattdessen ein dynamisches Spektrum an vorgefertigten Identitäten annehmen: Schauspieler, Bühnenmanager, Medienstar oder Geheimagent.

Zunächst jedoch müssen wir uns darüber klar werden, dass viele Künstler einen Großteil ihrer Zeit an Laptop und Smartphone verbringen – genau wie der Rest von uns! Künstler zieht es oft in etablierte Kunstzentren, in denen es eine Infrastruktur gibt, die ihnen Chancen und Unterstützung bietet. Oder sie siedeln sich zumindest in deren Nähe an, damit sie bei Bedarf Zugriff auf diese Zentren haben. Ungeachtet der Versuche, die Kunstwelt zu dezentralisieren und zu diversifizieren, bleiben ihre »Hauptstädte«, wie New York, London und Berlin, sehr einflussreich und entsprechend verlaufen die Leben von Künstlern oft bemerkenswert konsistent. Der Künstler Urs Fischer beobachtete im Jahr 2020: »Die Kunstwelt ist in gewisser Weise einer der konservativsten Orte, die ich kenne. Was man tun sollte und was nicht, ist ziemlich festgelegt. Die meisten Leute bewegen sich auf den gleichen Wegen, während sie gleichzeitig glauben, dass sie sehr frei seien.«

DIE PRODUZENTEN

Es gibt in jüngster Zeit viele Beispiele für Künstler, die als Kuratoren agieren. Intensive Recherchen und Untersuchungen stützen die Arbeit der in Polen geborenen und in London lebenden Künstlerin Goshka Maçuga. Sie erklärte: »Der Prozess des Lernens und das Sammeln von

Bruce Nauman
Dance or Exercise on the Perimeter of a Square (Square Dance), 1967–68
16-mm-Film, auf Video übertragen, Schwarzweiß, Ton, 8 Minuten 24 Sekunden
MACBA Collection, MACBA Foundation, Barcelona

Dieser einflussreiche Film dokumentiert Naumans Weg um ein auf den Boden geklebtes Quadrat. Das unerbittliche Ticken des Metronoms gibt die Geschwindigkeit seines Fußtapsens in den einzelnen Ecken vor. Durch die Reduktion auf ein einzelnes Quadrat inszeniert Nauman eine kreative Herausforderung an den Minimalismus, indem er eine Erweiterung von dessen Prinzipien vorschlägt: Er bezieht Performance und Zeit ein.

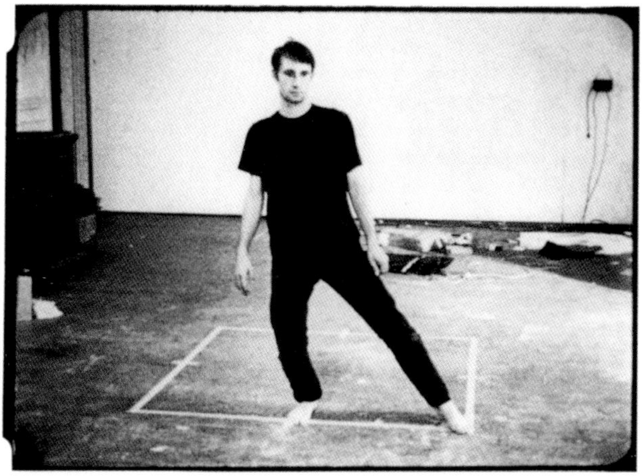

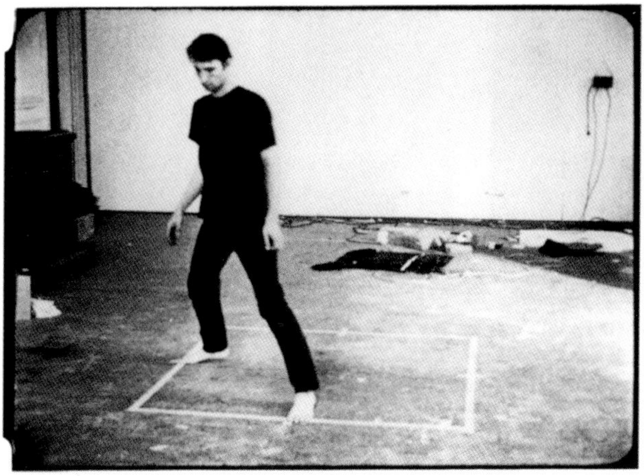

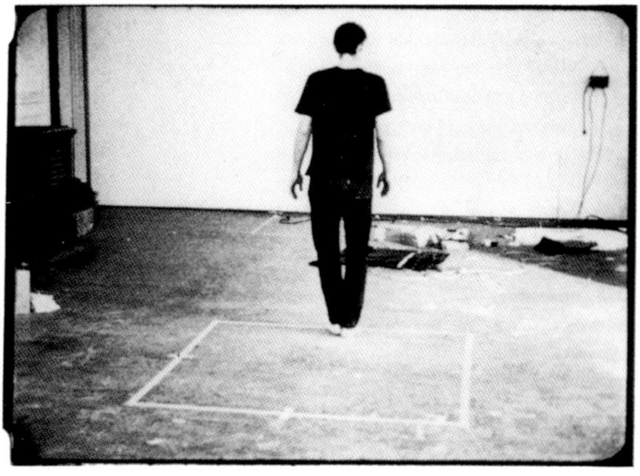

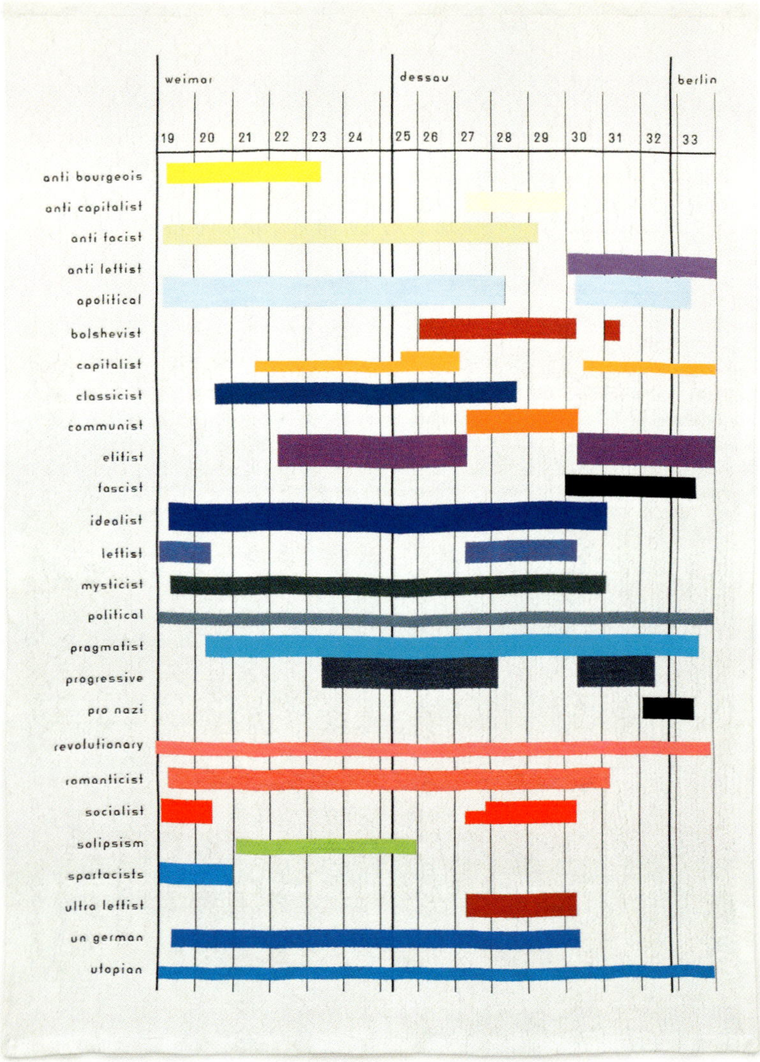

Goshka Maçuga
1919/1933, 2019
Wandteppich, Auflage von 5 + 1AP
2,90 x 2,10 m

Dieser Wandteppich enthüllt Maçuga's kuratorische und recherchebasierte Methoden. Mit einem einfachen Diagramm stellt sie die unterschiedlichen ideologischen Positionen dar, die das Bauhaus beeinflussten – die zwischen 1919 und 1933 in Weimar, Dessau und Berlin aktive Kunstschule. Das Bauhaus ist bekannt für seine einzigartige modernistische Vision von geradliniger Kunst und Design. Maçugas Wandteppich verrät, dass die Umstände doch etwas komplexer waren.

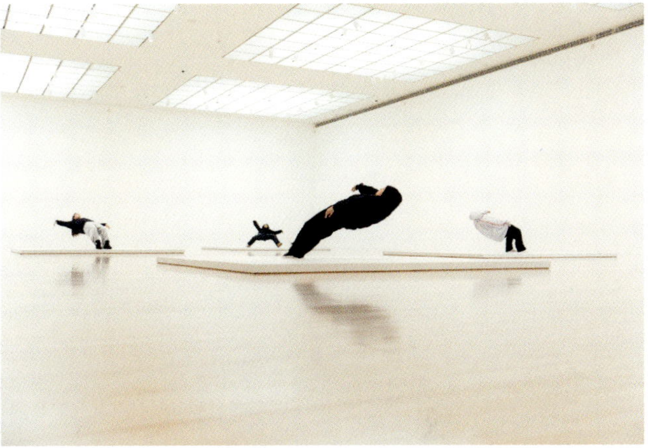

Xu Zhen
In Just the Blink of an Eye,
2005
Performance

Diese Installation zeigt vier Personen, die mitten im Fallen innezuhalten scheinen. Das Werk wurde erstmals in China während einer Periode der wirtschaftlichen Unsicherheit gezeigt, die zu prekären Verhältnissen für chinesische Fabrikarbeiter geführt hatte. Xu lädt oft Menschen aus Migrantengemeinden ein, um an seinen Werken mitzuwirken, und erlaubt dadurch ein weiteres Nachdenken über die menschliche Verletzlichkeit angesichts mächtiger globaler Kräfte.

Informationen und Wissen sind der Hauptfokus meiner Arbeit, bevor es an das eigentliche Machen geht.« Maçuga reagiert auf die Möglichkeit, an einer Ausstellung teilzunehmen, oft, indem sie monatelang den speziellen Kontext untersucht und sich dazu wie ein Kulturarchäologe in Archiven vergräbt. Ihre Erkenntnisse präsentiert sie auf faszinierende Arten. Oft kombiniert sie ihre eigene Arbeit mit anderen Objekten, um vermeintlich etablierte Geschichten ins Wanken zu bringen. Ihre aktuellen Tapisseriearbeiten haben panoramische Ausmaße. Sie verflechten historische Inhalte mit frischem Denken.

Zeitgenössische Künstler sind manchmal aber auch Regisseure hinter den Kulissen, statt die Hauptrolle zu übernehmen. Anne Imhof entwirft und produziert komplexe, anstrengende Szenarien, die dann von anderen Künstlern, Tänzern und Musikern aufgeführt werden. Der in Shanghai lebende Künstler Xu Zhen hat ebenfalls Performances produziert, die andere ausgeführt haben. Xu mag das: »Es ist viel effizienter, als Team zu arbeiten, statt unabhängig … meine Aufgabe ist es, Anweisungen zu geben.« *In The Blink of an Eye* (2005) gehört zu Xus berühmtesten Werken. Vier Menschen halten mitten im Fall inne. Sie scheinen der Schwerkraft zu widerstehen und starren in den Raum, die Interaktion mit dem Publikum wird vermieden. Diese knapp arrangierte Szene vermittelt eine strenge Theatralik, gepaart mit einem Sinn für Humor und verschmitzter Trickserei.

DER HAUPTDARSTELLER

Ohne respektlos zu sein, kann man trotzdem behaupten, dass manche heutigen Künstler am »Hauptdarstellersyndrom« leiden. Sie besetzen ihr Werk vollkommen. Ihr Leben liefert den Inhalt und ihr Körper das Material.

Die Präsenz des Künstlers kann einem Werk ein Gefühl von Authentizität, Direktheit und Wahrhaftigkeit bieten.

Dies zeigt sich an den Arbeiten von Njideka Akunyili Crosby, die sich oft selbst in ihre gemalten Szenarien einbrachte.

Es ist wichtig, genauer hinzuschauen, um die Motivation hinter der Entscheidung eines Künstlers zu verstehen, sich selbst ins Bild zu setzen. Antony Gormley gewann internationale Anerkennung für Skulpturen, Installationen und ortsspezifische Werke, die Abdrücke seines eigenen Körpers enthalten. Die ambitionierte Installation *Another Place* (2005) besteht aus 100 Eisenfiguren an einem langen Strand. Bei Flut versinken sie ganz oder teilweise im Wasser. Man muss betonen, dass die Figuren in Gormleys Werk keine Selbstbildnisse sein sollen. Stattdessen sieht er sie stellvertretend für eine universelle menschliche Erfahrung: »Ich versuche, ein Werk zu schaffen, das nachdenklich ist und zum Nachdenken anregt.«

Grayson Perrys Keramiktöpfe in Spiraltechnik sind mit Erinnerungen, persönlichen Betrachtungen und Kommentare zu gesellschaftlichen Themen geschmückt. Außerdem stellt er Drucke, Wandteppiche, Filme und Performances her. Jedes Format bietet weitere Möglichkeiten, sich einzubringen. Oft tritt Perry als Claire auf, sein weibliches, immer extravagant gekleidetes Alter Ego. Beträchtliche Aufmerksamkeit hat er auch als Medienpersönlichkeit und Kommentator gewonnen. Er hat Bücher geschrieben, Ausstellungen kuratiert, Vorlesungen gehalten und Fernsehsendungen gemacht, immer getrieben von seinen Ansichten zu einem bestimmten Thema, seien es Kunstwelt, Identität, Klasse oder Covid-19-Lockdowns.

Antony Gormley
Another Place, 1997
Gusseisen, 100 Elemente,
189 x 53 x 29 cm

Seit 2005 besetzt *Another Place* einen 3 km langen Strand in Crosby, Großbritannien. Die Figuren starren auf das Wasser hinaus. Der Künstler erklärte: »Die Idee bestand darin, Zeit, Stille und Bewegung zu testen und sich darüber hinaus in das tägliche Leben am Strand einzubringen.«

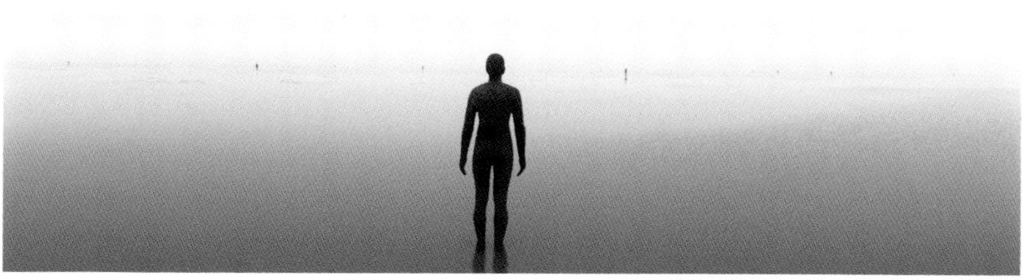

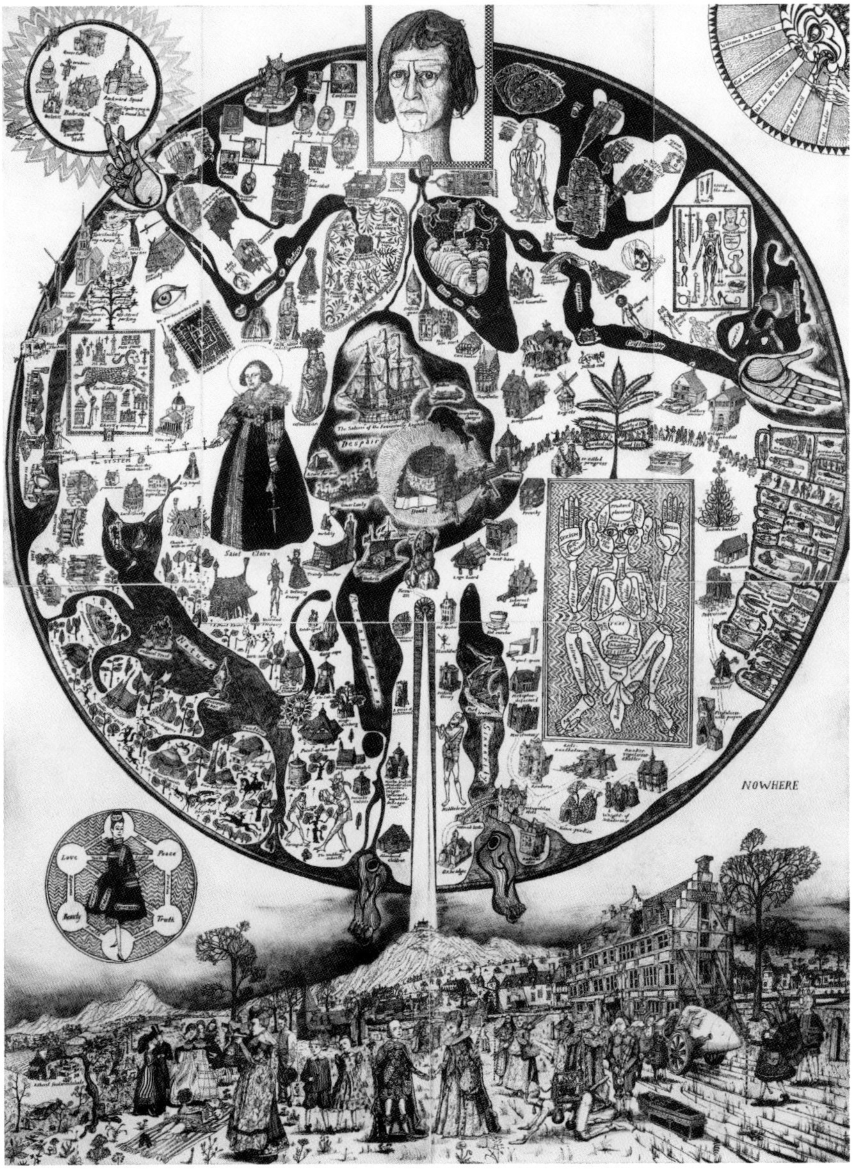

Grayson Perry
Map of Nowhere, 2008
Radierung aus fünf Platten auf ein Blatt
Auflage von 68 plus 10 Künstlerabzüge
153 x 113 cm

Map of Nowhere **ist direkt inspiriert durch die mittelalterliche** ***mappa mundi*****, speziell die Ebstorfer Weltkarte des Gervasius von Tilbury, in der Jesus über der Welt thront. Perry setzt sich in dieser ebenso enzyklopädischen Version selbst an die führende Stelle. Seine aufwendige Radierung verwebt persönliche Motive und Perspektiven mit breiteren gesellschaftlichen Kommentaren und Satire. Zweifel steht im Zentrum von Perrys Welt.**

Obwohl sie unterschiedlich arbeiten, schaffen sowohl Perry als auch Gormley Kunst, die von vielen verstanden wird. Durch das Einbauen persönlicher Aspekte in ihre Werke sind diese leichter zugänglich und man kann sich mit ihnen identifizieren.

DER VISIONÄR

Joseph Beuys sagte einmal, dass »jeder Mensch ein Künstler« ist. Misstrauisch gegenüber Ausbildung und Qualifikationen, trat er dafür ein, dass wir alle tief in uns selbst nach Verbindungspunkten mit Natur und Gesellschaft suchen sollten. Seine poetischen Kunstwerke erwuchsen aus schamanistischen und ritualistischen Aktionen. 1965 bedeckte er seinen Kopf mit Honig und Blattgold, trug einen toten Hasen in einer Galerie herum und wisperte ihm seine Erklärungen zur Kunst ins Ohr. Bei einer anderen Gelegenheit wickelte er sich in Filz ein und verbrachte drei Tage mit einem lebenden Kojoten in einer verschlossenen Galerie; Ziel war es, eine friedliche Verbindung zu diesem Raubtier aufzubauen. Trotz seiner Beteuerung, dass jeder ein Künstler sein könne, setzte Beuys auf die Vorstellung vom Künstler als mystischer, visionärer Person.

Schauen wir auf das Werk der serbischen Performance-Künstlerin Marina Abramović. Seit den 1970er-Jahren ist Abramović für extreme und gefährliche, meist vor Publikum durchgeführte Aktionen bekannt, die ihren Körper an seine Grenzen treiben. 2010

Marina Abramović
The Artist is Present, 2010
Performance
3 Monate
Museum of Modern Art, New York

Diese Performance wurde von einem kleinen Schild begleitet, auf dem stand: »Setzen Sie sich still für eine beliebige Zeit zur Künstlerin.« 1.500 Besucher schafften es in der Schlange bis nach ganz vorn. Manche fanden das Erlebnis tief bewegend. Ein Mann schaffte einen sieben Stunden langen Anstarr-Marathon. 2012 wurde eine Dokumentation in Spielfilmlänge über die Ausstellung veröffentlicht.

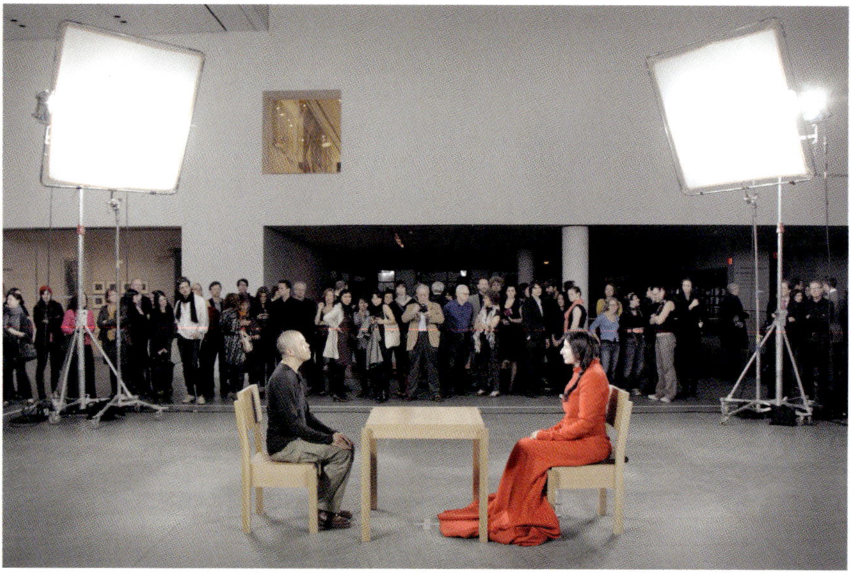

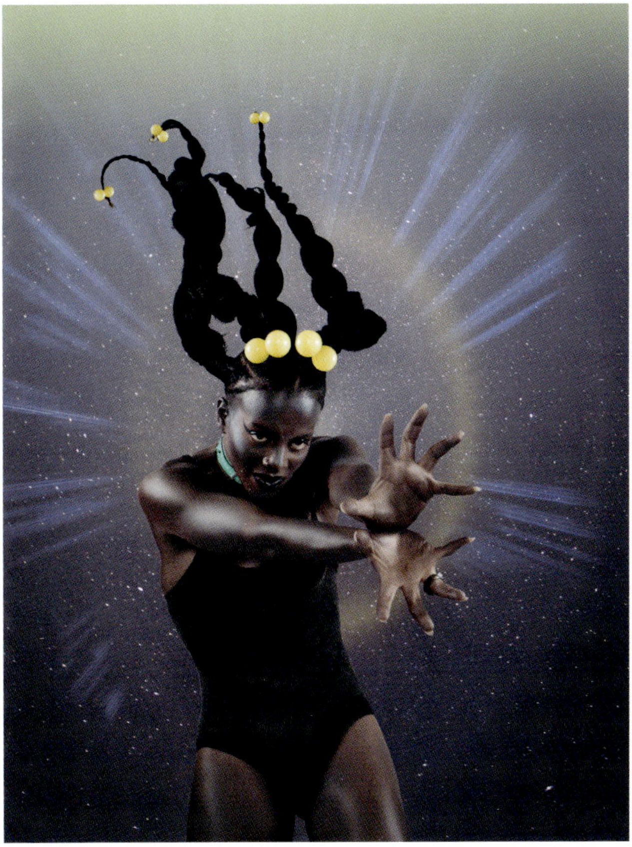

Juliana Huxtable
Lil' Marvel, 2015
Farbtintenstrahldruck
101,6 x 76,2 cm

Das Magazin *Vogue* beschrieb einmal, dass Huxtables Fotografien »die visuellen Sprachen von Comic-Büchern und dem Hip-Hop auf eine Weise vermischen, die diese aussehen lassen wie ein Internet-Meme, das von Aliens geschaffen wurde«. Dieses Werk ist ein herausragendes Beispiel für Huxtables dynamische Annäherung an Selbstporträts. Sie kombiniert Fotografie und Digitaltechnik, um eine mythologische und fantastische Darstellung ihrer selbst herzustellen.

führte sie eine Performance am Museum of Modern Art in New York durch. Für das Werk *The Artist is Present* wurden ein Tisch und zwei Stühle aufgestellt. Auf dem einen Stuhl saß die in ein langes Kleid gehüllte Abramović, der andere war für Besucher gedacht. Im Laufe von fast drei Monaten stellten sich 750.000 Menschen an, um der Künstlerin in die Augen zu schauen. Manche Menschen brachen in Tränen aus, überwältigt von der Intensität von Abramović' Präsenz. Für andere überschritt die Performance die Grenze zur Prominentenverehrung.

Die Vorstellung vom Künstler als Kultfigur oder Visionär ist in der Gegenwartskunst weit verbreitet. Sie zeigt sich im Werk vieler Künstler, darunter Zadie Xa und Juliana Huxtable. Für ihre einzigartigen Selbstporträts nimmt Huxtable machtvolle Posen in fantastischen Situationen ein. Inspiriert wird sie aus einer Vielzahl von Quellen, wie kitschigen christlichen Postern und Science Fiction.

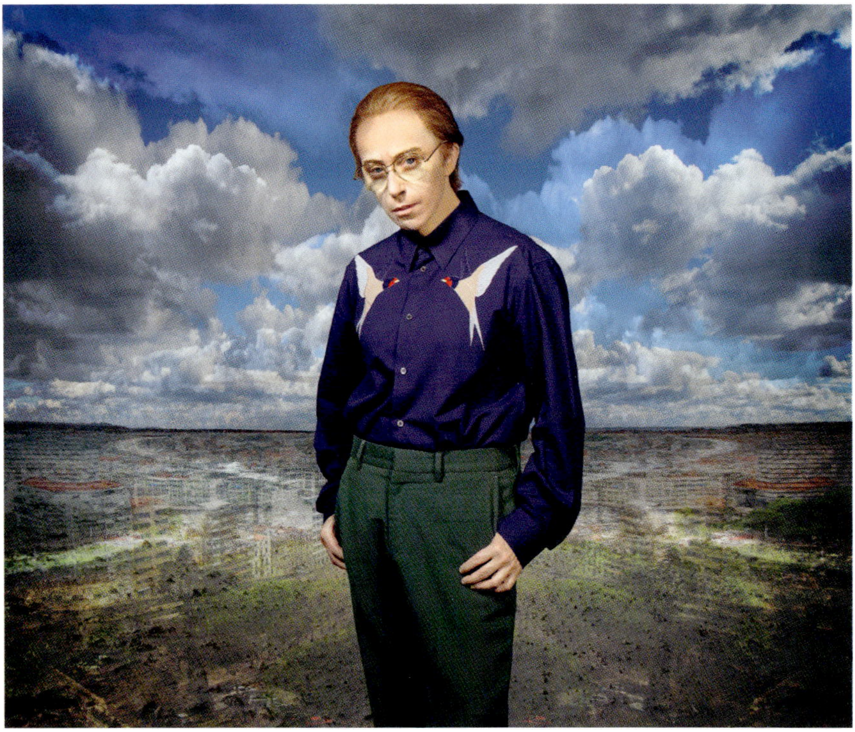

Cindy Sherman
Untitled, 2019
Farbstoffsublimation-Metalldruck
2,30 x 2,70m

Obwohl Shermans fotografische Praxis sich über fünf Jahrzehnte erstreckt, bleibt sie eine scharfsinnige und aufmerksame Beobachterin von Leben und Kultur der Gegenwart. Ihre aktuellen Arbeiten reflektieren die sich ändernden Geschlechtsdefinitionen und sie hat ihren Wortschatz um nichtbinäre Identitäten erweitert. Außerdem nutzt sie verstärkt die Digitaltechnik, um ihre Arbeit zu intensivieren.

Zur Reflexion ihrer Erfahrungen als afroamerikanische Transfrau nutzt sie Fotografie und Digitaltechnik, um ihre bejahenden Visionen der Intersektionalität zu verstärken. Sie erschafft ihre eigenen Mythen. Alles ist möglich, der Unterschied ist stark.

DAS CHAMÄLEON

Zeitgenössische Künstler nehmen viele unterschiedliche Kostüme, Namen und Identitäten an, um neue Wege zu beschreiten. Hetain Patel zum Beispiel bereichert ihre Performances mit Superheldenkostümen und Henna-Tattoos. Cindy Sherman taucht überall und nirgends in ihren Werken auf. Seit den 1970er-Jahren entwickelte sie eine umfangreiche fotografische Tätigkeit, in der sie ihre ganzen fiktiven Charaktere vorführt, aber kaum etwas über sich selbst verrät. Sie verkörperte eine außergewöhnliche Bandbreite an Figuren: Clowns, die Jungfrau Maria, Opfer von Verbrechen, Renaissance-Heldinnen und B-Moviestars. In einem neueren Werk verfolgte sie den Prozess des Alterns, indem sie die Identitäten älterer Frauen untersuchte. Sherman arbeitet am liebsten allein. Sie geht leise in ihren Charakteren auf und kümmert sich selbst um alle Details. Es handelt sich nicht um Selbstporträts. Ihr Werk fordert oft zum Nachdenken darüber auf, wie Menschen, vor allem Frauen, auf einen Typ festgelegt werden.

Das kreative Potenzial des Sich-Verkleidens zeigt sich auch im Werk der Südafrikanerin Zanele Muholi. 2012 startete Muholi eine große Serie aus Schwarzweißfotografien mit dem Titel »Somnyama Ngonyama« oder »Gegrüßt sei die Dunkle Löwin«. Die Serie umfasst 365 Bilder, eines für jeden Tag des Jahres, und kommentiert die anhaltende Diskriminierung, die People of Color erfahren. Jedes Bild setzt Muholi in eine andere Rolle, manchmal als historische Figur, manchmal als eine Person aus ihrer Bekanntschaft. Normale Haushaltsgegenstände werden auf innovative Weise verwendet, um überraschend feierliche Kostüme herzustellen. Muholi starrt trotzig in die Kamera und verleiht den einzelnen Charakteren Würde und Stärke.

Sich vor aller Augen zu verstecken, ist eine klare künstlerische Strategie, die zu innovativen Werken führen kann. Das vielleicht extremste Beispiel des geheimnisvollen Künstlers ist der Streetartist und politische Aktivist Banksy, der seine Identität strikt verschleiert. Er arbeitet heimlich und hinterlässt Beispiele seiner Sprühkunst an bescheidenen öffentlichen Orten, bereit für die Entdeckung. Wer ist er und warum ist er so verschwiegen? Der Nervenkitzel der Jagd scheint die Aufregung um das Werk noch zu verstärken. Künstler handeln oft recht gerissen, um uns auf Trab zu halten.

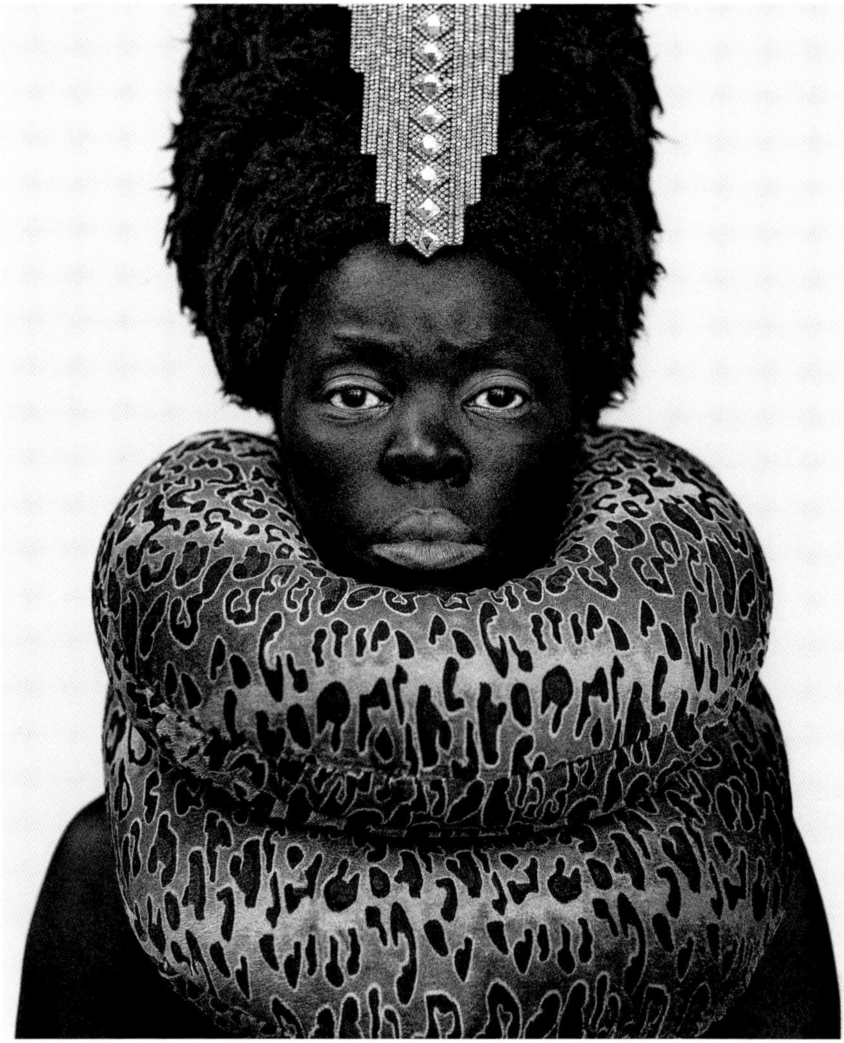

Zanele Muholi
Xiniwe at Cassilhaus, North Carolina, 2016
Giclée-Druck auf Papier
80 x 55,6 cm

Muholi nutzt vertraute Objekte für ihre atemberaubenden Kostüme, die Geschichten vom Anderssein und von der Zugehörigkeit erzählen. Damit das funktioniert, nutzt sie Reisekissen, die sie umdreht, sodass aufwendige Halsdekorationen entstehen.

WICHTIGE IDEEN

- Künstler wechseln heute oft die Richtung, das Medium und das Genre, um ihre Ziele zu erreichen.
- Oft nehmen Künstler die Rolle des Kurators oder Produzenten ein, um komplexe Projekte und Performances abzuliefern.
- Viele Künstler tauchen ganz direkt in ihren Werken auf, sei es durch Performances oder durch radikales Vorgehen bei Selbstporträts.
- Das Annehmen unterschiedlicher Identitäten erlaubt es Künstlern, über Fragen von Gleichheit, Inklusion und Repräsentation zu reflektieren.

WICHTIGE KÜNSTLER

- Monster Chetwynd | Rodney Graham | James Lee Byars | David Hammons | Mariko Mori | Pipilotti Rist | Tino Sehgal | Tai Shani | Gillian Wearing | Zhang Huan

WICHTIGE AKTIVITÄTEN

- Versuchen Sie bei Ihrem nächsten Ausstellungsbesuch einen der oben aufgeführten Charaktertypen zu entdecken. Sie könnten sogar weitere Rollen identifizieren!
- Folgen Sie Ihren Lieblingskünstlern in den sozialen Medien, um herauszufinden, woran diese arbeiten und welches ihre aktuellen Interessen und Motivationen sind.

BANKSY

Man kann sich kaum einen Künstler vorstellen, der kamerascheuer ist als Banksy. Auch wenn viele Menschen ihren Verdacht haben, muss der berühmte Streetartist seine Identität erst noch enthüllen. Seine Kunst taucht an den unerwartetsten Orten auf: in Gassen und Nebenstraßen, an Hauswänden, Brücken und Kreisverkehren, und immer aus heiterem Himmel. Seine typische Schablonensprühtechnik erlaubt das rasante Auftragen vor dem ebenso rasanten Rückzug. Allerdings geht es hier nicht um Kritzeleien. Banksys Kunst steht für ein klares gesellschaftliches und politisches Gewissen und ein scharfes Verständnis für die Macht von Ort und Kontext und ist eine Reaktion auf spezifische Ereignisse, Konflikte und Debatten. Oft konzentrieren sich seine symbolischen Bilder auf die Auswirkung wichtiger Geschehnisse und Entscheidungen auf das normale Leben, vor allem von Kindern und jungen Leuten. So tauchten etwa 2008 in New Orleans ergreifende Arbeiten an Häusern auf, die der Hurrikan Katrina beschädigt hatte.

Banksys Streetart wird an den empfangenden Orten oft warm aufgenommen, ist allerdings durch Diebstahl, Beschädigung oder Entfernung durch die Behörden gefährdet. Er produziert auch Drucke und Originalwerke, die über herkömmliche Kanäle vertrieben werden. Am 5. Oktober 2018 kam ein seltenes Acrylbild seines ikonischen Bildes *Girl with Balloon* bei Sotheby's in London zur Versteigerung. Nur Sekunden, nachdem das Werk für eine Million Pfund verkauft worden war, erklang ein Alarmton und die Leinwand mit dem Bild wurde durch einen im Rahmen versteckten Schredder geschoben. Ein kollektiver Aufschrei hallte durch den Auktionsraum und das Werk wurde schnell weggebracht. In einer Presseerklärung behauptete Sotheby's, dass »Banksy das Kunstwerk in der Auktion nicht zerstört, sondern eines erschaffen hat«. Dieses »neue« Werk wurde durch den Künstler authentifiziert und trägt den Titel *Love is in the Bin* (2018). Nach mehrtägiger Verhandlung willigte der Käufer ein, den Preis zu zahlen. Am 14. Oktober 2021 kam es erneut zur Auktion und erbrachte nun 18,5 Millionen Pfund.

WICHTIGE FAKTEN

- Banksys Kunst tauchte erstmals in den frühen 1990er-Jahren in und um Bristol, Großbritannien, auf. Er stand in enger Verbindung zu Bristols Untergrundszene aus Musikern und Künstlern.

Banksy
Girl with Balloon, Direkt nach dem Verkauf bei Sotheby's im Jahre 2018 geschreddert. Umbenannt in *Love is in the Bin*, 2006/2018
Sprühfarbe, Acrylfarbe, Leinwand, Brett
101 x 78 x 18 cm
Staatsgalerie, Stuttgart

Banksy behauptet, das Werk 2006 einem Freund geschenkt zu haben. Der Schredder sei zu diesem Zeitpunkt in den Rahmen eingebaut worden, um ihn im Falle einer Auktion zu aktivieren. Banksy hat außerdem verlautbart, dass der Mechanismus während des Vorfalls versagt habe und auf halben Wege stecken geblieben sei. Eigentlich sollte das ganze Werk geschreddert werden.

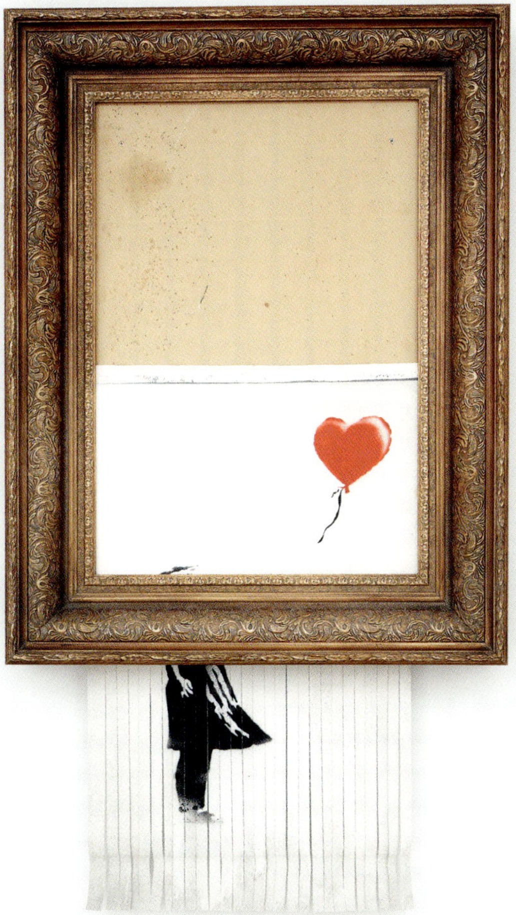

- Banksy stellt sein Werk regelmäßig aus. Die große Ausstellung »Banksy versus Bristol Museum« fand 2009 am Bristol Museum & Art Gallery statt und zeigte mehr als 100 Werke.

WICHTIGE WERKE

- *Love is in the Air (Flower Thrower)*, 2003, Bethlehem, Palästina
- *Basquiat*, 2017, Barbican Centre, London, Großbritannien

NJIDEKA AKUNYILI CROSBY
*1983, ENUGU, NIGERIA

Lebt und arbeitet in Los Angeles, USA

Njideka Akunyili Crosby zog mit sechzehn Jahren zur weiteren Ausbildung in die USA. Sie »spürte den Drang, meine Geschichte als Nigerianerin in der Diaspora zu erzählen« und die Malerei bot die perfekte Plattform, um mehrere Perspektiven und Identitäten auszudrücken: »Ich wollte mein Werk in einem transkulturellen Raum verwurzeln, diesem seltsamen, geschäftigen Zwischending, einer Art Niemandsland.« Akunyili Crosby arbeitet großformatig, oft auf schwerem Papier. Sie stellt Einzelpersonen und Gruppen von Figuren dar, die in häuslichen Räumen normalen Aktivitäten nachgehen, etwa einen Augenblick der Stille genießen oder Familie und Freunde treffen. Akunyili Crosby schafft Zärtlichkeit in ihren Gemälden, jedoch ist die Intimität immer respektvoll und unauffällig. Ihre Figuren vermeiden den Blickkontakt zum Betrachter. Narrative werden angedeutet, aber nie voll erklärt.

Collage- und Fototransfertechniken spielen in ihren Gemälden eine wichtige Rolle. Sie baut ihre Werke langsam auf und nutzt komplexe Schichten aus Bildmaterial, das sie von ihren häufigen Reisen nach Nigeria mitbringt. Reproduktionen von Popikonen, Anwälten, Models und politischen Diktatoren bilden dicht gemusterte Zonen, die alle möglichen Flächen bilden können, von Stoffen bis Möbeln. Eine zusätzliche Resonanzebene ergibt sich aus Akunyili Crosbys häufigen Verweisen auf die westliche Kunstgeschichte. Sie benannte den Einfluss vieler Künstler, darunter Chris Ofili, Édouard Vuillard und Diego Velázquez. Ihr Interesse an Stillleben zeigt sich an der Aufmerksamkeit, die sie den Texturen von Objekten und Oberflächen widmet. Gleichermaßen fesselnd ist der häufige Einsatz von Flächen kräftiger Farbe – eine klare Verbeugung vor der Geschichte der abstrakten Kunst. Akunyili Crosbys Gemälde verschmelzen Vergangenheit und Zukunft, Persönliches und Politisches, nigerianische und amerikanische Referenzen, um einen verführerischen und ergreifenden Zwischenraum zu erschaffen. »Meine Reise hat einen Charakter erzeugt, der wirklich nicht in eine Box passt.«

Njideka Akunyili Crosby
I Still Face You, 2015
Acryl, Zeichenkohle, Buntstifte, Collage, Öl und Transfers auf Papier
2,10 x 2,70 m
Los Angeles County Museum of Art, Los Angeles

Dieses Gemälde stellt dar, wie die Künstlerin ihren europäischstämmigen Ehemann das erste Mal der Familie vorstellt. Neben ihrem Mann stehend, nimmt Akunyili Crosby in ihrem eleganten gelben Kleid eine klassische Haltung ein. Ihre Fertigkeiten als Malerin werden in ihrem Umgang mit einer breiten Palette an Oberflächen offenbar. Der Einsatz von Collagen und Fototransfers hilft, die Bildebene zusammenzuhalten.

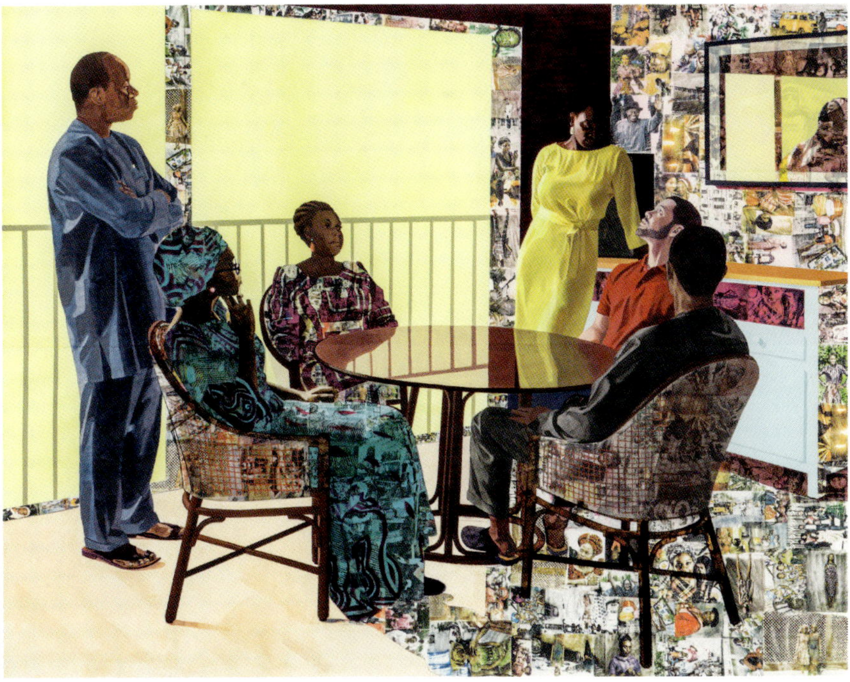

WICHTIGE FAKTEN

- 2019 erhielt Njideka Akunyili Crosby einen Ehrendoktortitel des Swarthmore College, Pennsylvania.
- Akunyili Crosby hat mehrere Werke für den öffentlichen Raum geschaffen, darunter *Before Now After (Mama, Mummy and Mamma)*, 2015, das als Teil des *Outside The Box Program* 2016 außerhalb des Whitney Museum of American Art, New York, gezeigt wurde.
- Akunyili Crosbys Werk ist in vielen wichtigen Sammlungen auf der ganzen Welt vertreten, einschließlich der Tate, London, und des Zeitz Museum of Contemporary Art Africa, Kapstadt.

WICHTIGE WERKE

- *And We Begin to Let Go*, 2013, Museum of Modern Art, New York, USA
- *Portals*, 2016, Whitney Museum of American Art, New York, USA

ANNE IMHOF
*1978, GIESSEN, DEUTSCHLAND

Lebt und arbeitet in Berlin, Deutschland, und New York, USA

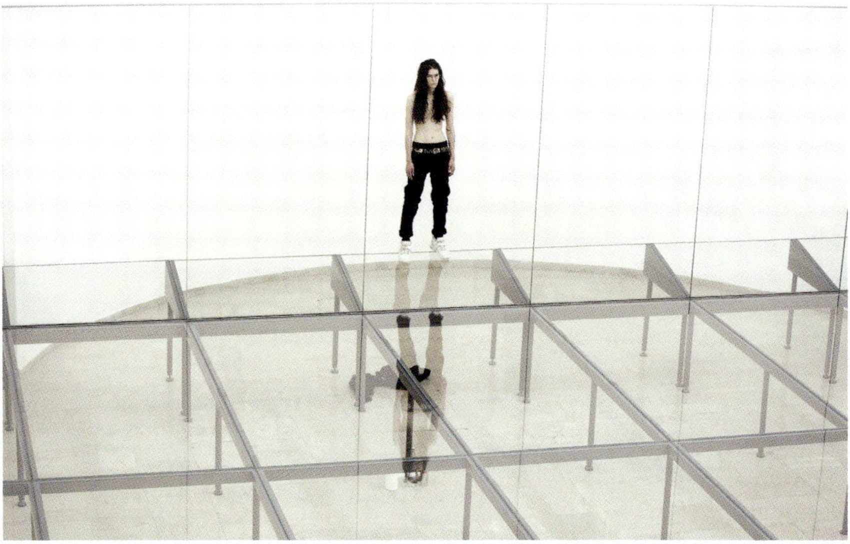

Bei der Eröffnung der Biennale 2017 in Venedig war ein Name in aller Munde: Anne Imhof. Ihre Performance *Faust* (2017) verwandelte den deutschen Pavillon in eine elektrifizierende und angespannte Umgebung. Das Stück erregte große Aufmerksamkeit und gewann den Goldenen Löwen für den besten nationalen Beitrag. Besucher des Pavillons wurden von einer Meute wilder Dobermänner in Metallkäfigen begrüßt. Der Raum im Pavillon war gleichermaßen verstörend. Ein falscher Glasboden, und mehrere Abteilungen und erhöhte Plattformen erlaubten verschiedene Standpunkte und Perspektiven. Der Raum wurde von einer Truppe mürrischer, schlanker Jugendlicher in dunkler Sportkleidung belegt. Sie sprangen von den Absätzen herunter und lungerten in Gruppen herum. Sie schrien, knurrten, krümmten und wälzten sich auf dem

Boden. Manche schienen zu tanzen und zu singen, während andere Sex simulierten. Das Publikum schaute verwundert und verwirrt zu. Gelegentlich starrten die Performer aufs Geratewohl einen arglosen Besucher an: ohne zu blinzeln und zu lächeln, beunruhigend.

Anne Imhofs provokative Werke verschmelzen Performance, Choreografie, Musik, Bildhauerei und Installation. Die Ausführung ihrer Arbeiten erfordert das Rekrutieren eines Teams aus Tänzern, Dichtern, Models, Musikern und Freunden. Sie folgen einem vorgegebenen Plan und reagieren auf ihre Anweisungen per SMS. Jede Performance, die etwa vier oder fünf Stunden dauern kann, wird durch sorgfältige Planung und Improvisation gestützt. Imhof sagt dazu: »Es geht um Zufälle, die geschehen, die Fähigkeit zu vertrauen. Je zufälliger es ist, umso präziser wird die ganze Sache.« Trotz der vielen Methoden und Disziplinen, die Imhofs Werk prägen, betrachtet sie die Malerei als eine starke Bezugsquelle. Mittels Architektur als Rahmen arrangiert sie Körper im Raum, um machtvolle Kompositionen zu erschaffen, die starke menschliche Emotionen ausdrücken. Ein vielleicht überraschender Einfluss ist der britische Maler Francis Bacon. Seine Gemälde von Menschen und Tieren, die sich auf geradlinigen Plattformen und einrahmenden Elementen herumwälzen, bieten ein fesselndes Vorbild.

Anne Imhof
Faust, 2017
Performance

Imhofs Werke tragen oft einfache, aus einem Wort bestehende Titel, die sich ganz verschieden interpretieren lassen. *Faust* bezeichnet zum einen die zusammengeballte Hand, ist aber auch der Name der Hauptfigur in Goethes Drama. Faust verkauft seine Seele dem Teufel im Austausch für eine irdische Belohnung.

WICHTIGE FAKTEN

- Anne Imhof machte Musik und arbeitete als Türsteherin, bevor sie an der Städelschule in Frankfurt (2008–12) Kunst studierte.
- 2017 veröffentlichte die Galerie Buchholz Imhofs Debütsingle, *Brand New Gods*, in einer Auflage von 300 Stück.

WICHTIGE WERKE

- *Angst*, 2016
- *Sex*, 2019–21

HETAIN PATEL
*1980, BOLTON, GROSSBRITANNIEN

Lebt und arbeitet in London, Großbritannien

Hetain Patels Tätigkeit hat viele Formen, darunter Performance, Film, Fotografie und Bildhauerei. Seine Werke sind meist in Galerien und Theatern zu finden, er nutzt aber auch Vorträge und YouTube, um ein breiteres Publikum zu erreichen. Patel ist ein perfekter Performer. Er nutzt den Prozess der Nachahmung, um persönliche Erinnerungen mit Elementen der Populärkultur zu kombinieren und dadurch ergreifende Reflexionen zu Identität und Zugehörigkeit zu erschaffen. Sein Ziel ist es, Verbindungspunkte zu finden: »Ich möchte Brücken schlagen.«

Patel wuchs in einer britischen Gujarati-Familie auf und war als Kind rassistischen Diskriminierungen ausgesetzt. Kung-fu- und Superheldenfilme lieferten ihm eine Quelle der Kraft und des Eskapismus. Er entdeckte eine andere Welt, in der das Anderssein eine Quelle der Stärke bildete. Besonders angezogen fühlte er sich von der maskierten Rolle Spider-Mans: »Für mich ging es nicht um die Superkräfte, sondern um das Glück, sich über seine Handlungen definieren zu können und nicht über die äußeren Merkmale, die dich definieren, wie Geschlecht, Hautfarbe oder Alter.« Für *The Jump* (2015) lud er siebzehn Familienmitglieder in das Haus seiner Großmutter ein, wobei er sie bat, ihre besten »Hochzeitsoutfits« zu tragen. Patel selbst trug ein handgefertigtes Spider-Man-Kostüm – und sprang vom Sofa. Seine Aktionen spiegeln seine Kindheitssehnsucht nach Freiheit und Akzeptanz, erkennen aber auch den epischen »Sprung« an, den seine Verwandten mit der Übersiedlung nach Großbritannien gewagt haben.

Patel arbeitet oft mit anderen und kann auf eine besonders fruchtbare Partnerschaft mit seinem Vater zurückgreifen. 2013 schufen sie gemeinsam *Fiesta Transformer*. Anders als die hochtechnisierten Autoroboter aus den amerikanischen Cartoon-Serien der 1980er-Jahre verwandelt die Patel-Version ein Vehikel, das mit der Kultur der britischen Arbeiterklasse assoziiert wird, in eine unterwürfig kauernde Figur. Patel erklärte, dass »diese Haltung ein immer

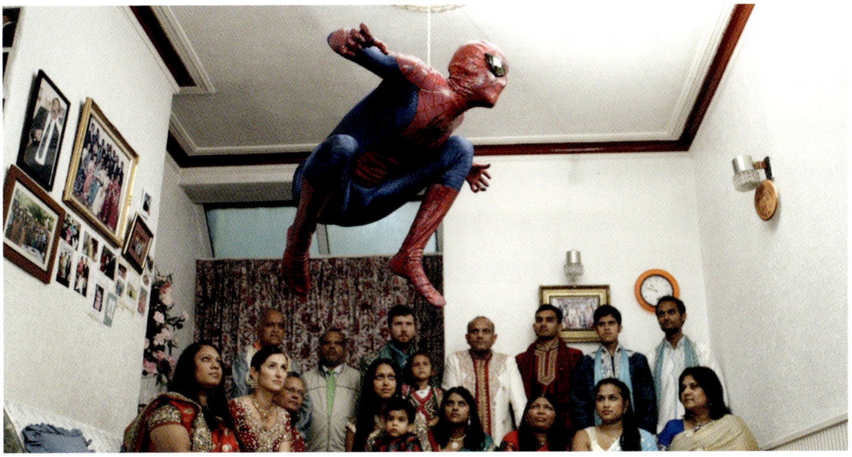

Hetain Patel
The Jump, 2015
2-Kanal-Video-Installation, HD-Video mit Ton
6 Minuten 32 Sekunden

Patel arbeitete für dieses Werk mit einer speziellen Filmcrew zusammen. Das Material wurde auf ein Hundertstel der wirklichen Zeit verlangsamt, sodass sich dieser flüchtige Augenblick in ein sechseinhalb Minuten langes Drama verwandelte. Patels Sprung vom Sofa auf einen kunstvollen Teppich nimmt epische Ausmaße an, unterstützt durch eine dramatische Musik, die von Amy May komponiert wurde. Ein zweiter Bildschirm zeigt die Handlung aus einem anderen Winkel.

wiederkehrendes Bild in meinem Werk ist und eine Verbindung zwischen den niederen Klassen in Indien und meiner Immigranten-familie in Großbritannien bildet, die beide bequem auf diese Weise sitzen«.

WICHTIGE FAKTEN

- 2019 gewann Hetain Patel den 12. Jarman Award. Dieser Preis ist dem Gedenken an Derek Jarman gewidmet und unterstützt künstlerische Filmemacher in Großbritannien.
- Patels Werk war Teil der »British Art Show 9« (2021–22). Diese große Wanderausstellung zeitgenössischer britischer Kunst findet alle fünf Jahre statt.

WICHTIGE WERKE

- *Fiesta Transformer*, 2013
- *Don't Look at the Finger*, 2017, Tate, London, Großbritannien

ZADIE XA
*1983, VANCOUVER, KANADA

Lebt und arbeitet in London, Großbritannien

Die koreanischstämmige Kanadierin Zadie Xa erkundet durch ihre hybriden Werke aus Performances, Film und Textilien Fragen von Identität und Diaspora. Sie hat koreanische Folklore und Schamanismus erforscht und ist fasziniert davon, dass viele koreanische Schamanen weiblich waren. Ausgestoßen aus der patriarchalischen Gesellschaft schufen sie integrative Gemeinschaften in entlegenen Gegenden und nutzten Magie, Rituale und Trance, um in den Raum zwischen den Lebenden und den Toten einzudringen. Xa erklärte: »Ich bin wirklich fasziniert davon, dass der Schamane eine Figur in einem Zwischenreich ist. Wenn man selbst in einer Art Diaspora lebt, fühlt man sich ständig zwischen allem.«

Gemeinsam mit Musikern, Tänzern und Künstlern erschafft Xa schamanistische Performances. Für sie ist das vergleichbar mit »einem Tanz mit den Geistern, ... einem Beisammensein mit deinen Ahnen, das durch Nachspielen erschaffen wird«. Ihre Protagonistinnen tragen spezielle Kostüme und animalische Masken und bewegen sich zum hypnotischen Schlag der Trommel durch die Öffentlichkeit. Diese Performances erinnern an traditionelle koreanische Maskentänze, streben aber auch nach mehr Beachtung unterschiedlicher Gemeinschaften im städtischen Raum. Für Xa spielt Kleidung eine wichtige Rolle beim Wandeln und Verwandeln der Form: »Kleidung erlaubt es dir zu verändern, wer du bist; sie vermittelt die Person, die du an diesem bestimmten Tag der Welt präsentieren möchtest.« Xa stellt die kunstvollen Umhänge für ihre Performances mit traditionellen koreanischen Nähtechniken her. Sie erinnern an Magie und Superhelden, bieten aber auch Bewegungsfreiheit. Xa verziert sie mit Symbolen aus östlichen und westlichen Kulturen und hinterfragt damit nicht nur Stereotype, sondern reflektiert auch ihre Erfahrungen in der Fremde.

Zadie Xa
SVN Stacks/Moon Marauder, 2015
Kunsthaar auf einem maschinengestickten und handgenähten Stoff
130 x 165 cm
Arts Council Collection, Southbank Centre, London

Xa nutzte traditionelle koreanische Nähtechniken, um eine Reihe von kulturellen Symbolen auf diesen prächtigen Umhang aufzubringen. Der häufig verwendete Buchstabe »G« verweist auf Ganggangsulae, ein traditionelles koreanisches Fruchtbarkeitsritual, das von Frauen bei Vollmond zur Herbst-Tagundnachtgleiche abgehalten wird. Xa trug diesen Umhang 2016 in ihrem Film *Mood Rings, Crystals and Opal Coloured Stones*.

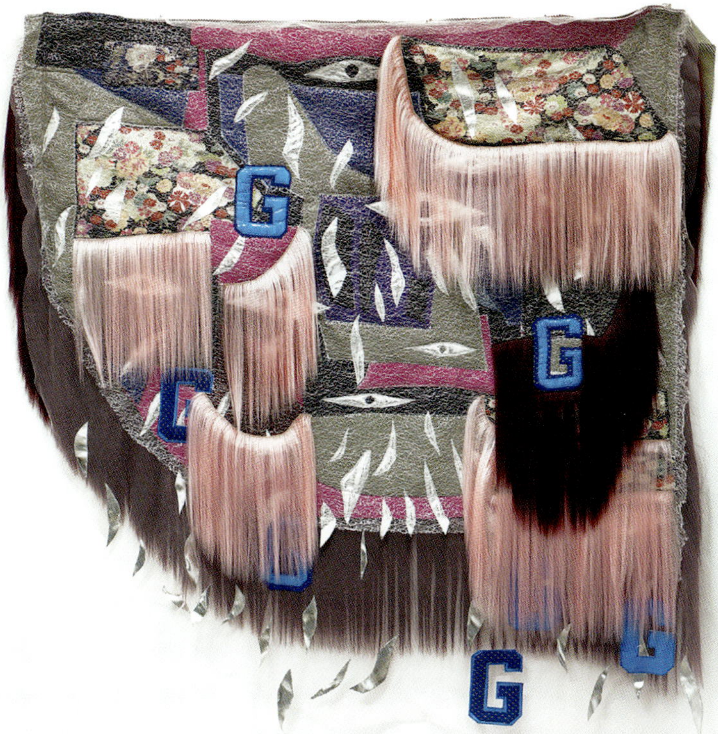

WICHTIGE FAKTEN

- Zadie Xa wurde als Malerin ausgebildet, entdeckte aber schnell, dass sie mehr braucht, um die vielschichtigen Inhalte auszudrücken, die sie zu vermitteln wünschte.
- Xas Performance für die 58. Biennale in Venedig 2019 umfasste eine Prozession durch die äußeren Bereiche der Giardini. Das Werk bezog sich auf den Mythos von Großmutter Mago, die durch ihre Handlungen und Ausscheidungen die koreanische Landschaft erschaffen haben soll.

WICHTIGE WERKE

- *Call Waiting*, 2018, British Council Collection, Großbritannien
- *Grandmother Mago*, 2019, Performance auf der 58. Biennale, Venedig, Italien

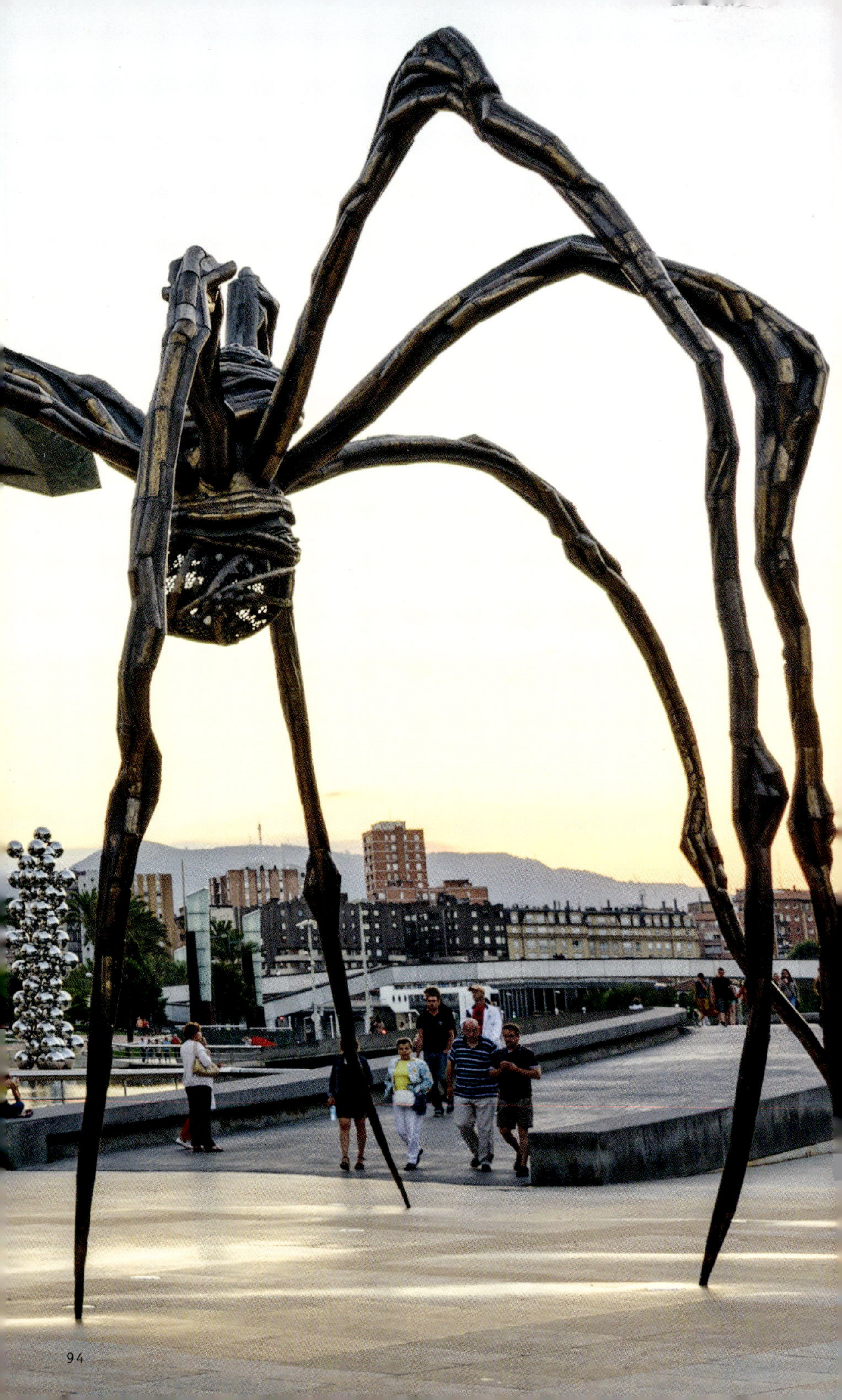

WIESO ERZÄHLEN KÜNSTLER GESCHICHTEN?

-

Erzähl deine eigene Geschichte und du wirst interessant sein.

-

Louise Bourgeois, ca. 2008

Zeitgenössische Kunst bewegt sich oft nahe an der Fiktion. Es gibt so viele Geschichten in vielerlei Medien zu entdecken: historische Narrative, Zeitreisen, tagebuchartige Bekenntnisse. Warum sind so viele Künstler darauf bedacht, Geschichten zu erzählen, und wie können wir Fakten von Fiktionen unterscheiden? Dieses Kapitel enthüllt erzählerische Ansätze von Künstlern sowie einige der Gründe für die Faszination am Geschichtenerzählen.

Malerei und Geschichtenerzählen sind lange schon eng miteinander verbunden.

Über Jahrhunderte galt die Historienmalerei – großformatige Darstellungen religiöser oder historischer Ereignisse – als höchste Form der Kunst. Es waren außerordentliche Fertigkeiten nötig, um diese anspruchsvolle Bilderwelt zu vermitteln. Die Wiedergabe moralischer und tugendsamer Botschaften wurde als der wahre Zweck der Kunst betrachtet.

In der ersten Hälfte des 20. Jahrhunderts geriet das Erzählen von Geschichten außer Mode, als viele Künstler ihre Werke lieber an die Prinzipien der Moderne anpassten. Jedoch kehrten narrative Inhalte am Ende des Jahrhunderts mit Macht zurück und wurden zu einem beliebten Ausdrucksmittel. Der Aufstieg der Postmoderne, die für viele Stimmen, Ideen und Perspektiven offen war, bot dem florierenden Geschichtenerzählen fruchtbaren Boden. Es ist kein Zufall, dass sich viele Künstler nun zeitbasierten Medien zuwandten. Film und Video eignen sich für komplexeste Narrative.

EPISCHE GESCHICHTEN

Ganz gewiss machen zeitgenössische Künstler keine halben Sachen beim Erzählen von Geschichten. Nehmen Sie den Amerikaner Matthew Barney. Seine fünfteilige Filmserie *The Cremaster Cycle* (1994–2002) nimmt den Zuschauer mit auf eine intensive Reise durch Zeit und Raum. Begleitet wird dieses epische Werk von einer Fülle an Zeichnungen, Skulpturen, Büchern und Fotografien, bei deren Produktion scheinbar an nichts gespart wurde. Ausgangspunkt des Werkes ist der Musculus cremaster, der Hodenheber. Leute, die versuchen, der Geschichte zu folgen, könnten enttäuscht werden: In fast sieben Stunden Material gibt es gerade einmal zehn gesprochene Sätze. Dennoch ergeben die außergewöhnliche Kinematografie und die tief bewegenden Bilder ein aufregendes visuelles Spektakel.

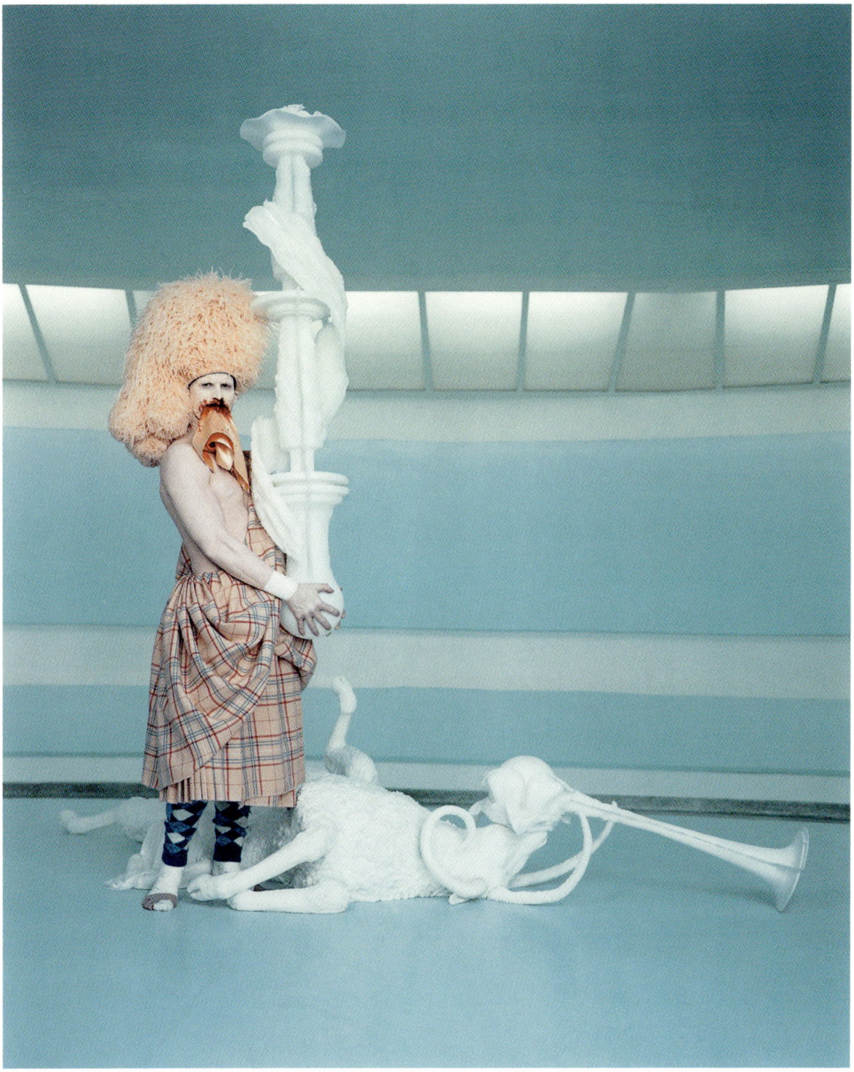

Matthew Barney
Cremaster 3, 2002
Standbild,
DVD 2 Stunden
59 Minuten

Der dritte Film im *Cremaster*-Zyklus wurde an verschiedenen Orten in New York gedreht, unter anderem dem Guggenheim Museum. Dieses beeindruckende Gebäude bildete den Hintergrund für Barneys außergewöhnliche Visionen. In dieser verstörenden Szene trug der Künstler einen pfirsichfarbenen Kilt und einen ausgefallenen Kopfputz und aus seinem Mund sprudelte eine undefinierbare Substanz.

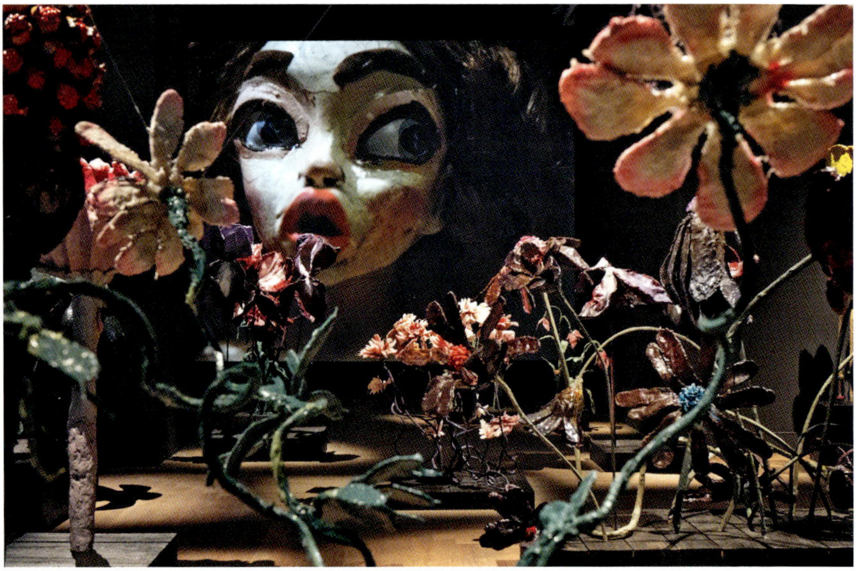

Nathalie Djurberg & Hans Berg
The Experiment, 2009
Stop-Motion-Animation, Video, Musik
5 Minuten 33 Sekunden

Dieses Werk hatte seine Premiere auf der 53. Biennale in Venedig 2009 und wurde mit einem Silbernen Löwen ausgezeichnet. Es enthält drei Animationen, die unter einer skulpturenartigen Anordnung von hoch aufragenden Blumen präsentiert werden. Die Geschichte führt den Zuschauer in einen prähistorischen Dschungel, in dem Personen sich hedonistischen und lasterhaften Verhaltensweisen hingeben.

Die Werke der schwedischen Künstlerin Nathalie Djurberg sind gleichermaßen kinematografisch im Umfang und reich an narrativem Inhalt. Djurberg nutzt Knetanimationen für düstere Visionen von ausschweifenden menschlichen und tierischen Verhaltensweisen. In naiven, fast kindlichen Bildern erzählt sie von Erwachsenenthemen, die sich um Eifersucht und Folter, Mord und Sodomie drehen. Ihre Märchen werden häufig zu Albträumen. Die Intensität ihrer Arbeit wird durch die sinistren Soundtracks noch verstärkt, die der Musiker und Komponist Hans Berg erschafft – Djurbergs Partner und langjähriger Mitarbeiter. Ebenso beeindruckend ist Djurbergs Entscheidung, ihre Animationen zusammen mit gruseligen Ansammlungen aus anthropomorphen Blumen, Insekten und Vögeln zu präsentieren.

Künstler haben eine frappierende Methode, scheinbar alles zu sagen und dabei nur wenig preiszugeben.

Der deutsche Maler Neo Rauch fertigt große, epische Gemälde, die an die grandiosen Posen in Historienmalereien erinnern. Diese Werke wirken herrisch und entschieden, doch wenn man genau hinschaut, scheint nichts mehr sicher. Wir finden muskulöse Männer und Frauen in unterschiedlichen Situationen, die jedoch in Wirklichkeit in ihren eigenen Welten verloren wirken. Am Ende ist das Anschauen von Ge-

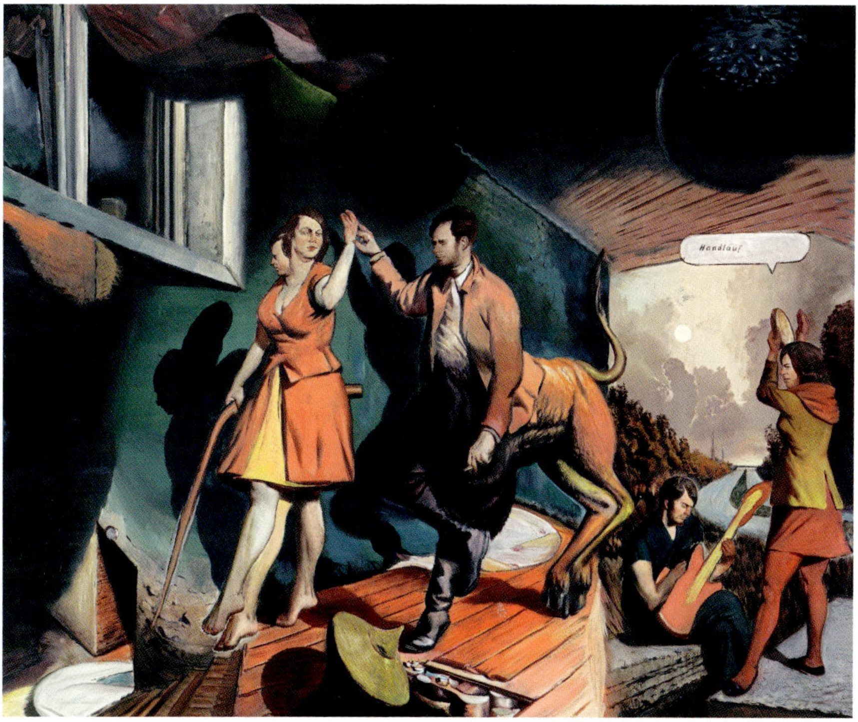

Neo Rauch
Handlauf, 2020
Öl auf Leinwand
2,50 x 3 m

Das Werk des in Ostdeutschland aufgewachsenen Rauch spiegelt auch seine Erfahrungen hinter dem Eisernen Vorhang wider. Viele Kritiker haben eine Verbindung zwischen seinen Arbeiten und dem Sozialistischen Realismus gezogen. Andere entdeckten Einflüsse des Surrealismus.

mälden Neo Rauchs ein bisschen wie der seltsame Moment in einem lebhaften Traum kurz vor dem Aufwachen, wenn alles möglich scheint.

Das Erzählen von Geschichten muss nicht auf ein Blockbuster-Budget oder ein ganzes Ensemble von Figuren hinauslaufen. Manchmal setzt ein aufgeschnapptes Fragment, ein vielsagender Blick, ein flüchtiger Moment eine ganze Reihe von Assoziationen in Gang. Die eigenartig beunruhigenden Gemälde von Luc Tuymans etwa konzentrieren sich auf winzige Details, die auf viel weiter reichende Geschichten und traumatische Ereignisse verweisen.

ZEITREISEN

Überraschend vielen Künstlern liefert der Verlauf der Zeit selbst eine dauerhafte Quelle der Inspiration. 1999 veröffentlichte der japanische Künstler On Kawara das zweibändige Buch *One Million Years*. Der erste Band zählte eine Million Jahre in die Vergangenheit auf, während der zweite Band eine Million Jahre in die Zukunft auflistete und mit dem Jahr 1.001.092 endete. Viele Künstler, wie Shahzia Sikander und Lisa Brice, borgten sich Techniken aus der Vergangenheit, um heutige Fragestellungen zu reflektieren.

Die vermutlich einfachste Möglichkeit, große Sprünge durch Raum und Zeit zu unternehmen, ist ein Kinobesuch. Es ist leicht zu verstehen, weshalb Filme für Künstler eine solch stete Quelle der Inspiration darstellen: die epischen Ausmaße, das Breitwand-Format, das endlose erzählerische Potenzial. 2010 schuf der Amerikaner Christian Marclay *The Clock* – eine bemerkenswerte und akkurate Hommage an die Welt des Kinos. Für dieses ambitionierte Werk beschäftigte er ein Team von Rechercheuren, um in der Geschichte des Films speziell nach Szenen zu forschen, in denen eine Uhr vorkommt. Nach mehreren Jahren hatte Marclay ausreichend Material für eine vierundzwanzigstündige Sequenz aus Clips mit fortlaufenden Zeitanzeigen.

Der Drang zum Archivieren liegt dem Werk des französischen Künstlers Christian Boltanski zugrunde. Er nahm gefundene Bilder und persönliche Gegenstände aus verschiedenen Quellen und baute sie zu verstörenden und evokativen Installationen zusammen, die persönliche und kollektive Erinnerungen widerspiegeln. Diese Sammlungen erinnern an dunkle Augenblicke in der modernen europäischen Geschichte und verkörpern Boltanskis eigene Kindheitserlebnisse als Sohn vertriebener jüdischer Immigranten. Trotz dieser speziellen Bezüge stammt ein Großteil der Bilderwelt in Boltanskis Werk aus anderen Quellen, wodurch der Betrachter genötigt wird, sich die Frage zu stellen, ob Fotografie tatsächlich die Wahrheit enthüllt.

Christian Marclay
The Clock, 2010
Zeitbasierte Medien
Ein-Kanal-Video-Installation, 24 Stunden

Der Film läuft synchron zur tatsächlichen Zeit. Wenn es also 12 Uhr schlägt, ist es auch im wirklichen Leben 12 Uhr. Auch wenn die Geschichte in gewisser Weise unzusammenhängend und zerstückelt ist, fügt *The Clock* tausende von Filmen zu einem kohärenten Gedanken über die Beziehung zwischen tatsächlicher Zeit und Filmzeit zusammen.

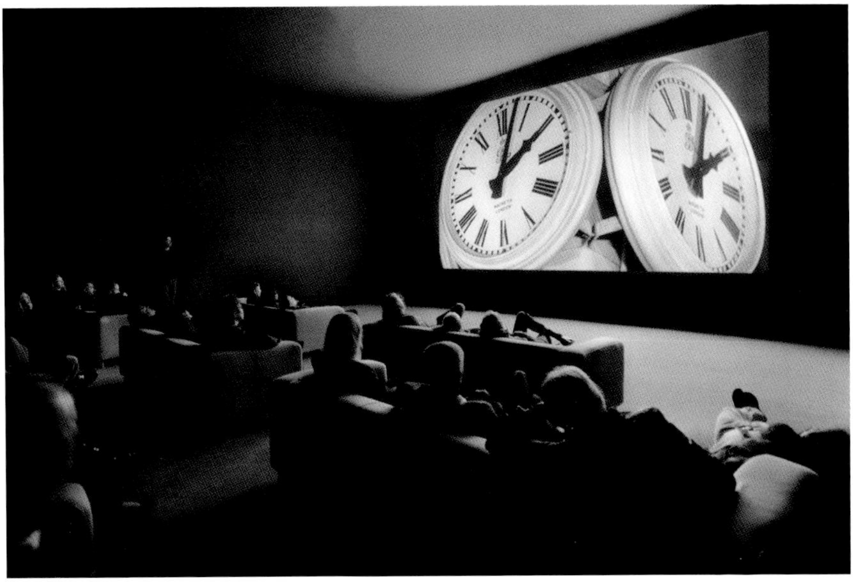

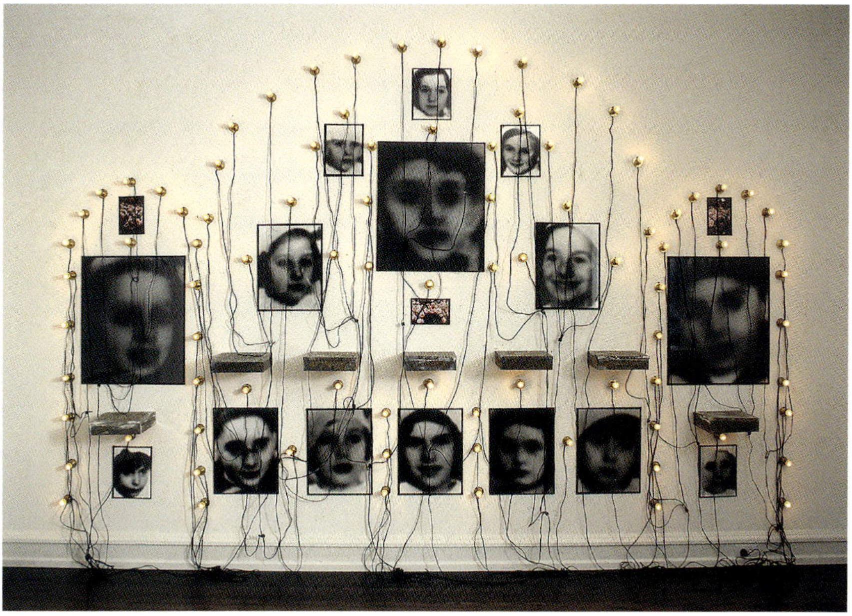

Christian Boltanski
Monument (Odessa),
1989–2003
Fünfzehn
Silbergelatineabzüge,
Keksdosen aus Blech, drei
Farbkupplerabzüge und
Lampen
230 x 350 x 21,6 cm
The Jewish Museum,
New York

Die Gesichter in diesem Werk stammen aus einer französischen Fotografie von 1939, auf der Kinder zu sehen sind, die Purim feiern. Die altarartige Anordnung der Lichter und Dosen erzeugt eine ernste, ritualistische Atmosphäre. Der Verweis auf Odessa im Titel ist ein Hinweis auf Boltanskis ukrainische Herkunft.

INTIME DETAILS

Warum sollte man auf Geschichten Dritter zurückgreifen, wenn die intimen Details des eigenen Lebens eine so reichhaltige und zugängliche Quelle authentischen Materials sind? Die französisch-amerikanische Künstlerin Louise Bourgeois empfahl: »Erzähl deine eigene Geschichte und du wirst interessant sein.« Ihr sehr persönliches Werk, das sich aus ihren Erinnerungen, Wünschen, Ängsten und sogar riesigen Spinnen speist, inspirierte nachfolgende Künstlergenerationen. Auch die französische Künstlerin Sophie Calle nutzte Geschichten in ihren Arbeiten. Dazu verwendete sie unter anderem Tagebücher und ihre Beobachtungen.

Es schien eine Zeit lang nicht möglich, eine Galerie zu betreten, ohne dass ein lang gehütetes Geheimnis enthüllt oder über eine intime Vorliebe getuschelt wurde. Tracey Emins autobiografisches Werk wirkt ehrlich und rau. Durch Zeichnungen, Drucke, Schriften, Textilarbeiten und bildnerische Installationen teilt sie ihr innerstes Denken. Ihre Arbeiten wirken oft fragmentarisch und zusammengerafft, so als seien sie in der Hitze des Augenblicks entstanden. Dieser impulsive Zug verstärkt das Gefühl der Authentizität.

Für manche Künstler bildet die Fotografie ein ausgezeichnetes Werkzeug zum Einfangen flüchtiger Momente und sozialer

Tracey Emin
Fantastic to Feel Beautiful Again, 1997
Neon
111,76 x 140,02 x 8,26 cm
San Francisco Museum of Modern Art

Neonzeichen spielen in Emins Arbeit seit Mitte der 1990er-Jahre eine wichtige Rolle. Sie nutzt Neon, um ihre innersten Gedanken und Gefühle auszudrücken, die sie meist in ihrer typischen schrägen Handschrift wiedergibt. Die Wahl dieses Mediums ist wahrscheinlich in ihren Erinnerungen an ihre Kindheit in der britischen Küstenstadt Margate begründet, in der Neonbeleuchtungen allgegenwärtig waren.

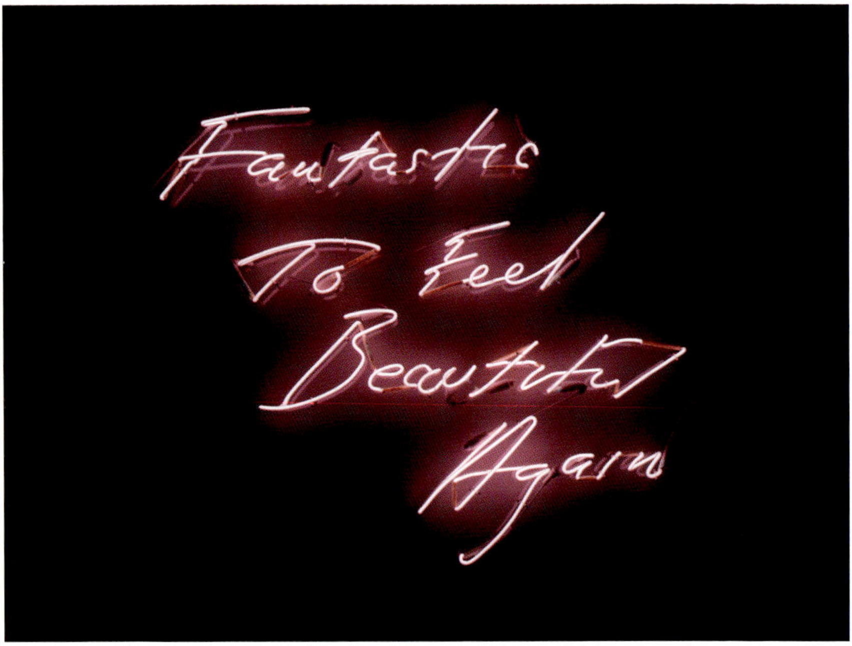

Interaktionen von tiefer Ehrlichkeit. Die amerikanische Fotografin Nan Goldin etwa nutzte ihre Kamera als eine Art visuelles Tagebuch, mit dem sie ihre sozialen Kontakte im New York der 1980er-Jahre festhielt. Von Dragqueens und Partys bis zu persönlichen Traumata und dem Erleben von AIDS – Goldins Bilder verströmen Intimität und Mitgefühl. Ihr Werk war eine große Inspiration für spätere Generationen von Fotografen. Nehmen Sie zum Beispiel das Werk von Catherine Opie. Die Fotoporträts, die sie von sich und ihren Freunden aus der LGBTQIA+-Gemeinschaft in Los Angeles gemacht hat, sind gleichermaßen empathisch und veredelnd. Opie sieht sich selbst als eine »Art von verdrehter Gesellschafts-Dokumentar-Fotografin«. Nichtsdestotrotz sind ihre Bilder sorgfältig gestaltet und verweisen oft auf kunsthistorische Quellen.

WESSEN GESCHICHTE IST DAS ÜBERHAUPT?

Die Black-Lives-Matter-Proteste nach der Ermordung von George Floyd im Mai 2020 brachten die bewusste und unbewusste Voreingenommenheit ans Licht, die vielen Bereichen der Gesellschaft zugrunde liegen. Statuen wurden gestürzt und diskriminierende Handlungen von Einzelpersonen und Institutionen aufgedeckt. Kunsthistoriker intensivierten ihre Bemühungen, die etablierten Kunstkanons anzuzweifeln, und Kuratoren überprüften die Diversität ihrer Programme und Sammlungen. Die Künstler hingegen waren dem Ganzen schon eine Weile voraus.

Künstler entwirren die historischen und zeitgenössischen Narrative, um strukturelle Vorurteile und Ausschlussquellen zu enthüllen.

Schauen Sie sich das Werk von Yinka Shonibare an. Seine wichtige Installation, *The British Library* (2014), hebt den Beitrag hervor, den Immigranten zur britischen Kultur geleistet haben.

Die amerikanische Künstlerin Kara Walker arbeitet in verschiedenen Medien, ist aber am bekanntesten für ihre schwarzen Scherenschnitte, die dramatische Dioramen in einer Galerie ergeben. Auf den ersten Blick wirken ihre cartoon-artigen Szenen unschuldig und ausgelassen, doch bei näherer Betrachtung findet man verstörende Szenen voller Gewalt und Brutalität aus der Geschichte der amerikanischen Sklaverei. Walker kommentierte ihr Interesse an der Vermischung von Verführung und Abstoßung: »Ich möchte ein Werk

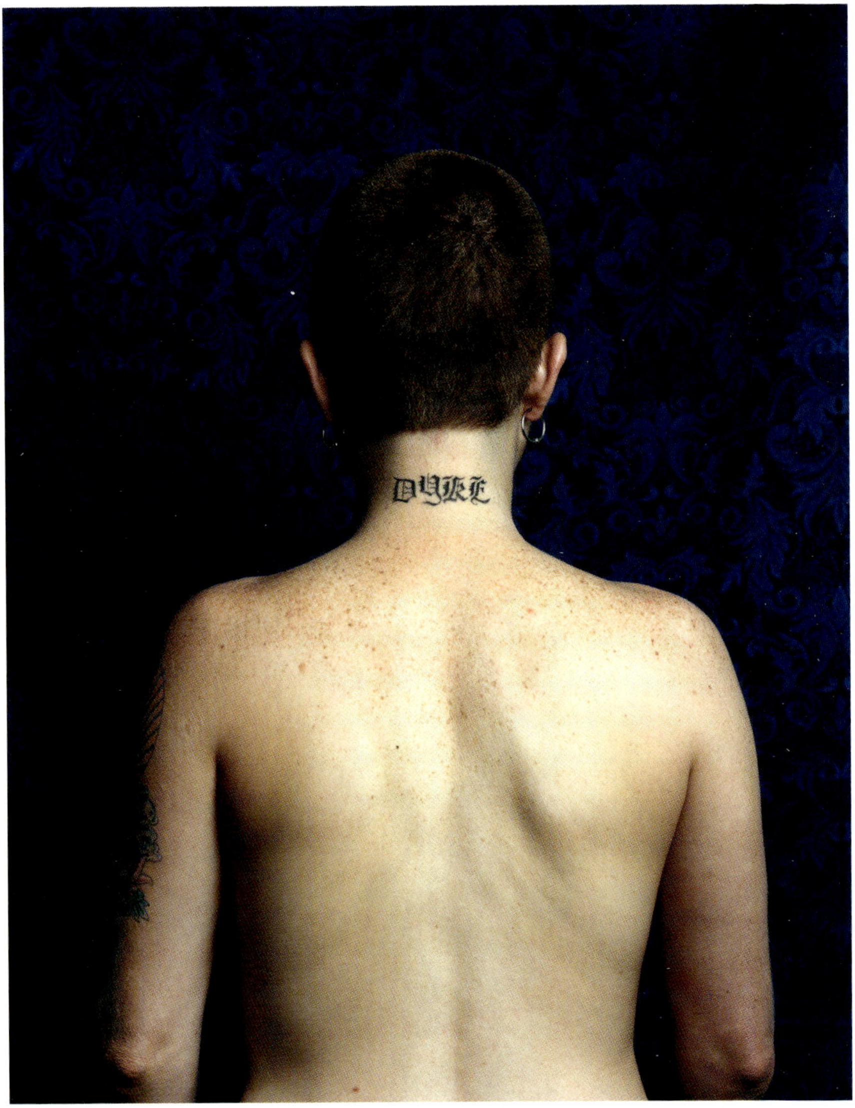

Catherine Opie
Dyke, 1993
Pigmentdruck
101,6 x 76,2 cm

Die Beleuchtung und der Damastvorhang in diesem Werk erinnern an Porträtbilder von Hans Holbein (1497–1543), dem Maler der nordeuropäischen Renaissance. Die altertümlich wirkende Schrift der Tätowierung verstärkt die historische Atmosphäre. Durch die Abwendung vom Betrachter bewahrt das Modell seine Würde und bringt gleichzeitig seine Ablehnung der herkömmlichen heterosexuellen Kultur zum Ausdruck.

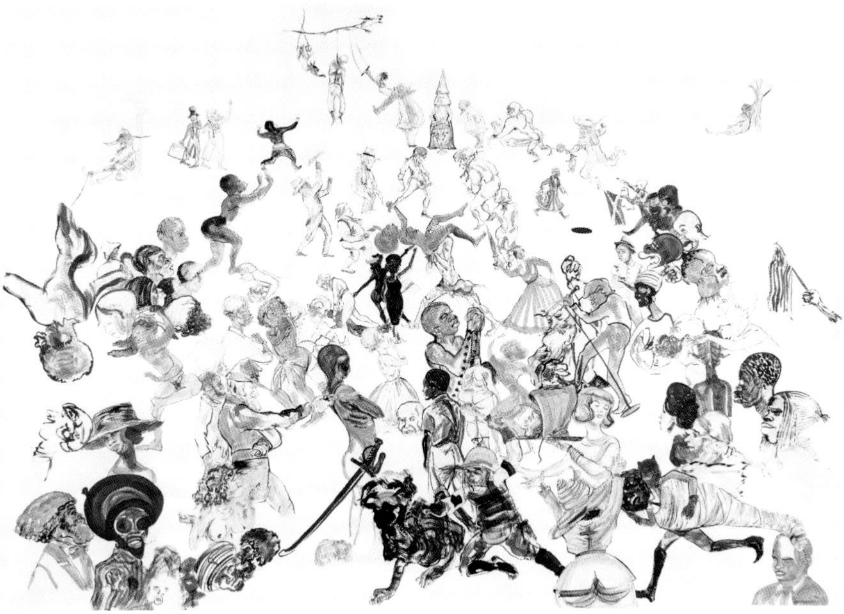

Kara Walker
Christ's Entry into Journalism, 2017
Sumi-Tusche und Collage auf Papier
3,60 x 4,90 m
Museum of Modern Art, New York

Walker wählte einen biblischen Titel für diese große Zeichnung. Dadurch verbindet sie die Verfolgung und Kreuzigung Jesu mit der brutalen Behandlung schwarzer Menschen. Oben in dem Werk spielt sich eine Lynchszene ab. Die Menschenmenge besteht aus einem ahistorischen Ensemble, in dem unter anderem Frederick Douglass und Martin Luther King, Jr., zu finden sind.

schaffen, vor dem der Betrachter nicht einfach weglaufen würde; er würde vielleicht nervös kichern, in die Geschichte, in die Fiktion hineingezogen werden, in etwas völlig Erniedrigendes und möglicherweise sehr Schönes.« Walkers großformatige Zeichnung *Christ's Entry into Journalism* (2017) ist genauso verführerisch in ihrem gefühlvollen Gebrauch von Bleistift, Tusche und Collage. Das Werk ersetzt einen linearen »Verlauf« der historischen Ereignisse durch eine komplexere Vermischung von Vergangenheit und Gegenwart. Wir finden historische Figuren wie Martin Luther King, Jr., neben Bereitschaftspolizei, Soldaten, Partys und einem Lynchmob in Aktion. Für Walker muss erst die Vergangenheit anerkannt werden, um vorangehen zu können.

Jon Keys leuchtend farbige Porträts von sich selbst und anderen Menschen schaffen einen Raum für intersektionale Identitäten. Key wurde in Seale, Alabama, geboren und ist dort, in Amerikas tiefem Süden, auch aufgewachsen. Schon früh wurde ihm bewusst, dass seine Identität als queerer schwarzer Mann nicht in die überkommene Norm passt. Durch seine Gemälde erkundet Key die vier zentralen Stränge seiner Identität: »Südstaatlersein, Schwarzsein, Queersein und Familie«. Er setzt Farbe symbolisch ein, wobei Grün, Schwarz, Lila und Rot jeweils seine vier Themen repräsentieren. In einem neueren Werk hat Key Gruppenporträts von Familien geschaffen, nicht nur von seinen Verwandten, sondern auch den engen

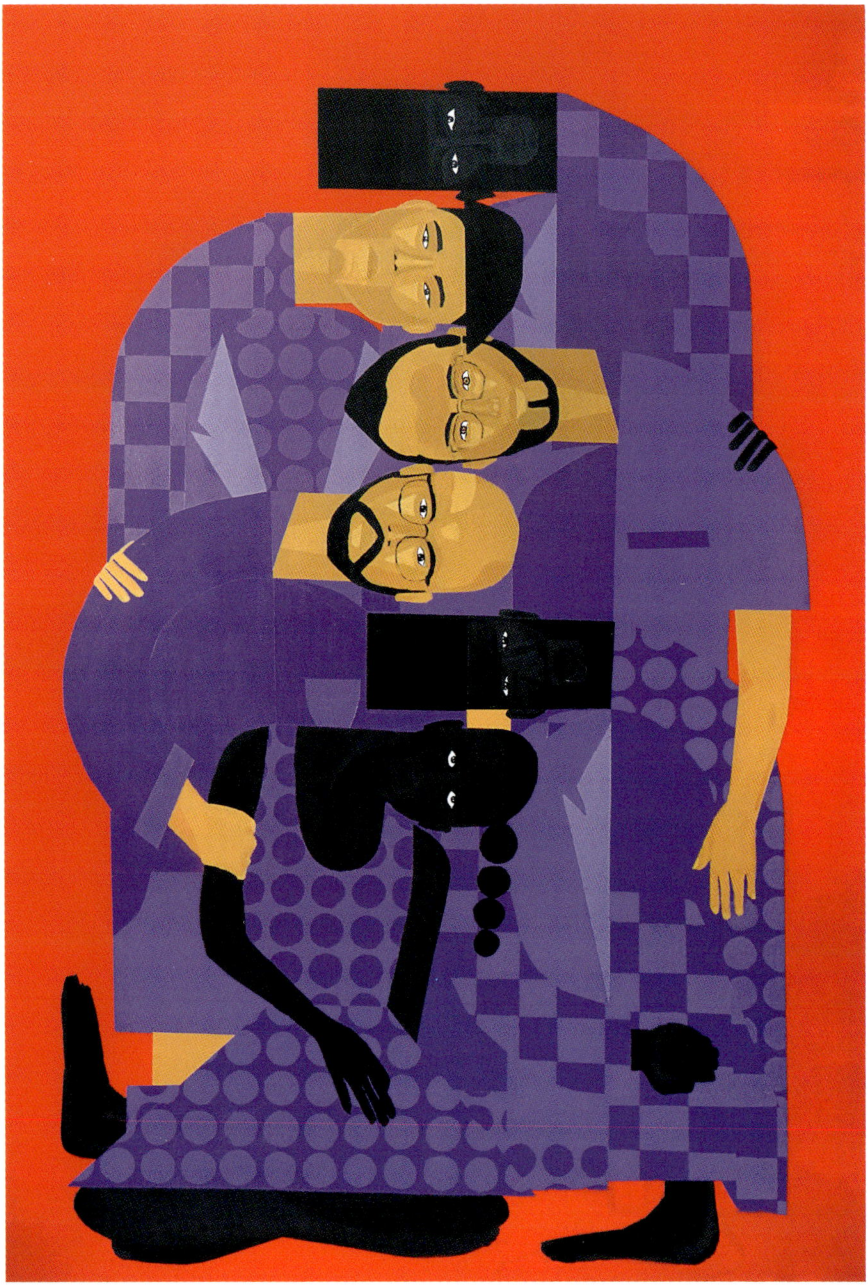

Jon Key
Chosen Family No.1,
2020
Acrylfarbe auf Holztafel
182,8 x 121,9 cm

Dieses Gemälde feiert Keys »Wahlfamilie« aus Freunden, die er in New York City gewonnen hat. Farben werden symbolisch eingesetzt: Rot repräsentiert die Familie, Lila spielt auf das Schwulsein an. Das Schachbrettmuster der Bildfläche lässt sich auf Keys Ausbildung als Grafikdesigner zurückführen, erkennt aber auch seine Bewunderung für das Werk Gustav Klimts (1862–1918) an.

Freundschaften und Netzwerken, die er in New York geschlossen hat. Durch das Herausstellen seiner früheren und heutigen Lebenssituation entdeckte er ein neues Gefühl von Freiheit: »Mir gefällt, dass ich meine Geschichte konstruieren, verschieben und verändern kann. Ich habe vollkommene Kontrolle.«

WICHTIGE IDEEN

- Zeitgenössische Künstler nutzen oft ein ganzes Spektrum an narrativen Formen.
- Künstler haben Inspiration aus verschiedenen Quellen gezogen, darunter Film, Fiktion, Geschichte und politische Ereignisse.
- Autobiografischer Inhalt bleibt beliebt; Künstler teilen persönliche Details, um Authentizität zu erreichen.
- Geschichtenerzählen kann helfen, diskriminierende Narrative zu entfernen, weil es Platz für neue Perspektiven schafft.

WICHTIGE KÜNSTLER

- Etel Adnan | Kader Attia | Marlene Dumas | Emilia & Ilya Kabakov | William Kentridge | Shirin Neshat | Philippe Parreno | Laure Prouvost | Paula Rego | Zineb Sedira

WICHTIGE AKTIVITÄTEN

- Führen Sie ein Tagebuch, in dem Sie Ihre Begegnungen mit der zeitgenössischen Kunst festhalten. Das ist eine großartige Methode, um sich daran zu erinnern, was Sie gesehen haben, und kann Ihnen helfen, Ihre Reaktionen und Ideen zu verdeutlichen.
- Lesen Sie die Lebensgeschichte eines Künstlers. Es stehen viele Titel zur Auswahl, darunter die Autobiografien von Sophie Calle, Tracey Emin und Grayson Perry.

LISA BRICE
*1968, KAPSTADT, SÜDAFRIKA

Lebt und arbeitet in London, Großbritannien

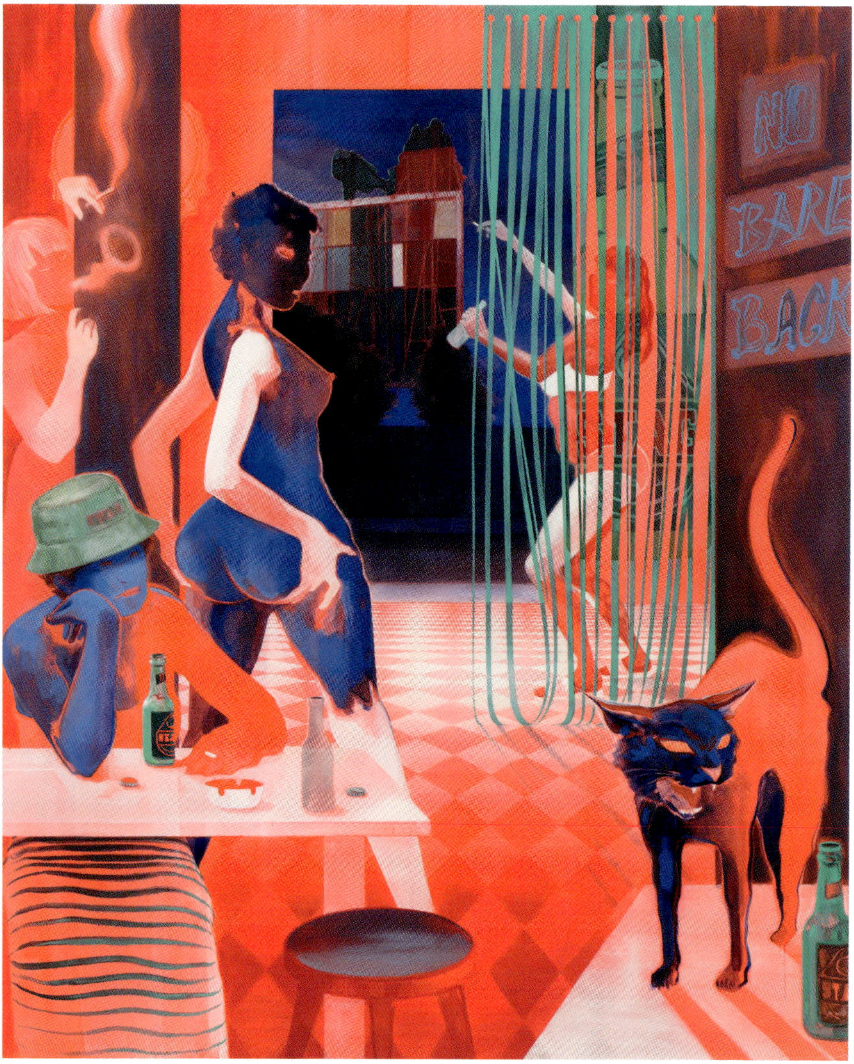

Lisa Brice zeigt Frauen stark und selbstbestimmt, frei von den Fesseln kunsthistorischer Darstellungen. Sie erklärte, dass »historische Darstellungen ausnahmslos von weißen Männern für ein Publikum von vorwiegend weißen Männern geschaffen zu sein scheinen. Manchmal kann der einfache Akt des Neumalens eines Bildes einer Frau, die zuvor von einem Mann gemalt worden ist – das Neuverfassen des Werkes wie durch eine Frau – einen wirksamen Wandel auslösen.« Brice nutzt für ihre Frauenbilder viele Quellen: die Kunstgeschichte, Zeitschriften, das Internet. Sie setzt sie in neue Szenarien, die sich aus ihren Erfahrungen in Südafrika, Trinidad und London speisen. Das von ihr bevorzugte Kobaltblau und leuchtende Zinnoberrot stärken die Intensität dieser machtvollen Szenen noch weiter. Geschichten sind impliziert, bleiben aber offen für Interpretationen. »Ich fühle mich von der Mehrdeutigkeit angezogen, die Menschen und Orte besitzen können. Manchmal wirken die Kompositionen meiner Gemälde wie Filmausschnitte: die Augenblicke zwischen direkten Aktionen, wenn die Figuren ›für sich sind‹, selbstbezogen, nur für sich oder einander handelnd.«

No Bare Back, After Embah (2017) stellt eine neonhelle Bar dar, die Brice oft mit dem Künstler Emheyo »Embah« Bahabba (1937–2015) besucht hat. Die fauchende Katze erinnert an die schwarze Katze in *Olympia* (1863), Édouard Manets berühmtem Bild einer liegenden nackten Frau. Auf Manet wird auch in der sitzenden Figur Bezug genommen, deren Pose der Trinkerin in *Die Pflaume* (ca. 1877) gleicht. Die Haltung der stehenden Frau ist einem Foto der trinidadischen Rapperin Nicki Minaj entlehnt. Genau wie die Katze starrt sie in den Vordergrund. Derweil brechen die spärlich bekleideten Figuren alle Anstandsregeln. Sie rauchen, trinken und tanzen anzüglich – ungeachtet des Neonschildes »NO BARE BACK«, das im Vordergrund leuchtet.

Lisa Brice
No Bare Back, After Embah, 2017
Synthetisches Tempera (»Flashe«), Gesso, Tusche und Öl auf Leinen
244 x 198 cm

Kobaltblau spielt eine wichtige Rolle in Brices Kunst. Es erlaubt ihr, Neon- und Dämmerungseffekte auszuprobieren und gleichzeitig weibliche Körper von der traditionellen Darstellungsweise zu distanzieren. Ihre Farbwahl verweist außerdem auf die Tradition der »blauen Teufel« im trinidadischen Karneval, bei der die Leute ihre Körper und Gesichter mit blauer Farbe einschmieren, um sich den ausgelassenen Gelagen hinzugeben, ohne erkannt zu werden.

WICHTIGE FAKTEN

- Lisa Brice zog 1998 nach London. Sie lebte und arbeitete außerdem eine Zeit lang in Trinidad.
- Türen, Fenster und Gitter tauchen immer wieder in Brices Bildern auf. Sie bilden einen Übergang zwischen dem Öffentlichen und dem Privaten, innen und außen.
- 2021 wurde *No Bare Back, After Embah* (2017) für 3,1 Millionen Dollar verkauft, 91-mal mehr als ihr vorheriger Rekord.

WICHTIGE WERKE

- *Between This and That*, 2017, Privatsammlung, Deutschland
- *Untitled*, 2019, Tate, London, Großbritannien

SOPHIE CALLE
*1953, PARIS, FRANKREICH

Lebt und arbeitet in Paris, Frankreich

Geschichtenerzählen bildet den Kern von Sophie Calles Tätigkeit. Ihr einflussreiches Werk umspannt Film, Fotografie, Performance und Text. Calle hat nie eine Kunstschule besucht und scheut sich ein wenig vor dem Titel Künstlerin. Lieber bezeichnet sie ihre Projekte als ihre privaten Spiele. Oft nimmt sie die Rolle einer Detektivin ein. Sie beobachtet andere und nutzt dabei durchaus zudringliche und voyeuristische Methoden. 1980 nahm sie in einem Hotel in Venedig einen Job als Zimmermädchen an. So konnte sie die Bewohner der einzelnen Zimmer beobachten, fotografierte ihre Sachen und verfertigte schriftliche Berichte über ihr Leben. Drei Jahre später fand sie ein Adressbuch. Bevor sie es zurückgab, kopierte sie es und kontaktierte die darin verzeichneten Personen. Die Darstellung des Besitzers, die sich dadurch ergab, veröffentlichte sie in einer überregionalen Zeitung.

Calle betätigt sich auch als Tagebuchschreiberin, um verletzliche Momente in ihrem eigenen Leben festzuhalten, das Zerbrechen von Beziehungen und den Tod ihrer Mutter. 1994 gestaltete sie eine Ausstellung am Museum Boijmans Van Beuningen in Rotterdam. Sie platzierte eine Auswahl persönlicher Objekte in Schaukästen. Über einen speziellen Audio-Guide, *La Visite Guidée,* konnten Besucher ihren Geschichten zu den einzelnen Objekten lauschen, begleitet von einem Soundtrack, den Laurie Anderson komponiert hatte. Calles originelles Vorgehen beim Geschichtenerzählen verwischt bewusst die Grenzen zwischen Wahrheit und Fiktion. Indem sie Objekte von vermeintlich persönlicher Bedeutung unter eine breitere Ansammlung von Dingen mischt, betont sie, dass unbelebte Objekte potenziell mehrere Ebenen an Bedeutung und Narrativen besitzen können. Es bleibt dem Betrachter überlassen, den Wahrheitsgehalt ihrer Geschichten zu prüfen.

WICHTIGE FAKTEN

- 1994 veröffentlichte Calle *True Stories,* ein Buch mit Bildern und Texten über Momente aus ihrem Leben. Das Buch wurde inzwischen mehrmals um neue Geschichten erweitert.

Sophie Calle
Red Shoe, 2000
Iris-Druck auf cremefarbenem Arches-Papier
92,1 x 66 cm

Ein einzelner roter Schuh repräsentiert eine Episode aus Calles Kindheit, als sie mit ihrer Freundin Amélie einen Ladendiebstahl beging. Calles misstrauische Mutter sagte den Mädchen, dass sie einen Polizeibeamten informiert hätte, der die beiden von nun an im Auge behalten würde. Ein Paar roter Damenschuhe war das letzte, was die Mädchen erbeuteten, bevor sie sich der Aufgabe zuwandten, den mysteriösen Polizisten zu identifizieren. Amélie behielt den rechten Schuh und Calle den linken.

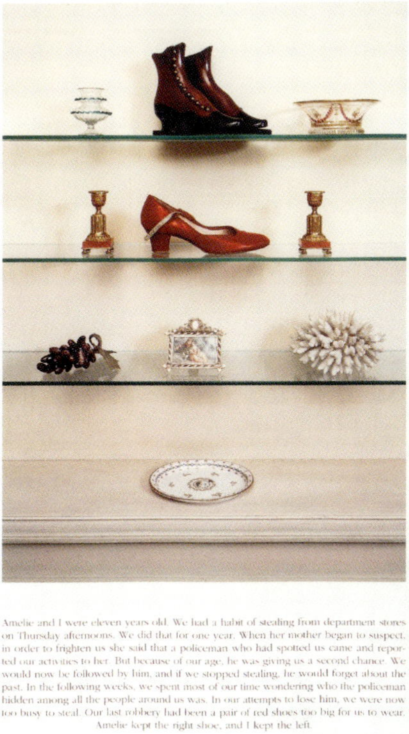

- Sophie Calle repräsentierte 2007 Frankreich auf der 52. Biennale in Venedig mit *Take Care of Yourself* (2007). Für dieses Werk lud Calle einhundert Frauen ein, einen Trennungsbrief zu interpretieren, den sie von einem Ex erhalten hatte.

WICHTIGE WERKE

- *The Hotel*, 1981, verschiedene Kollektionen einschließlich Tate, London, Großbritannien, und Solomon R. Guggenheim Museum, New York, USA
- *Couldn't Capture Death*, 2007, Paula Cooper Gallery, New York, USA, Fraenkel Gallery, San Francisco, USA, und Galerie Perrotin, Paris, Frankreich

YINKA SHONIBARE CBE
*1962, LONDON, GROSSBRITANNIEN

Lebt und arbeitet in London, Großbritannien

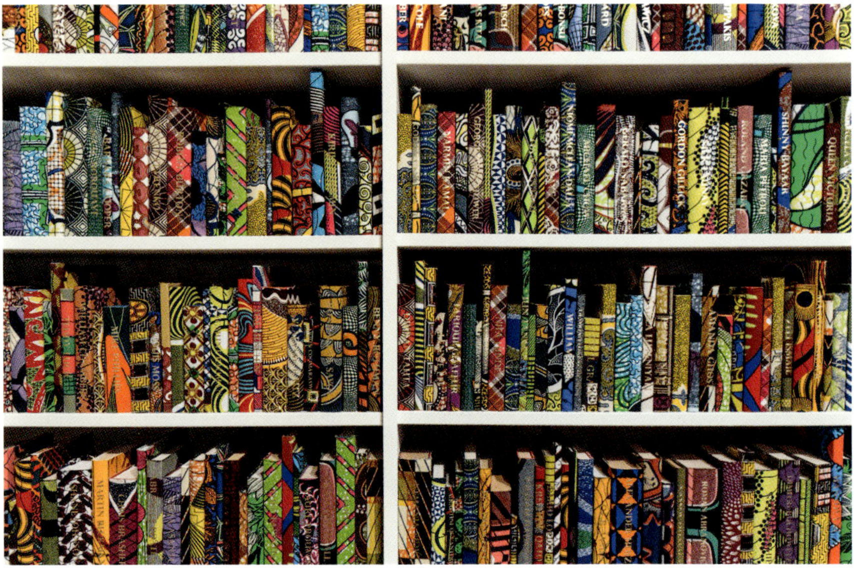

Yinka Shonibare
The British Library, 2014
6.328 Bücher, bedruckter Dutch-Wax-Stoff, Goldfolie, Software, Netzwerk, World Wide Web, Tisch und Stühle
Maße variabel
Tate Gallery, London

The British Library **wurde seit seiner Erschaffung in verschiedenen Kontexten ausgestellt, unter anderem im Diaspora-Pavillon der 57. Biennale in Venedig 2017. 2018 schuf Shonibare** ***The American Library*****. Als Reaktion auf Donald Trumps einwanderungsfeindliche Haltung stellt diese Installation besonders die Beiträge von Immigranten zur amerikanischen Kultur heraus.**

Yinka Shonibare wurde in London geboren und ausgebildet, verlebte aber Kindheit und Jugend in Nigeria. Er nennt sich einen »postkolonialen Hybriden« und erkundet mit seiner Kunst die Vielfalt und Komplexität unserer globalisierten Welt. Sein Werk umfasst Malerei, Bildhauerei, Installation, Film und Fotografie. Oft bezieht er sich auf kunstgeschichtliche Aspekte, um Stereotypen und festgefahrene Positionen zu entlarven und Fragen von Herkunft und Klasse zu kommentieren. Seit 1994 verwendet er oft bedruckte Baumwollstoffe (Dutch Wax) in seinen Arbeiten und genießt deren komplexe globale Assoziationen. Diese auf indonesischen Batik-Designs basierenden Stoffe wurden ursprünglich in den Niederlanden hergestellt und in die afrikanischen Kolonien verkauft.

The British Library ist eine große Installation mit 6.328 Büchern, die ordentlich auf Regalen angeordnet sind. Jedes Buch ist in Dutch-Wax-Stoff eingeschlagen. Bei 2.700 Büchern ist in Blattgold ein Name auf den Buchrücken gedruckt. Die Namen nennen Immigranten der ersten oder zweiten Generation, die etwas zur britischen Kultur beigetragen haben, von Hans Holbein und Mary I. bis Sigmund Freud und Zadie Smith. Die Rücken der verbleibenden Bände sind leer – sie stehen für die noch ungeschriebene Geschichte, die sich erst noch ereignen muss. Interessanterweise hat Shonibare auch Personen einbezogen, die sich der Einwanderung widersetzt haben. Damit wird seine Bibliothek zu einem Ort des Debattierens und Lernens. Sie kann für Recherchen genutzt werden – Tablets bieten Zugriff auf eine komplette Liste der dargestellten Personen sowie Shonibares Auswahl an Zusatzliteratur zum Thema Immigration. Besucher können außerdem ihre eigenen Migrationsgeschichten hinterlassen. Dieses Material kann auch online abgerufen werden: http://thebritishlibraryinstallation.com.

WICHTIGE FAKTEN

- Yinka Shonibares erster öffentlicher Auftrag, *Nelson's Ship in a Bottle*, wurde 2010 auf der Vierten Plinthe des Trafalgar Square, London, ausgestellt.
- 2018 wurde Shonibare für seine Verdienste um die Kunst zum CBE (Commander of the Most Excellent Order of the British Empire) ernannt.

WICHTIGE WERKE

- *Diary of a Victorian Dandy, 14:00 Hours*, 1998/2012, Victoria & Albert Museum, London, Großbritannien
- *The Crowning*, 2007, Arts Council Collection, London, Großbritannien

SHAHZIA SIKANDER
*1969, LAHORE, PAKISTAN

Lebt und arbeitet in New York City, USA

Shahzia Sikander lernte am National College of Arts in Lahore die schwierige Technik der persischen und indisch-persischen Mogul-Manuskriptmalerei. In den USA setzte sie ihre Studien fort. Inspiriert von den vielschichtigen Narrativen und Metaphern dieser alten Kunstform, beschloss sie, das Genre in unsere Zeit zu überführen. Ihre komplexen Arbeiten mischen ihre Reflexionen über Hautfarbe, Feminismus und koloniale und post-koloniale Geschichte. Auch wenn ihre Werke mehrere Narrative andeuten, ziehen sie nur selten Schlussfolgerungen. Dieser Geist der Freiheit spiegelt Sikanders eigene Erfahrungen in der Fremde: »Ich begann, meine Identität als fließend zu betrachten, als etwas im Fluss.«

Sikander begann mit erlesenen Miniaturen, für die sie authentische Materialien und Techniken verwendete, erweiterte ihre Arbeit allerdings um Skulpturen, Film und Animation. Das Zeichnen verbindet all das. Außerdem schätzt sie poetische Ausdrucksmittel: »Die Fähigkeit der Poesie, ein Erlebnis mit Worten zu verdichten und zu erhöhen, ist inspirierend. In einem parallelen Prozess erschaffe ich ein Gemälde normalerweise als Gedicht, bei dem seine formelle Dynamik sich mit dem emotionalen und sozialen Bewusstsein überschneidet.« *Pleasure Pillars* (2001) fungiert als eine Art visuelles Gedicht. Dieses kleine, aber feine Werk enthält eine Vielzahl an Metaphern und Archetypen zum Erkunden des weiblichen Begehrens und der Sinnenfreude. Im Herzen der Arbeit findet sich ein Selbstbildnis von Sikander. Ihre zarten Gesichtszüge sind umrahmt von gestreiften Widderhörnern, was surreal wirkt. Die Hörner werden von zwei antiken kopflosen Statuen gehalten: Venus und einer südostasiatischen himmlischen Tänzerin. Diese bezaubernde Szene wird von der bösartigen Präsenz eines Kampfjets und einer fantastischen geflügelten Kreatur überschattet, die Feuer speit. Selbst das Blumenmotiv im Vordergrund besteht aus räuberischen Kampfflugzeugen. Sikander schuf dieses Werk ungefähr zum Zeitpunkt der Terrorangriffe auf das World Trade Center 2001 in New York.

Shahzia Sikander
Pleasure Pillars, 2001
Deckende und transparente Wasserfarbe und Tee auf Wasli-Papier
43,2 x 30,5 cm
Shahzia Sikander Studio

Sikander entlehnt oft Techniken und Fertigkeiten aus der indisch-persischen Miniaturenmalerei. Für dieses Werk brachte sie Teeflecken auf traditionelles Wasli-Papier auf, um einen warmen Untergrund zu schaffen, und fügte dann nacheinander Schichten aus natürlichen Pigmenten und Wasserfarben auf, sodass eine erlesene Oberfläche entstand. Das Zusammenspiel aus figürlichen und ornamentalen Bildelementen wird durch die breit gefächerten Punktmuster verstärkt.

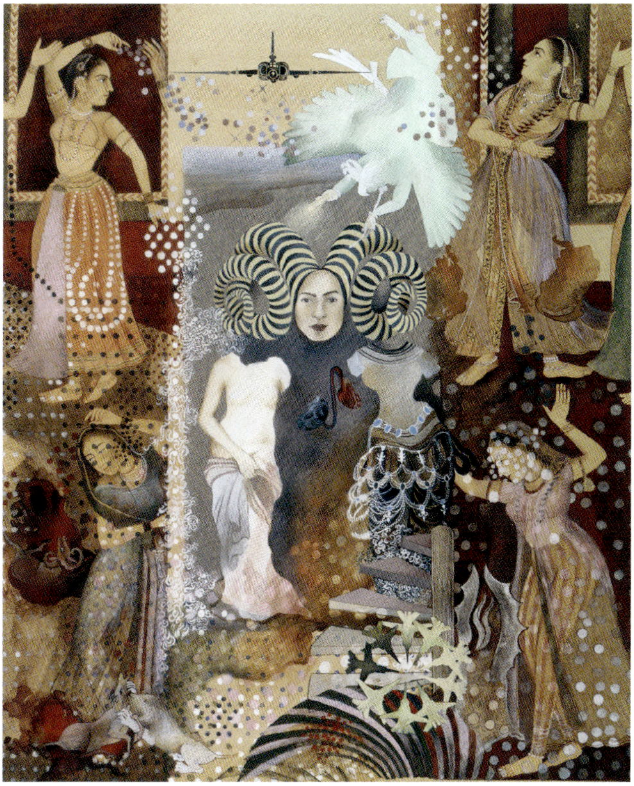

WICHTIGE FAKTEN

- 2020 wurde Shahzia Sikanders Bronzeskulptur *Promiscuous Identities* zum ersten Mal in einer Außenanlage am Jesus College, Cambridge, Großbritannien, präsentiert.
- 2021 wurde eine große Ausstellung mit Sikanders frühen Arbeiten am Rhode Island School of Design Museum, Providence, USA, organisiert. Unter dem Titel »Extraordinary Realities« reiste die Ausstellung durch die USA. Gleichzeitig erschien eine umfangreiche Veröffentlichung.

WICHTIGE WERKE

- *The Scroll*, 1989–90, Sammlung der Künstlerin
- *Infinite Woman*, 2021, Pilar Corrias, London, Großbritannien

LUC TUYMANS
*1958, MORTSEL, BELGIEN

Lebt und arbeitet in Antwerpen, Belgien

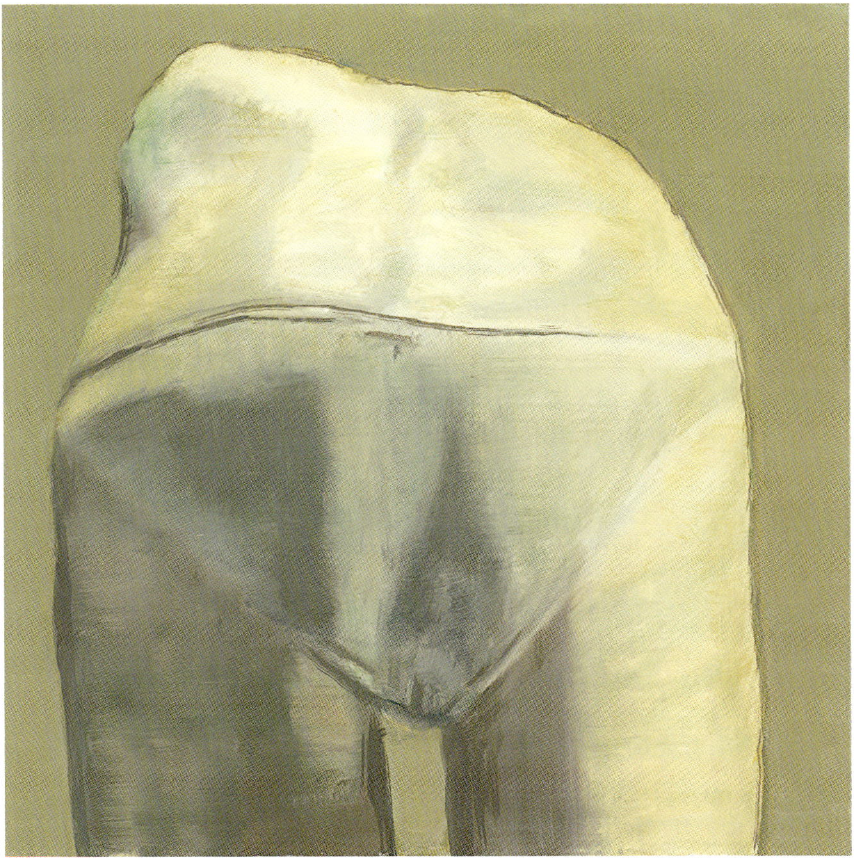

Die Gemälde von Luc Tuymans haben etwas Unheimliches. Auf den ersten Blick wirken sie bescheiden. Schaut man jedoch genauer hin, dann beginnen sinistre Unterströmungen an die Oberfläche zu sickern. Tuymans bestätigt den düsteren Tenor in seinen Werken: »Alles Banale kann in Horror verwandelt werden. Gewalt ist die einzige Struktur, die meinem Werk zugrunde liegt.« Seine Gemälde befassen sich mit heiklen Themen, wie dem Holocaust, Pädophilie und Kolonialismus, die allerdings nicht direkt ausgedrückt, sondern nur angedeutet werden: ein isoliertes Objekt, ein leerer Raum, ein Fahndungsfoto. Diese indirekten Referenzen werfen mehr Fragen auf als Antworten. Wie erinnern wir uns an ein Trauma? Was lernen wir aus der Geschichte? Was kann ein Bild kommunizieren, was verschweigt es?

Tuymans Werk hat eine starke filmische Qualität. In den frühen 1980er-Jahren legte er in der Malerei eine Pause ein und wandte sich dem Film zu. Diese Erfahrung hinterließ einen dauerhaften Eindruck. Sein Werk enthüllt eine Reihe von geborgten Techniken, wie das Cropping, Nahaufnahmen und den Spannungsaufbau. Das strahlende Licht der Kinoleinwand oder des Fernsehers findet sich im unheimlichen gräulich-grünen Leuchten vieler Bilder Tuymans wieder. Auch die Fotografie bildet eine wichtige Inspirationsquelle. Tuymans nutzt oft verblichene Fotos und Polaroids als Grundlage, weil ihm ihr müdes Erscheinungsbild und ihr geringerer Informationsgehalt gefallen. Entsprechend diesem Mangel an Glamour sind auch seine Gemälde oft absichtlich unscharf. Dazu bearbeitet er die Oberfläche mit flinken Pinselstrichen und manipuliert die feuchte Farbe. Die meisten seiner Bilder stellt er innerhalb eines Tages fertig. Seine cremigen, verträumten Flächen sind hochgradig verführerisch. Sie ziehen den Betrachter hinein und stoßen ihn erst dann weg, wenn er die Quelle des Bildes erkannt hat. Schönheit und Grauen, Banalität und Drama sind auf einer Fläche miteinander verwoben. Die Wirkung ist beunruhigend und sonderbar widerlich.

Luc Tuymans
Bend Over, 2001
Öl auf Leinwand
60 x 60 cm
Privatsammlung

Die verletzliche Haltung dieser halbnackten Figur deutet an, dass eine entwürdigende Handlung stattgefunden haben oder bevorstehen könnte. Es herrscht ein starkes Gefühl von Klaustrophobie, erhöht durch die räumliche Nähe zu der Person und den starken Beschnitt des Bildes sowie die reduzierte Farbpalette. Als Voyeur in dieser unangenehmen Szene wird der Betrachter zum Komplizen.

WICHTIGE FAKTEN

- Luc Tuymans hat viele Ausstellungen kuratiert, darunter »James Ensor by Luc Tuymans« (Royal Academy of Arts, London, 2016–17) und »Sanguine: Luc Tuymans on Baroque« (Museum van Hedendaagse Kunst, Antwerpen, 2018).
- Der Catalogue raisonné von Luc Tuymans' Gemälden seit 1975 umfasst inzwischen drei Bände. Er wurde 2017 und 2019 von der David Zwirner Gallery veröffentlicht.

WICHTIGE WERKE

- *Gas Chamber*, 1986, Overholland Collection, Amsterdam, Niederlande
- *The Shore*, 2014, Tate, London, Großbritannien

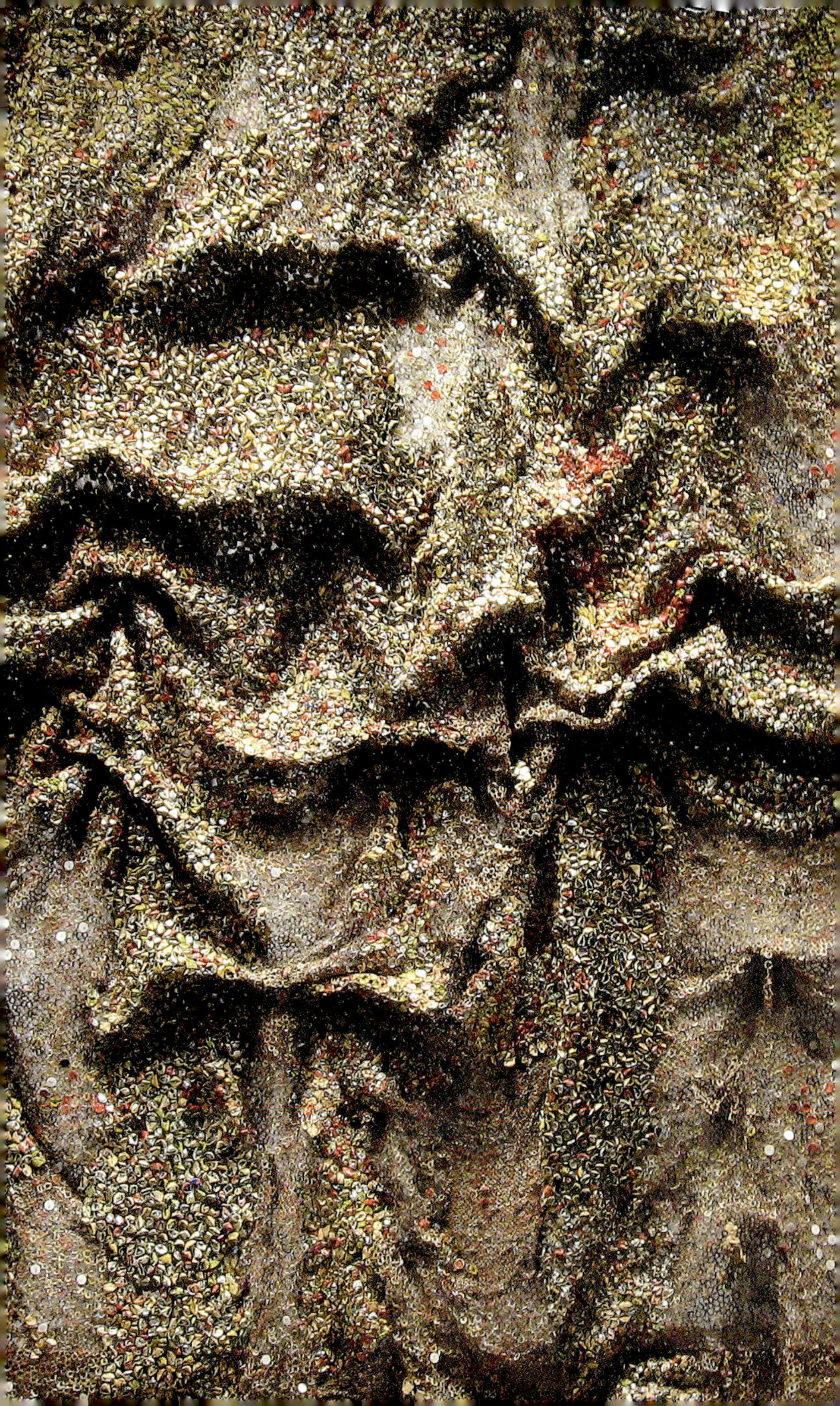

IST DAS MACHEN NOCH WICHTIG?

-

Ich lasse mich vom Material führen. Wenn es nichts sagen kann, sollte man es nicht dazu bringen, etwas zu sagen.

-

El Anatsui, 2021

Warum sollte sich ein Künstler heute noch Mühe geben, etwas zu machen? Ist es ethisch vertretbar, trotz der Umweltkrise Ressourcen zu verbrauchen? Museen und Galerien verbrauchen viel Energie für ihre Sammlungen: Müssen wir unseren ökologischen Fußabdruck wirklich weiter vergrößern, indem wir noch mehr Kunst kaufen, die gelagert, transportiert und ausgestellt werden muss? Wäre es nicht besser, Kunst digital zu teilen – frei von Bürokratie, Materialverschwendung und den Klauen der Kommerzialisierung?

2021 schrieb das Auktionshaus Christie's Geschichte, als es ein NFT-Kunstwerk (Non-Fungible Token) des Digitalkünstlers Mark Winkelmann (besser bekannt als Beeple) für 69 Millionen Dollar verkaufte. Dieses riesige Kompendium seiner täglichen digitalen Kreationen mit dem Titel *Everydays: The First 5000 Days* war das erste NFT-Kunstwerk auf einer Auktion. Der unglaubliche Preis machte alle romantischen Vorstellungen vom digitalen Kunstmarkt als einer zugänglichen und preiswerten Quelle für Kunst zunichte. Die Kunstwelt hatte einen Weg entdeckt, kleine Nuggets des Internet zu privatisieren, um sie teuer zu verhökern. Außerdem sind NFTs selbst umweltschädlich, da sie große Energiefresser sind. Vielleicht ist es doch nicht so schlecht, Objekte herzustellen?

Selbst ein kurzer Blick auf die zeitgenössische Kunst verrät ein riesiges Interesse an Materialien und Herstellung. Künstler arbeiten zunehmend nachhaltiger, viele sammeln und recyceln ihr Material. Faszinierenderweise gibt es ein wachsendes Interesse am Menschen als Motiv und der Fertigung von Hand, was ein Wiederaufleben der figürlichen Kunst und taktiler Medien wie Keramik und Textilien nach sich zieht. Andere Künstler lassen sich vom virtuellen Bereich inspirieren und schaffen Installationen, die physische und digitale Inhalte auf originelle Weise verbinden.

Subodh Gupta
Line of Control, 2008
Edelstahl- und Stahlstruktur, Edelstahlgegenstände
10 x 10 x 10 m

Dieses Werk kann als eine heftige Reaktion gegen Massenvernichtungswaffen aufgefasst werden. Die dynamische Ansammlung von Massenprodukten beschwört außerdem ein Gefühl von Produktivität und Transformation herauf und reflektiert damit Indiens rasant wachsende Wirtschaft.

ANSAMMLUNGEN

Es gibt in zeitgenössischen Kunstinstallationen die klare Tendenz, Dinge hoch aufeinanderstapeln. Angesichts solch überwältigender Mengen fühlen die Betrachter sich klein. Gleichzeitig treten Überlegungen zu Massenproduktion und übermäßigem Verbrauch in den Vordergrund. Oft geht der Prozess des Machens mit dem Sammeln tausender ähnlicher Objekte einher, um ein großartiges Ganzes zu erschaffen. Fundstücke oder Recyclingmaterialien erlauben es den Künstlern, nachhaltig zu arbeiten. Der ghanaische Bildhauer El Anatsui schuf aus den Deckeln von Alkoholflaschen üppige Installationen, die wie drapierte Stoffe schimmern.

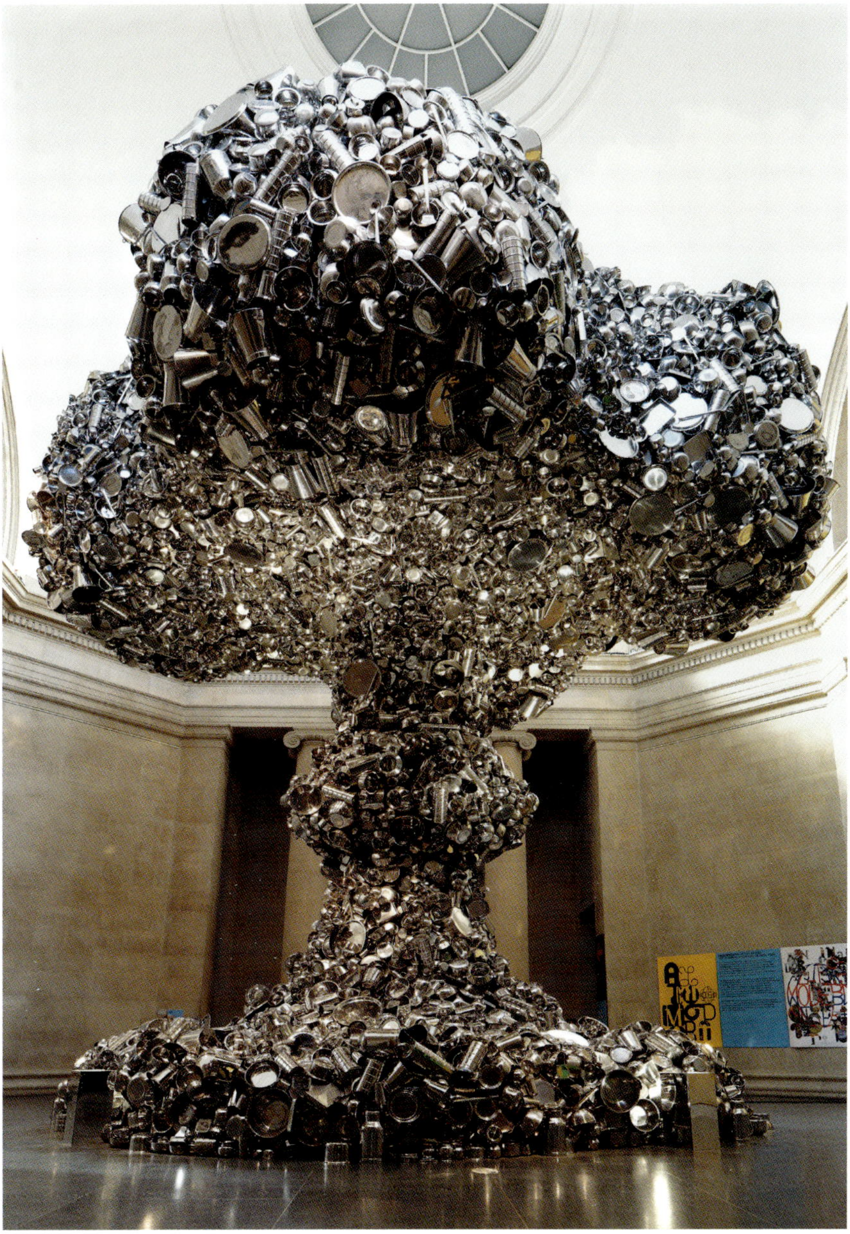

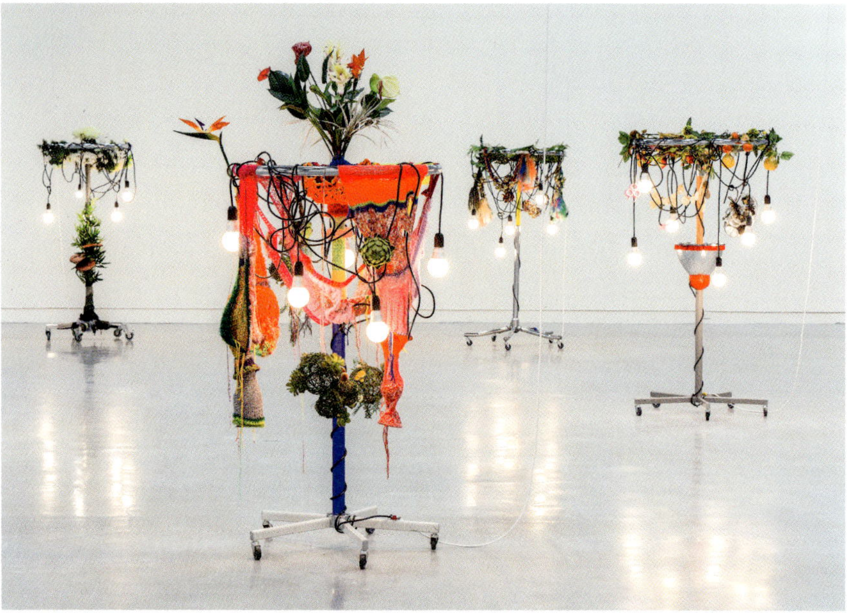

Die schiere Menge an billiger Massenware ist eine große Inspiration für Künstler, die nach neuen Wegen suchen, den Alltag zu interpretieren. Der indische Bildhauer Subodh Gupta fühlt sich von brandneuen, glänzenden Produkten wie Tiffin-Dosen und Thali-Platten angezogen, die in Indien allgegenwärtig sind. Für *Line of Control* (2008) verwandelte er einen Haufen Alltagsgeräte in einen riesigen Atompilz. Mit einem Gewicht von 26 Tonnen und einer Höhe von 10 Metern spielt diese kolossale Konstruktion auf die politischen Spannungen zwischen Indien und Pakistan an und dient als machtvolle Kritik an Atomwaffen. Der Künstler erklärte: »1999 machte ich eine erste Zeichnung eines Atompilzes, als Indien und Pakistan kurz vor einem Atomkrieg standen. Es gab Gespräche darüber, wie viele Menschen sterben würden, wenn Indien seine Atomwaffen einsetzen würde. Mir blieb beinahe das Herz stehen.«

Manchmal können vertraute Objekte fremdartig wirken, wenn sie in ungewöhnlichen Kontexten auftauchen. Die südkoreanische Künstlerin Haegue Yang (ansässig in Berlin und Seoul) stellt faszinierende Sammlungen aus scheinbar zufälligen Gegenständen her, wie Kunstblumen, Lichtern, Rollvorhängen und gehäkeltem Nippes. Sie empfindet ihre poetischen Anordnungen als abstrakt und nutzt oft Klang, Bewegung und Geruch, um die Begegnung mit ihrem Werk zu intensivieren. Ihre Arbeit soll »die Themen Migration, Vertreibung,

Haegue Yang
Female Native – Saturation out of Season, Part of Female Natives, 2010
Kleiderständer, Rollfüße, Glühlampen, Kabel, Kabelbinder, Klemmleisten, Nylonschnur, Strickgarn, Kunstblumen, Spaltringe, Metallketten, Aluminiumreflektor, Blechdose, Kugel aus Rohrgeflecht
197 x 103 x 103 cm
National Museum of Modern and Contemporary Art, Korea

In diesem Werk sind mobile Kleiderständer mit künstlichen Materialien verziert, sodass poetische Figuren entstehen. Der Klang von Igor Strawinskis radikaler Ballettmusik *Le sacre du printemps* (1913) verstärkt die Anmutung von Bewegung, Tanz und Ritual.

postkoloniale Diaspora, erzwungenes Exil« widerspiegeln. Indem sie beliebige Dinge zusammenbringt, fordert Yang zum Nachdenken über die Begriffe Verschiedenheit, Zugehörigkeit und Gemeinschaft heraus.

ORTE

Spektakuläre Installationen eignen sich perfekt für die Präsentation im Rahmen einer Biennale. Kunstliebhaber nehmen lange Wege für einen Besuch auf sich und die Erwartungen sind riesig. Eine visuell fesselnde Installation bietet perfekten Social-Media-Stoff, der hinterher noch lange im Umlauf ist. Außerdem kann sie verborgene Geschichten eines Ortes aufdecken – ein Wahrzeichen oder Gebäude oder eine Stelle, die sonst kaum Aufmerksamkeit genießt.

Es gibt viele Plattformen für ambitionierte, großformatige Kunst. Das Fourth Plinth Project in London zum Beispiel beauftragt Künstler, ein neues Werk für den leeren Sockel (Plinthe) auf dem Trafalgar Square zu erschaffen. In New York City bietet die High Line auf einer stillgelegten Bahnlinie einen markanten Platz für neue Kunst. Und auch die Turbinenhalle in der Tate Modern hat ausreichend Raum für große Werke internationaler Künstler.

Das Metropolitan Museum of Art in New York stellt seit mehr als zwanzig Jahren seinen atemberaubenden Dachgarten für Ausstellungen zur Verfügung. Einzigartig war 2013 *And How Many Rains Must Fall Before the Stains Rush Clean* des pakistanischen Künstlers Imran Qureshi. Der als Miniaturenmaler ausgebildete Qureshi lässt sich von den Miniaturen des Mogulhofes (1526–1857) inspirieren. Aus der

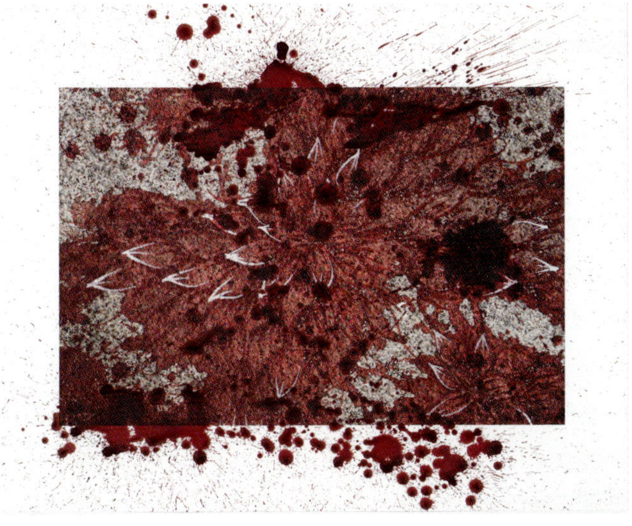

Imran Qureshi
And How Many Rains Must Fall Before the Stains Rush Clean, 2013
Digitaldruck mit Handkolorierung, 61 × 76,2 cm
Metropolitan Museum of Art, New York

Der fast 750 Quadratmeter große Dachgarten des Metropolitan Museum of Art bot eine faszinierende Kulisse für Qureshis Fußbodenmalerei. Dieses Werk spielte auf weltweite Gräueltaten an und erinnert an Jackson Pollocks Action Paintings. Aus der Nähe betrachtet, zeigte sich eine komplexe Miniaturwelt aus Blumen und Blättern, wie in diesem dazugehörenden Druck zu erkennen ist.

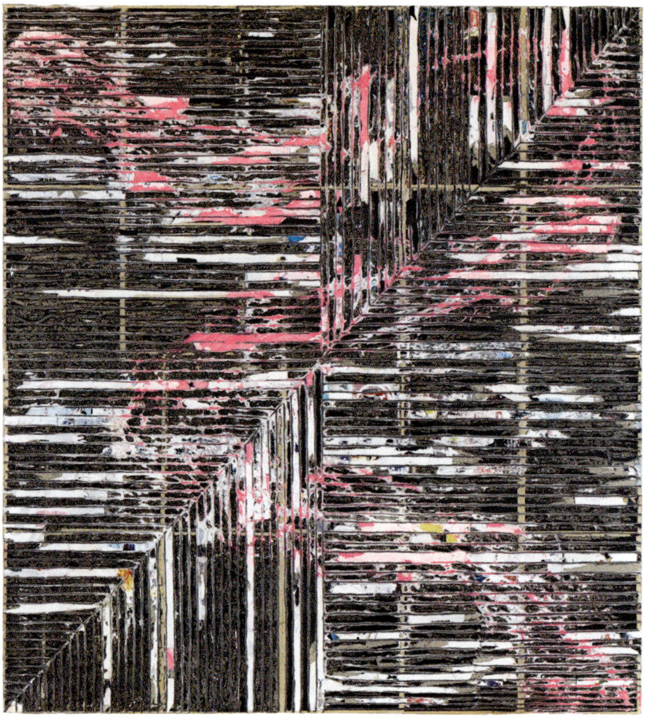

Mark Bradford
Crack Between the Floorboards, 2014
Verschiedene Medien auf Leinwand
3,30 x 3 m
Metropolitan Museum, New York

Bradfords Bearbeitung der Schichten aus Farbe und Papiercollagen spiegelt die sich immer wiederholenden Handlungen der Arbeiter in Gustave Caillebottes Gemälde *Die Parkettschleifer* (1875) und schafft ein Gefühl von Empathie und Solidarität.

Ferne sieht sein speziell für diesen Ort geschaffenes Werk aus wie das Ergebnis eines gewaltsamen Überfalls, doch bei genauerem Hinsehen tauchen erlesene Blüten und verschlungene Pflanzen auf. Qureshi erklärte: »Diese Formen sind das Ergebnis von Gewalt. Sie sind mit der Farbe von Blut vermischt, doch gleichzeitig ist dies der Beginn eines Dialogs mit dem Leben, mit neuen Anfängen und frischer Hoffnung.«

Materialien können vielseitig eingesetzt werden, um ein Gefühl für einen Ort zu erzeugen. Die amerikanische Künstlerin Sheila Hicks unternahm umfangreiche Reisen, um ihre Textilarbeiten weiterzuentwickeln und neue Fertigkeiten und Techniken zu erlernen. Im Werk von Mark Bradford, ebenfalls Amerikaner, ist das Gefühl für den Ort in die Wahl seiner Materialien eingebettet. Er baut Schichten aus Papier, Seilen, Dichtmasse und anderen Werkstoffen aus dem Baumarkt auf, um marginalisierte Menschen und Orte miteinander zu verbinden. *Crack Between the Floorboards* (2014) bezieht sich auf das Gemälde *Die Parkettschleifer* (1875) von Gustave Caillebotte. Dieses berühmte Bild zeigt eine Gruppe hemdenloser Arbeiter, die den Fußboden einer großbürgerlichen Wohnung in Paris abschleifen. Bradford reagierte mit einer abstrakten Parkettkomposition aus Schichten von

Nam June Paik
Electronic Superhighway: Continental U.S., Alaska, Hawaii, 1995
51-Kanal-Videoinstallation (einschließlich eines internen Fernsehsignals), selbst gebaute Elektronik, Neonbeleuchtung, Stahl und Holz; Farbe und Ton
4,57 x 12,19 x 1,22 m
Smithsonian American Art Museum, Washington, DC

Paik kam 1964 zum ersten Mal in die USA. Damals waren die Interstate-Highways relativ neu und boten neue Möglichkeiten, das Land zu erkunden. Paik nutzt Neon für die Grenzen der 51 Staaten der USA. Gleichzeitig erinnert dies an die allgegenwärtigen Werbeschilder an den Straßen.

Kohlepapier und Plakaten, die er in seinem Viertel in Los Angeles gefunden hatte. Durch den Bezug auf vergangene und gegenwärtige Vorstellungen von Arbeit reflektiert Bradford die Repräsentation von Arbeit, Klasse und Männlichkeit.

NETZWERKE

Zeitgenössische Kunst verströmt oft einen Geist von Networking und Verbundenheit. Viele Werke enthalten Elemente der bildenden Kunst, aus alltäglichen und digitalen Quellen, die in verschiedenen Konfigurationen verknüpft sind. Diese Tendenz entsteht vielleicht aus unserer zunehmend verbundenen, globalisierten Welt, die durch das Internet getrieben wird. Millionen Menschen jonglieren heute ständig mit realen und digitalen Inhalten. Es gibt viele Beispiele hierfür, von den filigranen zimmergroßen Installationen von Sarah Sze bis zu den komplexen Gemälden von Julie Mehretu.

Natürlich haben Künstler schon vor Erfindung des Internet elektronische Formen in ihre Werke integriert. Der südkoreanische Künstler Nam June Paik gilt als einer der Begründer der Videokunst. Er experimentierte bereits 1963 mit Fernsehen und prägte in den 1970er-Jahren den Begriff »elektronischer Superhighway«. Paik

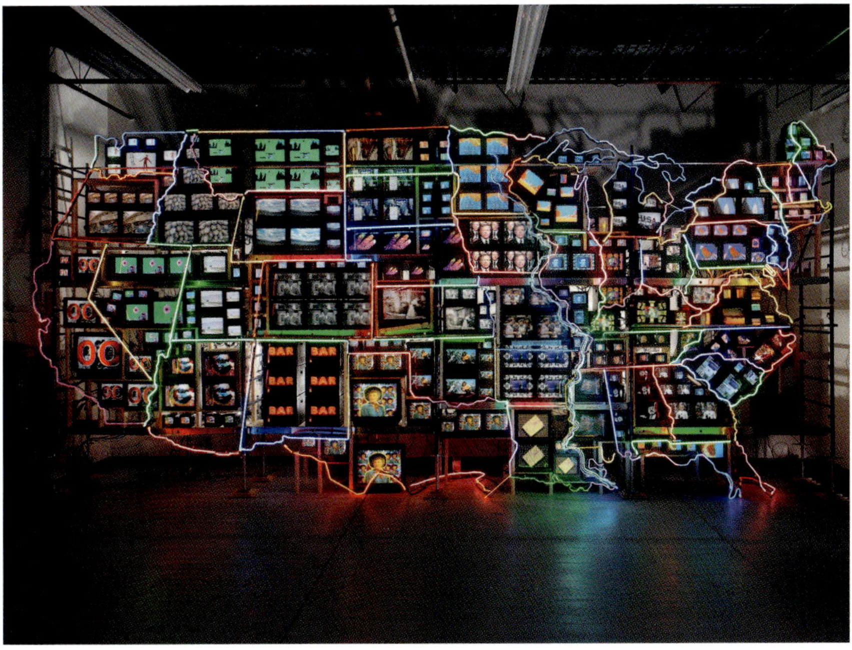

sagte: »Haut ist jetzt unzureichend als Schnittstelle zur Realität. Die Technologie ist für den Körper zur neuen Membran des Daseins geworden.« *Electronic Superhighway: Continental U.S., Alaska, Hawaii* (1995) verdeutlicht, wie sehr Bildschirmmedien unsere Wahrnehmung eines Ortes und einer Kultur bestimmen. Für diese wichtige Installation stapelte Paik 366 Fernseher so, dass sie eine Karte der USA bildeten. Jeder »Staat« präsentiert ein bestimmtes Beispiel klassischen »amerikanischen« Bildmaterials. Paiks Werk erinnert uns daran, dass die Bildschirmmedien uns überallhin folgen.

Das Internet hat viele Vorteile, aber auch eine dunklere Seite, die aus seiner Fähigkeit erwächst, unsere Wünsche zu überwachen und unser Denken zu beeinflussen. Die Multimediainstallationen der deutschen Künstlerin Hito Steyerl fungieren als visuelle Essays oder Gedichte und untersuchen das Leben im Internet-Zeitalter. *HellYeahWeFuckDie* (2016) präsentiert Videos in einer sorgfältig konstruierten Umgebung, in der die als Sitzgelegenheiten dienenden neonleuchtenden Betonbuchstaben die am häufigsten gebrauchten Wörter in der aktuellen Popmusik darstellen. Die Videos zeigen eine Reihe an widersprüchlichen Szenarien – von einer Lektion, in der einem Roboter beigebracht wird, mit Konflikten klarzukommen, bis zu einem Kind, das Siri nach dem Wesen des Krieges fragt. Dieses Werk stellt eine fremdartige dystopische Welt dar, gebaut mit mächtigen Technologien, aber dennoch gespeist von grundlegend menschlichen Verhaltensweisen.

Hito Steyerl
HellYeahWeFuckDie, 2016
Dreikanal-HD-Videodatei »Hell Yeah«, Einkanal-HD-Videodatei »Robots Today« und fünf Lichtkästen
Laufzeit 4 Minuten 35 Sekunden

Diese Installation wurde ursprünglich für Skulptur Projekte Münster 2017 geschaffen, eine große Ausstellung, die alle zehn Jahre in der ganzen Stadt stattfindet. Steyerl wählte das Foyer einer Bank, dessen Wände mit moderner Kunst geschmückt sind, als Ausstellungsort für ihr Werk. Ihre dystopische Vision erzeugte einen angemessen beunruhigenden Kontrast und bot eine alternative Sicht auf die Zukunft an.

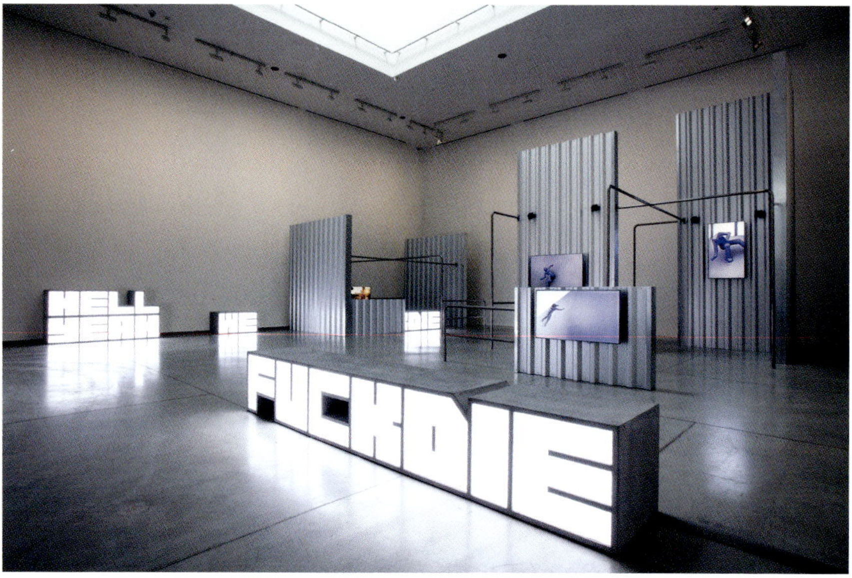

Lynette Yiadom-Boakye
No Need of Speech, 2018
Öl auf Leinwand
230 x 247,4 cm
Carnegie Museum of Art, Pittsburgh

Yiadom-Boakye stellt ihre Gemälde gern innerhalb eines Tages fertig und malt entsprechend nass auf nass, anstatt zu warten, bis die Ölfarben getrocknet sind. Dadurch wirken ihre Arbeiten frisch und spontan. Dennoch sind ihre Kompositionen immer sorgfältig arrangiert. Yiadom-Boakye arbeitet selten mit echten Modellen, sondern nutzt lieber Bilder aus Zeitschriften, Sammelalben und Erinnerungen als Inspiration.

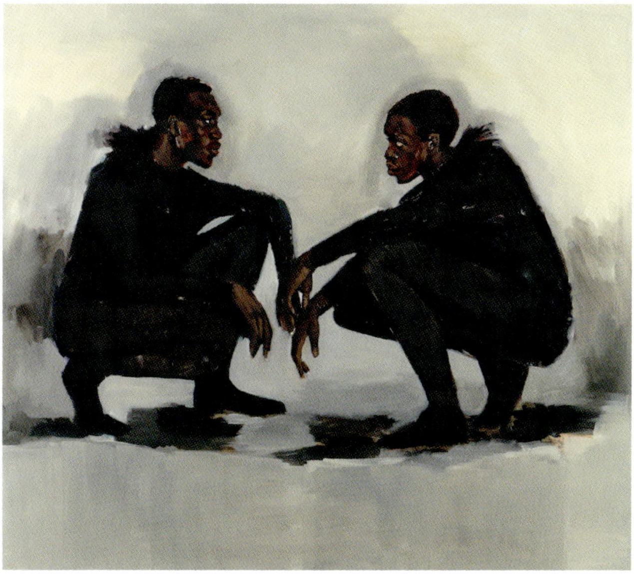

FIGUREN

Angesichts dieser Entwicklungen bei physischen und digitalen Medien sei Ihnen verziehen, wenn Sie glauben, dass das uralte Thema des menschlichen Körpers passé sei. Aber nein! Es gab in den letzten Jahren eine deutliche Wiederbelebung der figürlichen Kunst und menschlicher Motive, wie wichtige Ausstellungen beweisen. Simone Leigh repräsentierte bei der 59. Biennale in Venedig 2022 die USA mit figürlichen Skulpturen aus verschiedenen Materialien, darunter Keramik und Raffia.

Zeitgenössische Darstellungen des Körpers kombinieren oft traditionelle Methoden mit frischen Energien.

Die britische Malerin Lynette Yiadom-Boakye erreichte internationale Anerkennung für ihre malerische Darstellung fiktiver schwarzer Charaktere. Scheinbar gelangweilt, teilnahmslos oder gleichgültig erinnern ihre trägen Figuren an die großen Posen historischer Porträts von Künstlern wie John Singer Sargent. In ihrem lockeren und gestischen Umgang mit Farbe ist außerdem der Einfluss von Édouard Manet und W. R. Sickert erkennbar. »Ich lernte zu malen, indem ich mir Malerei angeschaut habe, und ich lerne weiter, indem

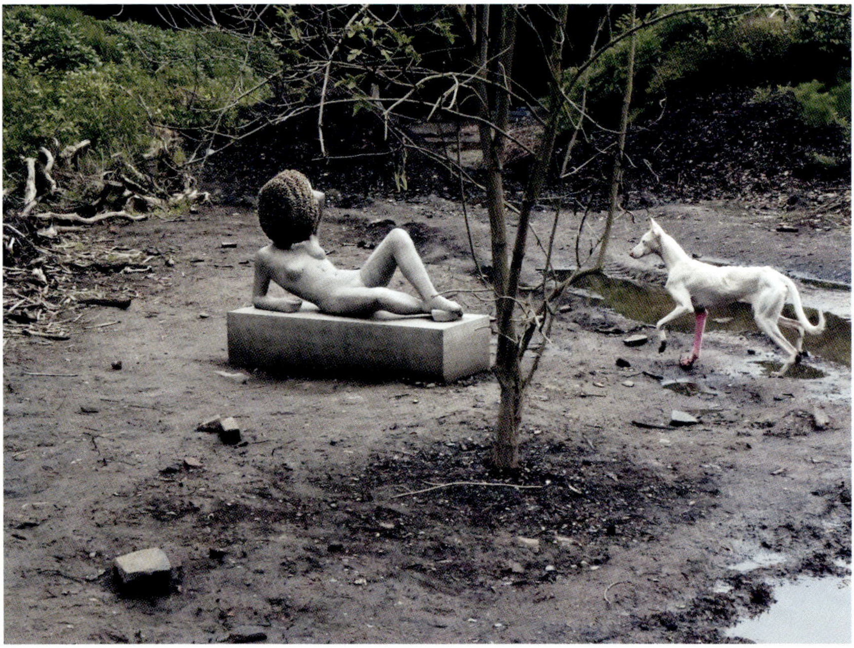

ich mir Malerei anschaue. In diesem Sinne dient die Geschichte als Ressource. Am beeindruckendsten ist für mich jedoch die Macht, die Malerei über die Zeit ausüben kann.«

Andere Künstler suchten weit jenseits der Kunstwelt nach Inspiration und Materialien. Der französische Künstler Pierre Huyghe ist daran interessiert, neue Netzwerke und Wege zwischen unterschiedlichen Arten von Intelligenz zu schaffen: menschlicher, tierischer und technologischer. In einem seiner bekanntesten Werke, *Untilled (Liegender Frauenakt)* (2012), ersetzte Huyghe den Kopf einer idealisierten liegenden weiblichen Figur durch einen echten Bienenstock. Plötzlich wird die Stelle, an der normalerweise ein einzelnes menschliches Gehirn sitzt, zu einem komplexen Netzwerk aus kollektiver Intelligenz und Aktivität. Huyghe betrachtet dieses Werk als eine aktive Zusammenarbeit, zu dessen Herstellung und Inhalt die Insekten beigetragen haben.

Für heutige Künstler ist das Machen ein Prozess, der einen Blick in die Vergangenheit, eine Anerkennung der Gegenwart und einen flüchtigen Blick in die Zukunft umfasst, es kann aber auch bedeuten, abseitige Pfade zu betreten und andere Methoden des Schaffens zu erkunden. Es ist ein fruchtbares Territorium mit vielen Möglichkeiten. Das Machen bleibt eine wichtige Form des kreativen Denkens.

Pierre Huyghe
Untitled (Liegender Frauenakt), 2012
Beton mit Bienenstock, Wachs und echtem Bienenvolk
Figur 75 x 145 x 45 cm, Sockel 30 x 145 x 55 cm, Maße des Bienenstocks variabel
Museum of Modern Art, New York

Huyghe interessiert sich für autogenerative Kunst, also Kunst, die sich selbst erzeugt. Er ist außerdem von den »Rhythmen, Automatismen ... Unfällen und ständigen Verwandlungen« fasziniert, die in der Natur zu finden sind. Für dieses Werk arbeitete Huyghe mit einem echten Bienenvolk zusammen und stimmte die Aufstellung des Werkes auf deren natürliche Aktivitätszyklen ab. Zeit ist daher eine weitere wichtige Komponente.

WICHTIGE IDEEN

- Machen bleibt für viele zeitgenössische Künstler eine wichtige Aktivität.
- Das Anhäufen vorhandener Materialien hat zur Schaffung spektakulärer Installationen geführt.
- Das Erzeugen von Werken für einen speziellen Kontext kann faszinierende Verbindungen und Narrative hervorbringen.
- Traditionelle Genres, wie die figürliche Darstellung, wurden durch die Verwendung neuer Materialien und Inspirationsquellen wiederbelebt.

WICHTIGE KÜNSTLER

- Nairy Baghramian | Alvaro Barrington | Huma Bhabha | Abraham Cruzvillegas | Helen Marten | Magdalene Odundo | Martin Puryear | Chiharu Shiota | Dana Schutz | Cecilia Vicuña

WICHTIGE AKTIVITÄTEN

- Schauen Sie sich Kunst im Freien, im öffentlichen Raum an. Welchen Einfluss hat der Ort auf die Wahl des Materials? Weshalb, glauben Sie, hat der Künstler diese Stelle gewählt?
- Besuchen Sie, falls es Ihnen möglich ist, eine Biennale oder ein vergleichbares, an mehreren Orten ausgetragenes Festival. Falls es nicht möglich ist, »besuchen« Sie eine aktuelle Biennale digital. Schauen Sie sich die Website und die entsprechenden Social-Media-Aktivitäten an. Was sorgt für Aufsehen?

EL ANATSUI
*1944, ANYAKO, GHANA

Lebt und arbeitet in Nsukka, Nigeria

In den späten 1990er-Jahren fand El Anatsui einen Sack mit alten Schnapsflaschendeckeln am Straßenrand. Dieser Zufall gab seiner Kunst eine ganz neue Richtung. Anatsui nutzte in seinen Skulpturen häufig Fundstücke, doch irgendetwas an diesem glänzenden Abfall entfachte seine Kreativität. Er entdeckte, dass er die Deckel nach Belieben verbiegen, zerknüllen und verdrehen konnte, bevor er sie mit Kupferdraht zu üppigen und verformbaren Flächen zusammenfügte. Für Anatsui rangieren seine Flaschenverschluss-Werke irgendwo zwischen Gemälde und Skulptur. Sie weisen auf Probleme hin, wie Umwelt, Konsum und die Geschichte des kolonialen Handels. Die Kunstkritikerin der *New York Times* Roberta Smith schrieb: »Die Werke erinnern an Spitzen – aber auch an Kettenhemden, an Quilts – aber auch an Tierhäute, an Gewänder – aber auch an Mosaike, nicht zu vergessen an die reiche Zeremonialkleidung vieler Kulturen. Ihr Faltenwurf zeigt eine sinnliche bildnerische Präsenz, aber auch eine unbestreitbar glamouröse Bravour.«

El Anatsuis Werke haben oft epische Ausmaße und hängen spektakulär von Galeriewänden oder großen Hausfassaden herunter. Er gibt keine Anweisungen zur Installation, sondern lässt lieber andere über das endgültige Arrangement entscheiden, sodass das Material für sich selbst sprechen kann. Kunst dieser Größenordnung erfordert ein entsprechendes Netzwerk an Unterstützern. Anatsui, der in einem großen Atelier in Nsukka, Nigeria, arbeitet, lässt sich die Flaschendeckel nun aus lokalen Recyclingfirmen liefern und beschäftigt ein ganzes Team von Helfern. Dieser Gemeinschaftsgeist ist wichtig für ihn: »Was mich interessiert, sind im Prinzip die vielen Hände. Wenn Menschen ein solches Werk sehen, sollten sie die Präsenz dieser Leute spüren können.«

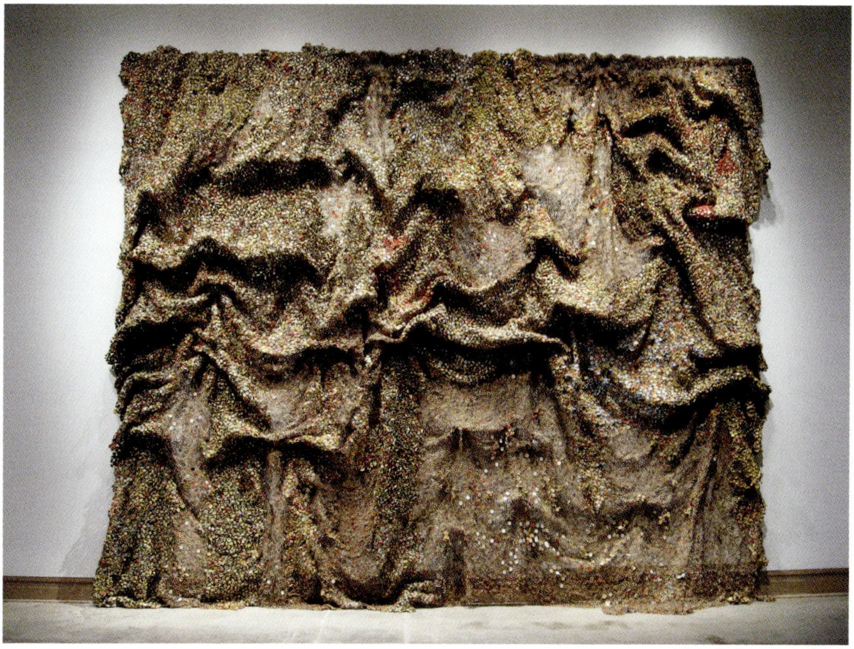

El Anatsui
Dusasa II, 2007
Gefundenes Aluminium, Kupferdraht und Plastikscheiben
5,50 x 6,60 m
Metropolitan Museum of Art, New York

Anatsuis Werk erlangte bedeutende internationale Anerkennung, nachdem es 2007 auf der 52. Biennale in Venedig zu sehen war. Er drapierte die Arbeit spektakulär über die Fassade des historischen Palazzo Fortuny. Dusasa II wurde in Venedigs eindrucksvollem Arsenal präsentiert. Anatsui erklärte, der Titel des Werkes beziehe sich auf das »gemeinschaftliche Patchwork, das von einer Gruppe Städter geschaffen wurde«.

WICHTIGE FAKTEN

- Im Jahr 2015 erhielt El Anatsui auf der 56. Biennale in Venedig den angesehenen Goldenen Löwen als Ehrenpreis für sein Lebenswerk.
- Eine große Einzelausstellung, »Triumphant Scale«, wurde 2019 am Haus der Kunst in München eröffnet. Die von Okwui Enwezor und Chika Okeke-Agulu kuratierte Ausstellung reiste anschließend an das Arab Museum of Modern Art, Doha, und das Kunstmuseum Bern.

WICHTIGE WERKE

- *Straying Continents*, 2010, Royal Ontario Museum, Toronto, Kanada
- *Tsiatsia – Searching for Connection*, 2013, Zeitz Museum of Contemporary Art Africa, Kapstadt, Südafrika

SHEILA HICKS
*1934, HASTINGS, NE, USA

Lebt und arbeitet in Paris, Frankreich, und New York City, USA

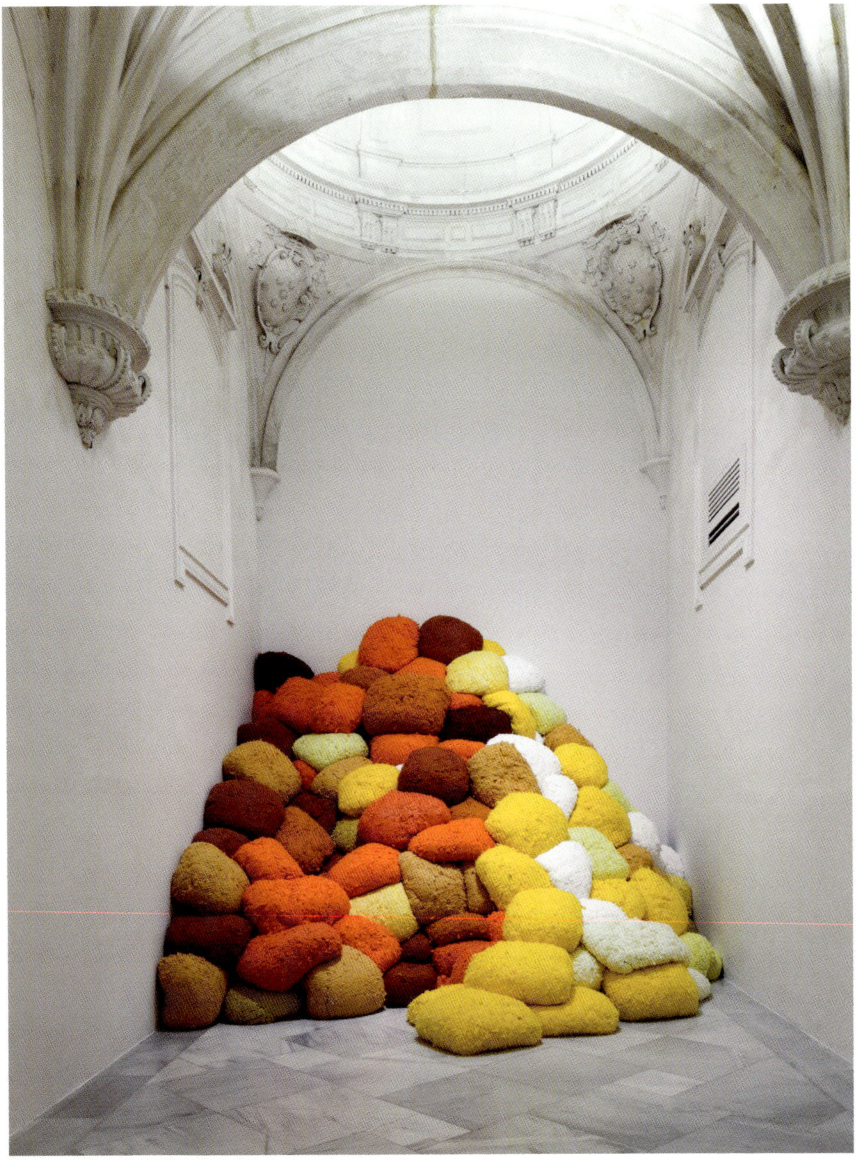

Sheila Hicks
La Sentinelle de Safran, 2018
Pigmentierte Acrylfaser
Maße variabel

La Sentinelle de Safran **besteht aus einem Berg pigmentgefärbter Faserbündel. Hicks interessiert sich für das gemeinsame Wirken von Natur, Industrie und Menschen. Sie beschrieb dieses Werk als das Ergebnis einer Reihe von Interaktionen: »Pigment aus der Erde nehmen, es mit Acryl verwandeln und dann an die Spinner schicken, die daraus eine Linie, einen Faden machen können«.**

Sheila Hicks begann als Malerin. Sie studierte an der Yale University unter Josef Albers, dessen verfeinerter Gebrauch von Farbe eine wichtige Inspirationsquelle war. Mitte der 1950er-Jahre erhielt sie ein Fulbright-Stipendium, um in Chile alte Textilien aus den Anden zu untersuchen. Ihre Reisen durch Südamerika überzeugten sie, von nun an mit Fasern zu arbeiten. Sie ist seither auf fünf Kontinenten unterwegs gewesen und entdeckte überall ein starkes Gefühl von Verbundenheit und Gemeinsamkeiten: »In allen Kulturen der Welt sind Textilien eine wichtige und wesentliche Komponente ... Es gibt ein Maß an Vertrautheit, das sofort alle Vorurteile durchbricht.« Die Arbeit mit anderen Künstlern und Handwerkern hat Hicks ein enormes Wissen eingebracht. Sie betrachtet dies als einen stetigen Prozess der Aufklärung: »Ich möchte nicht irgendwas machen, das ich schon kann. Ich möchte etwas tun, das ich noch *nicht* kann.«

Hicks wurde zu einer führenden Figur der Fiber-Art-Bewegung der 1960er- und 1970er-Jahre, eine von mehreren Frauen, die neue Ansätze beim Arbeiten mit Textilien und Fasern vertraten. Ihr Werk war bei einer Reihe wichtiger Ausstellungen zu sehen, darunter »Wall Hangings« am Museum of Modern Art, New York, 1969. Sie webt, wickelt und bündelt Fasern zu abstrakten, tastbaren, leuchtend farbigen Formen. Ihr Werk kann monumentale Maße annehmen und öffentliche Räume spektakulär ausfüllen. Sie stapelt Bündel aus Fasern zu riesigen Bergen und hängt Knäule aus Fäden von der Decke ab, um Kaskaden aus reiner Farbe zu erzeugen. In kleineren Werken, wie ihrer »Minimes«-Serie, schuf Hicks auf hölzernen Webrahmen zarte Gewebe, in denen sie auch Materialien wie Schiefer und Schwertmuscheln verarbeitete. Unabhängig vom gewählten Maßstab ist Hicks entschlossen, Kunst, Handwerk, Architektur und Design zu vereinen, um neue Möglichkeiten des Materials zu entdecken.

WICHTIGE FAKTEN

- *Weaving as Metaphor*, ein umfangreiches Buch, das fünfzig Jahre von Sheila Hicks' Kunst zeigt, erschien 2006. Das von Irma Boom gestaltete Buch gewann auf der Leipziger Buchmesse eine Goldmedaille für »Das schönste Buch der Welt«.
- 2018 fand am Centre Pompidou, Paris, eine große Retrospektive unter dem Titel »Lignes de Vie (Lebenslinien)« statt.

WICHTIGE WERKE

- *Palitos con Bolas*, 2011, Centre Georges Pompidou, Paris, Frankreich
- *Pillar of Inquiry/ Supple Column*, 2013–14, Museum of Modern Art, New York, USA

SIMONE LEIGH
*1967, CHICAGO, USA

Lebt und arbeitet in New York City, USA

Simone Leigh wollte ursprünglich Sozialarbeiterin werden, erkannte aber, dass Kunst ihre wahre Berufung ist. Ob beim Arbeiten mit Skulpturen, Installationen, Video oder Performance, Leigh handelt mit einem starken gesellschaftlichen Bewusstsein und stellt das Leben, die Erfahrungen und Historien schwarzer Frauen in den Mittelpunkt. Sie wendet ihr umfassendes Wissen über afrikanische und afroamerikanische Kunst an, um Annahmen über Herkunft, Geschlecht und Schönheit infrage zu stellen. Leigh verwendet auch Keramik, obwohl sie häufig gewarnt wurde, dass sie es in zeitgenössischen Kunstkreisen nicht weit bringen werde. In jüngster Zeit hat sie internationale Anerkennung für ihre figürlichen Skulpturen erfahren, die aus verschiedenen Materialien und ethnografischen Quellen schöpfen. Die Tatsache, dass sie »größtenteils ignoriert« wurde, nimmt sie gelassen: »Ich hatte viel Zeit zu reifen, ohne im Rampenlicht zu stehen.«

Die Frauen in Leighs Skulpturen wirken selbstsicher, würdevoll und zäh. Sie nehmen einen heutigen Raum ein, verweisen aber auch auf andere Zeiten und Orte. Ihre Gesichtszüge sind vereinfacht und unspezifisch, sodass sie für viele sprechen können. Ihre Körper sind oft in kunstvolle Röcke aus Raffia oder Keramik gehüllt. Diese voluminösen Formen erinnern an architektonische Strukturen, von den Lehmhütten des Musgum-Volkes in Kamerun und Tschad bis zur Batammariba-Architektur in Benin und Togo. Leigh spielte außerdem auf *Mammy's Cupboard* an, ein Highway-Restaurant südlich von Natchez, Mississippi, das wie der Körper einer schwarzen Frau geformt ist. Bei kleineren Keramikstücken bezieht Leigh sich auf gesichtsförmige Krüge, die in den 1890er-Jahren im US-amerikanischen Süden beliebt waren. Diese Haushaltsgegenstände setzten den schwarzen Körper mit Nützlichkeit und Hässlichkeit gleich. Leighs Versionen geben dieser Form Schönheit, Würde und Kraft.

Simone Leigh
Planet, 2021
Steingut, Metall und Raffia
2,53 x 1,13 x 1,19 m

Leigh mag praktische Arbeitsvorgänge, selbst wenn sie in großem Maßstab arbeitet. Sie wählt fühlbare Materialien wie Ton, Blattgold und Raffia und ihre Gesten lassen sich in den Oberflächen ihrer Werke verfolgen. Leighs Verwendung von Raffia erinnert an die Maroons, entflohene Sklaven, die sich unter schwierigen Bedingungen in den amerikanischen Südstaaten neue Heimstätten aufbauten.

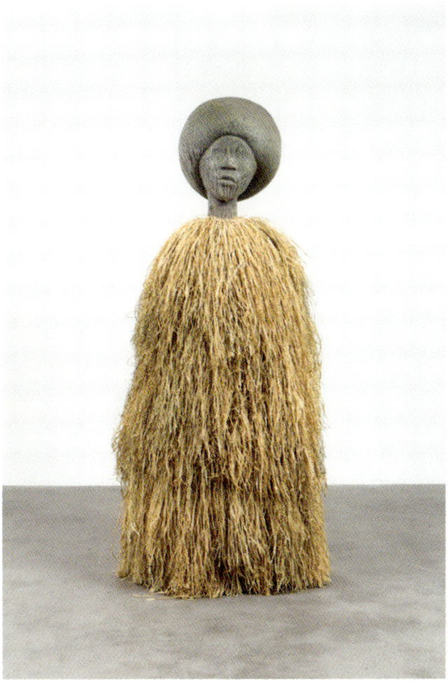

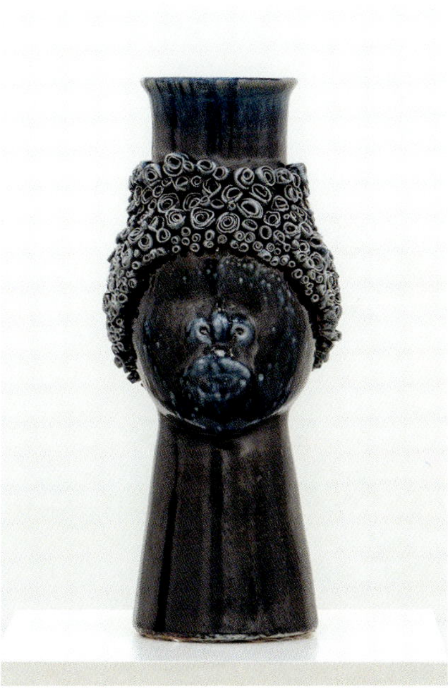

Simone Leigh
Face Jug (COBALT), 2020
Im Noborigama (japanischer Hangofen) gebranntes Porzellan
45,7 x 19,7 x 21,3 cm

Die Gesichtszüge in Leighs Arbeiten sind häufig glatt, um ihnen ein feierliches, würdevolles Aussehen zu verleihen. Leigh erklärte: »Es ist eine Möglichkeit, die Figur zu abstrahieren, denn wenn ich arbeite, stelle ich mir eine Art von Erfahrung vor, einen Seinszustand, statt einer bestimmten Person.« In diesem Stück sind die Augen kaum erkennbar und die florale Darstellung des Haars sorgt für einen eleganten, dekorativen Touch.

Die glänzenden Oberflächen ihrer salzglasierten Skulpturen lenken ungehörige Blicke ab. Leighs Skulpturen bieten einen geschützten Raum für persönliche Autonomie und tiefes Nachdenken.

WICHTIGE FAKTEN

- Simone Leigh war die erste Künstlerin, die mit einem Werk für die High Line in New York City beauftragt wurde. Sie schuf *Brick House* (2019), eine Bronzeskulptur einer afroamerikanischen Frau von fast fünf Metern Höhe und 2.900 Kilogramm Gewicht.
- 2022 war Leigh die erste afroamerikanische Frau, die die USA auf der Biennale in Venedig vertrat. Sie wurde mit einem Goldenen Löwen ausgezeichnet.

WICHTIGE WERKE

- *Cupboard VIII*, 2018, Whitney Museum of American Art, New York, USA
- *Las Meninas*, 2019, The Cleveland Museum of Art, Ohio, USA

JULIE MEHRETU
*1970, ADDIS ABEBA, ÄTHIOPIEN

Lebt und arbeitet in New York City, USA

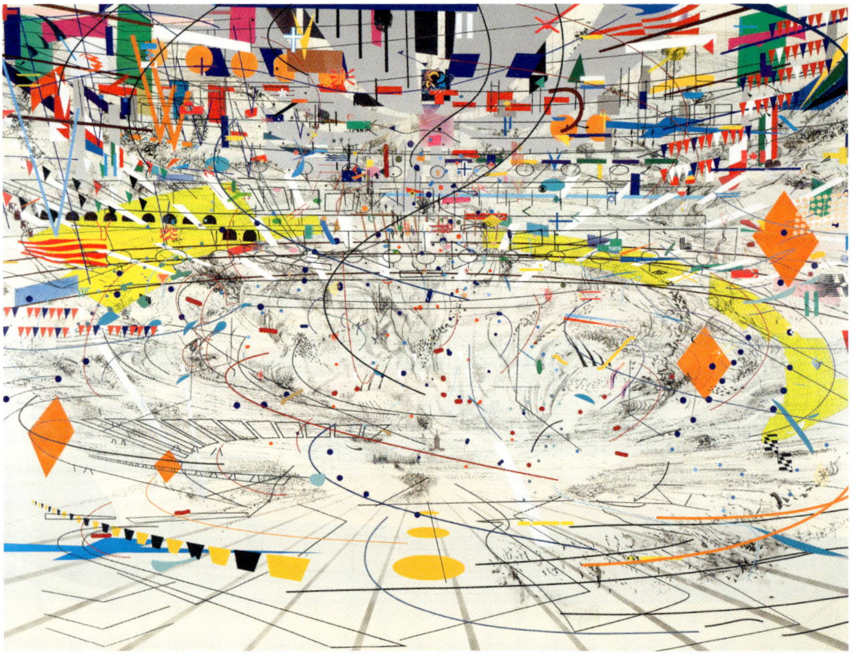

Es ist nicht immer leicht, sich in einem von Julie Mehretus Gemälden zurechtzufinden. Auf den ersten Blick sehen ihre großformatigen Werke wie Routenplaner aus. Oft bringt sie als Erstes Ausschnitte aus technischen Zeichnungen und Stadtplänen auf die Bildoberfläche. Anschließend folgen freie Zeichnungen, geschwungene Linien und Bereiche aus reinen Farben. Mehretu erschafft einen Strudel an Ideen und Möglichkeiten, in denen die Stadt ein Ort konstanter Energie, Bewegung und Verwandlung ist. Obwohl sie handgefertigt sind, wirken sie gewissermaßen digital. Für Mehretu spiegelt ihr Werk die verwandelte Energie unserer realen und virtuellen Erfahrungen des heutigen Lebens wider: »Wir müssen uns ständig in dieser Welt zurechtfinden sowie in einer projizierten digitalen Kopie davon, die völlig widersprüchlich und verwirrend und kompliziert ist. […] Heute gibt es viele Wege, über alles nachzudenken, was sich dann schnell in eine Art seltsamen Spiegel verwandelt, der alles in etwas anderes verdreht.«

Während sie ihre Vision der Gegenwart baut, nimmt Mehretu häufig Anleihen bei der Vergangenheit. Sie nutzt alle Zutaten eines klassischen Gemäldes der Moderne: einen großen Maßstab, Farbe auf Leinwand, abstrakte Gesten. Es ist möglich, das frenetische urbane Gewusel des Futurismus zu beobachten, die mehrfachen Ansichten des Kubismus, die mehrlagige Abstraktion des Russischen Konstruktivismus und das alles überlagernde Zeichensetzen des Abstrakten Expressionismus. Dennoch ist Mehretus Vision eindeutig zeitgenössisch und speist sich aus gesellschaftlichen Problemen, Konflikten und Herausforderungen. Sie lässt sich davon inspirieren, wie Städte individuelle und kollektive Verhaltensweisen und Identitäten widerspiegeln. Ihre aktuellen Werke sind durch die dokumentarische Bilderwelt der sozialen und politischen Unruhen und der Anzeichen von Ungerechtigkeit geprägt. Mehretu stellt dieses Material nicht direkt dar, sondern nutzt es, um einen Gesamtkontext herzustellen, als Stimmung, als vitale Quelle von Chaos und rastloser Energie.

Julie Mehretu
Stadia II, 2004
Tinte und Acrylfarbe auf Leinwand
2,70 x 3,60 m
Carnegie Museum of Art, Pittsburgh

Dieses Werk ist Teil eines Triptychons aus Gemälden, mit denen die Rolle des Stadions in nationalistischen und revolutionären Unterfangen untersucht wird. Bögen und wirbelnde Linien deuten in ihrem Zusammenspiel eine Arena oder ein Amphitheater an. Herumflatternde farbige Zonen erinnern an das Konfetti und die Banner, die oft bei Sportveranstaltungen oder politischen Kundgebungen zu sehen sind. Es ist am Betrachter, zu entscheiden, ob dies ein Ort des Feierns oder des Grauens ist.

WICHTIGE FAKTEN

- 2019 wurde eine wichtige Retrospektive von Julie Mehretus Werk am Los Angeles County Museum (LACMA), Los Angeles, gezeigt, die 2021 dann auch am Whitney Museum of American Art, New York, zu sehen war.
- Mehretu stand 2020 auf der Liste der einflussreichsten Menschen des Magazins *Time*.

WICHTIGE WERKE

- *HOWL, eon (I, II)*, 2016–17, Collection SFMOMA, San Francisco, USA
- *Haka (and Riot)*, 2019, Los Angeles County Museum of Art, Los Angeles, USA

SARAH SZE
*1969, BOSTON, USA

Lebt und arbeitet in New York City, USA

Bevor Sarah Sze eine ihrer Multimedia-Installationen startet, besucht sie immer erst den nächstgelegenen Baumarkt. Lokal einzukaufen, erlaubt es Sze, ihr Werk an einem bestimmten Ort zu verwurzeln. Auf ihrer umfangreichen Einkaufsliste mit zufälligen Objekten können Dinge stehen wie Wattepads und Streichholzschachteln, Zimmerpflanzen und Gartenleuchten, Plastikflaschen und Teebeutel, Reißzwecken, Draht und Schnur. Normalerweise erregen diese zufälligen Fragmente kaum unsere Aufmerksamkeit, doch in den Händen von Sze werden sie zu wichtigen Teilen in einem ansehnlichen Puzzle geadelt. Szes Interesse daran, viele kleine Dinge zu einem größeren Ganzen zu kombinieren, ergibt sich aus dem Wunsch, mit der Idee der Skulptur als »einer festen Form, die mit begrenzten geometrischen Strukturen, Konturen und Inhalten auskommen muss« zu brechen. Dieser offene und variable Ansatz erlaubt es ihr, auf viele unterschiedliche Entitäten gleichzeitig anzuspielen, von der winzig kleinen bis zur gigantisch großen. Ihre vernetzten Szenerien erinnern an die unsichtbaren Infrastrukturen des Internet, eine schnelllebige Megastadt oder sogar eine entfernte Galaxie.

Szes verschlungene Installationen sind mit akribischem Sinn für das Detail zusammengebaut. Sie überspannen Wände, Fußboden und Decke, baumeln herunter, strecken sich und breiten sich in jedes Eckchen des vorhandenen Platzes aus. Das ist ein schmaler Grat: eine falsche Bewegung und alles könnte zusammenbrechen. Sze genießt diese Spannung und versucht, mit ihrem Werk einen »ständigen Zustand des Wandels in Bezug darauf zu erreichen, wie es im Raum existiert, wie es in der Zeit existiert; es sollte unklar

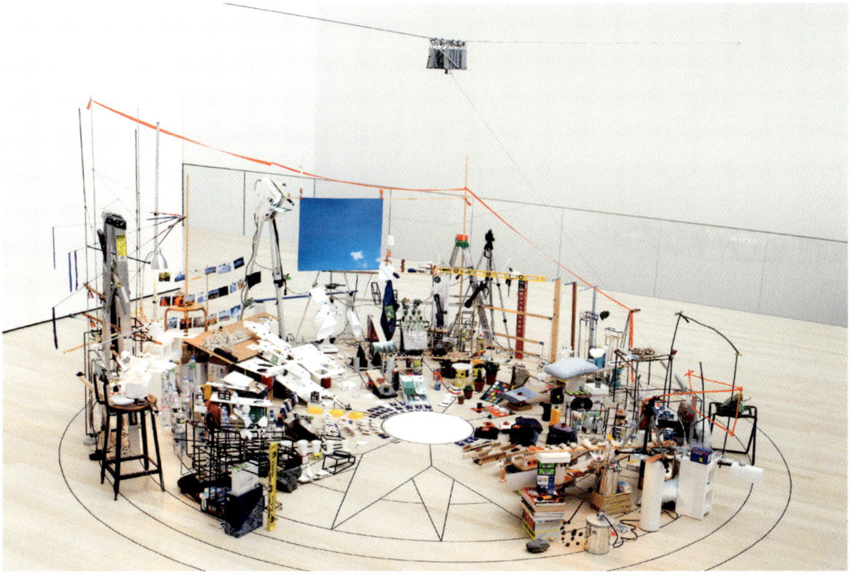

Sarah Sze
Triple Point (Pendulum), 2013
Salz, Wasser, Stein, Schnur, Projektor, Video, Pendel und verschiedene Medien
Maße variabel, ungefähr 3,80 x 5,30 x 5 m
Museum of Modern Art, New York

Szes Interesse, Skulpturen zu verwenden, um verschiedene Stadien des Seins auszudrücken, spiegelt sich im Titel dieser Multimedia-Installation wider, die auf den Punkt anspielt, an dem Wasser flüssig, gasförmig und fest sein kann. Das Pendel fügt dem Ganzen eine gewisse Dynamik hinzu. Dieses Werk wurde erstmalig 2013 im amerikanischen Pavillon auf der 55. Biennale in Venedig gezeigt.

sein, ob es im Prozess des Werdens oder im Prozess der Entropie begriffen ist. Unsicher ist so ein schönes Wort, weil ich dabei meist an Zerbrechlichkeit denke, aber Unsicherheit impliziert auch das Potenzial, irgendwohin zu gehen; es impliziert die Spannung des nächsten Schrittes. Wenn ich das finden kann, dann funktioniert eine Skulptur.«

WICHTIGE FAKTEN

- Sarah Sze, die Tochter eines Architekten, studierte ursprünglich Architektur und Malerei an der Yale University. Das Malen spielt in ihren neueren Arbeiten eine größere Rolle.
- Sze hat mehrere Werke für Standorte im Freien und öffentliche Räume geschaffen, darunter größere Aufträge für die High Line, den Flughafen LaGuardia und die U-Bahn-Station an der 96. Straße in New York City.

WICHTIGE WERKE

- *Fixed Points Finding a Home*, 2012, MUDAM Luxemburg, Luxemburg
- *Shorter than the Day*, 2020, dauerhafte Installation, Flughafen LaGuardia, New York, USA

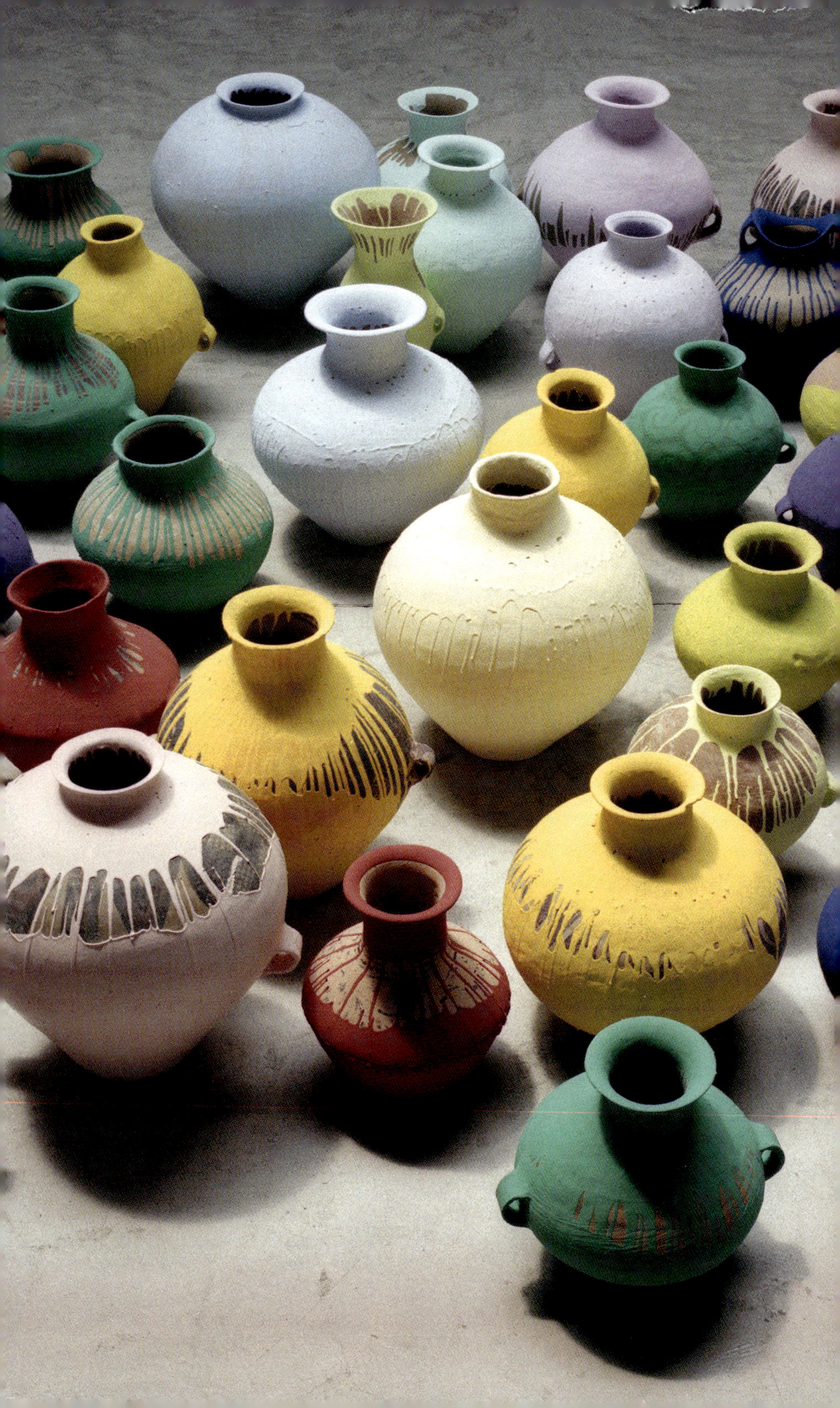

KANN KUNST DIE WELT VERBESSERN?

-

Als Künstler muss ich die Kämpfe und Sorgen der Menschheit verstehen ... ich trenne diese Tatsachen niemals von meiner Kunst.

-

Ai Weiwei, 2016

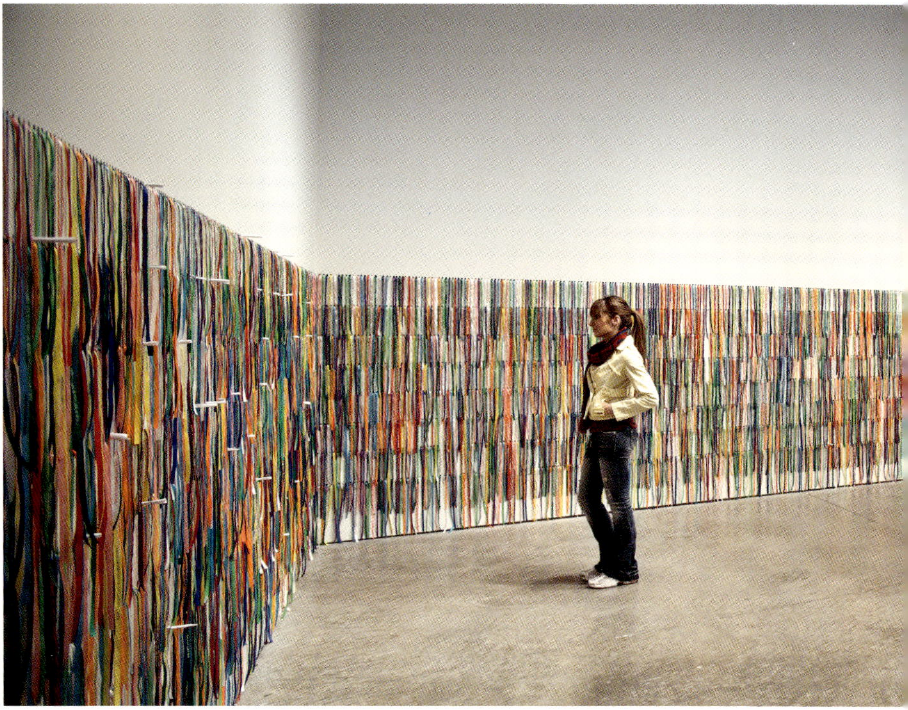

Reicht es, dass Kunst uns inspiriert, uns zum Nachdenken bringt und unsere Sinne belebt, oder sollte sie auf konstruktivere Art etwas zur Gesellschaft beitragen? Das ist heute die Preisfrage, wenn Künstler, Kuratoren und Institutionen über den wahren Zweck der Kunst grübeln. Immer mehr Menschen glauben, dass Kunst nützlicher sein muss, dass sie sich mit Menschen und Gemeinschaften auseinandersetzen sollte, um Änderungen zu bewirken. Entsprechend wird nicht nur die Rolle von Künstlern in der Gesellschaft neu bewertet, sondern auch die Funktion und Natur von Galerien und Museen. Sollte eine Kunsteinrichtung danach streben, ein neutraler Ort zu sein, der einer Vielzahl von Perspektiven gerecht wird, oder gibt es Spielraum, politischer, aktivistischer zu sein und bestimmte Ansichten durchzusetzen?

Dieses Kapitel untersucht das Potenzial der Kunst, die Welt zu verbessern. Es zeigt, wie Künstler ihren Status und ihre globale Reichweite für Änderungen einsetzen. Viele Künstler wollen sich direkter mit ihrem Publikum auseinandersetzen. Dazu beziehen sie oft andere Menschen ein und sprechen aktuelle gesellschaftliche und politische Probleme an – oft dringend und provokativ.

Rivane Neuenschwander
I Wish Your Wish, 2003
Siebdruck auf
Stoffstreifen
Variable Maße
Gallery of Modern Art,
Queensland

Dieses zum Mitmachen anregende Werk besteht aus einem Meer von farbigen Bändern, die an die Wand geheftet sind. Auf jedem Band steht ein Wunsch. Die Besucher dürfen sich ein Band nehmen, ans Handgelenk binden und hoffen, dass der Wunsch sich erfüllt. Sie können auch ihre eigenen Wünsche äußern, die für die nächste Ausstellung auf neue Bänder geschrieben werden.

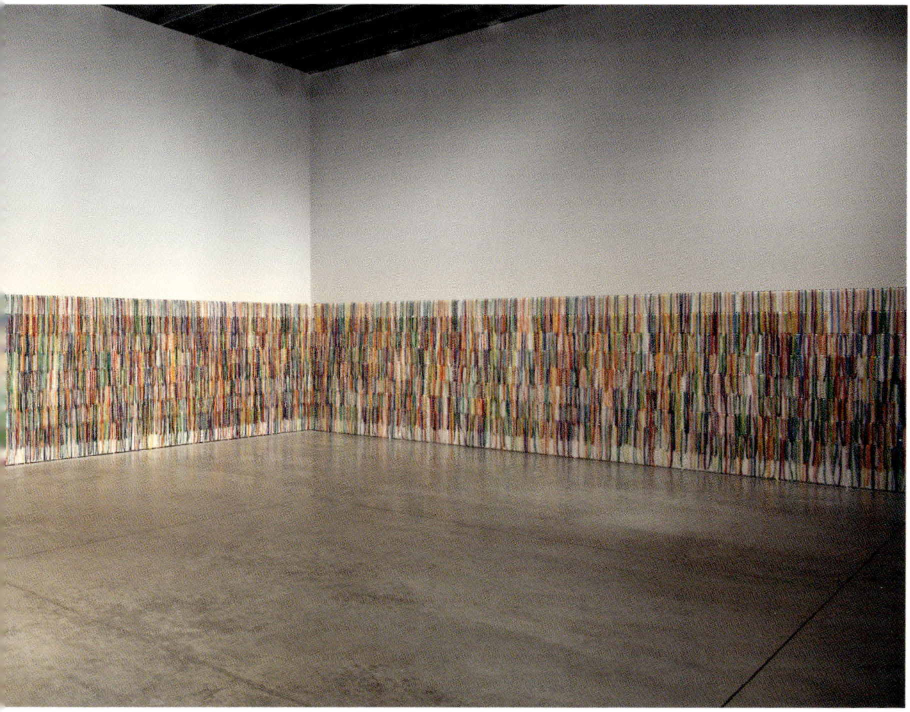

MITMACHEN

Mitwirkung ist ein wichtiger Aspekt des gesellschaftlich engagierten Arbeitens. Künstler laden Gemeinschaften ein, sich am Entwerfen und Schaffen von Kunst zu beteiligen. Aus der Zusammenarbeit erhoffen sie sich größere Relevanz und Sinnhaftigkeit für ihr Werk. Ein ähnlicher Gemeinschaftsgeist findet sich in Museen und Galerien. Wer braucht einen Kurator, wenn die Öffentlichkeit ihre Ausstellungen selbst entwickelt? Räumt man die einzelnen Egos und Spezialisierungen aus dem Weg, kann gemeinschaftliches Kuratieren das Gefühl von Authentizität erzeugen und reiches Wissen erschließen. Allerdings birgt es auch Risiken. Trotz des scheinbaren Gefühls von Offenheit und Inklusion behält der Künstler oder der Austragungsort die Urheberschaft und die finanzielle Kontrolle. Der organisierende Kurator arbeitet nur selten ehrenamtlich, doch die Teilnehmer tun dies häufig. In vielen Situationen bleibt die Frage der fairen Bezahlung unbeantwortet.

Es gibt viele Stufen der Beteiligung, von der leichtherzigen Einladung, in einer Galerie Ideen zu teilen, wie bei der brasilianischen Künstlerin Rivane Neuenschwander zu sehen, bis hin zu angemessen bezahlten Angeboten, ambitionierte Pläne für die Gemeinschaft zu schaffen, wie etwa von Theaster Gates in Chicago initiiert. Viele Kunstwerke entstehen als soziale Foren und Zentren: Orte, an denen man verweilen, forschen und sich einbringen kann. Der deutsche Künstler Thomas Hirschhorn hat zusammen mit Laien mehrere seinen Lieblingsphilosophen gewidmete provisorische »Monumente« erschaffen. Diese aus preiswerten Materialien erbauten und zeitlich begrenzten Konstruktionen bieten Räume, in denen die Gemeinschaft arbeiten, spielen, denken und schaffen kann. *Gramsci Monument* (2013) entstand in der Bronx, New York. Es bot eine Bibliothek, Zugang zu wichtigen Texten, einen Ort, an dem Kinder lernen konnten, eine Radiostation und Internetzugang. Während der Existenz des Werkes gab es regelmäßig Performances, Lesungen und Kunstkurse. Obwohl seine Monumente temporär sind, hofft er, dass sie zu dauerhaften Veränderungen führen.

Die Leute, die mit Santiago Sierra zusammenarbeiten, werden auch bezahlt. Der Spanier lädt schlecht bezahlte Arbeiter und marginalisierte Gruppen zur Teilnahme an gewöhnlichen, nutzlosen, oft erniedrigenden Aktionen ein, die das Wirken der kapitalistischen Gesellschaft widerspiegeln sollen. Einmal bezahlte er Arbeiter dafür, einen Betonblock um die Galerie herumzuschieben. Bei seinem berüchtigtsten Werk gab er vier drogenabhängigen Sexarbeitern das Geld für einen Schuss Heroin, wenn sie sich dafür eine 250 cm lange Linie über die Rücken tätowieren ließen. Diese Deals geben die schwierige Realität wieder, in der viele Menschen leben. Ihre Aktionen als Kunst zu bezeichnen, macht das Hinschauen unbequem.

Santiago Sierra
250CM LINE TATTOOED ON THE BACKS OF 6 PAID PEOPLE
Espacio Aglutinador, Havanna, Dzcember 1999,
1999
Cibachrome auf PE-Papier
150 x 216 cm
DZ BANK-Kunstsammlung am Städel Museum, Frankfurt

Für dieses Werk lud Sierra sechs schlecht bezahlte Arbeiter ein, sich gegen Bezahlung eine 250 cm lange Linie auf die Rücken tätowieren zu lassen. Um das Geld zu bekommen, willigten die Arbeiter ein. Sierra erklärt: »Das Tattoo ist nicht das Problem. Das Problem ist die Existenz gesellschaftlicher Zustände, die es mir erlaubten, dieses Werk zu erschaffen.«

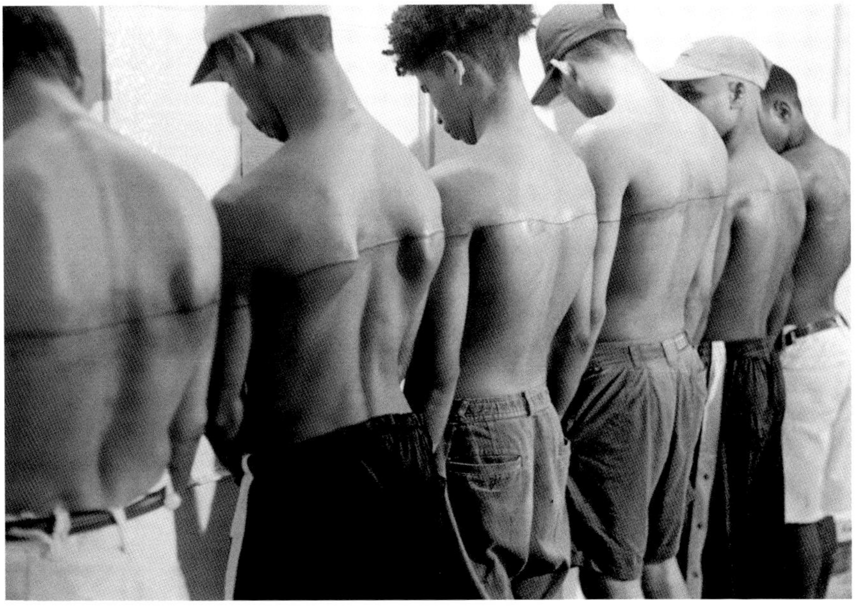

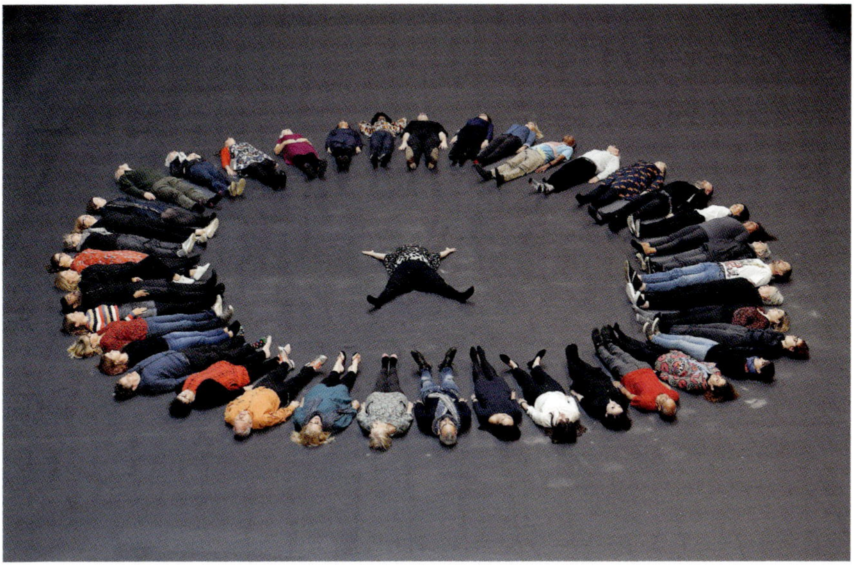

Tania Bruguera
10,142,926, 2019
Tate Modern, London

Bei dieser raffinierten künstlerischen Intervention lag das Publikum auf dem Boden der Turbinenhalle der Tate Modern in London. Mit ihrer Körperwärme aktivierten sie die wärmeempfindliche Oberfläche des Bodens und enthüllten ein Bild von Yussef, einem jungen Migranten, der von Syrien nach London geflohen war. Sein bewegendes Porträt konnte nur durch die gemeinsame Anstrengung vieler Menschen zutage treten.

ETWAS UNTERNEHMEN

Kunst bietet besondere Möglichkeiten, um auf aktuelle politische Fragen aufmerksam zu machen. Manche Künstler nutzten ihren internationalen Status, um Geschichten zu enthüllen, die sonst unbemerkt geblieben wären. Das verärgert natürlich Machthaber, die unbequeme Wahrheiten lieber verschleiern. Ai Weiwei ist das vielleicht berühmteste Beispiel eines Künstlers, der bereit ist, Autoritäten herauszufordern. Seine Werke greifen gesellschaftliche Probleme auf und er nutzt geschickt soziale Medien, um maximale Aufmerksamkeit zu erlangen. Als Kritik an der politischen Kontrolle in seinem Heimatland China führte 2011 zu seiner Festnahme, was einen weltweiten Aufschrei auslöste. Auch die kubanische Künstlerin Tania Bruguera wurde für ihren Aktivismus verhaftet. 2014 wurde ihre Performance *Tatlin's Whisper* auf dem Plaza de la Revolución in Havanna verboten. Bei dem Werk stellen sich Teilnehmer aus dem Publikum an ein Rednerpult und sprechen eine Minute lang über ein beliebiges Thema, bevor sie von zwei Schauspielern in Uniform abgeführt werden. Bruguera beschreibt ihre Kunst als *Arte Útil*, »nützliche Kunst«. Sie führt lang andauernde Projekte mit Publikumsbeteiligung durch, mit denen sie einen echten gesellschaftlichen Wandel und eine inklusivere Gesellschaft bewirken möchte. Ihre 2019 ausgeführte Arbeit für die Tate Modern beinhaltete subtile künstlerische Interventionen zum Thema Migration. Der Titel des Auftrags, *10,142,926*, spiegelte die Anzahl der Menschen wider, die im vorangegangenen Jahr in ein anderes Land migriert waren, plus

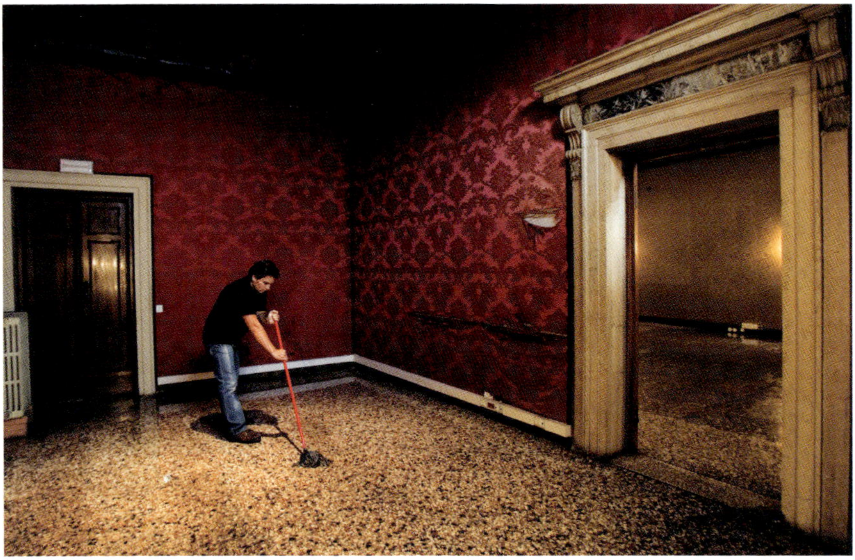

die Anzahl der Tode unter Migranten im Jahr 2019. Die Zahl im Titel erhöhte sich entsprechend der Anzahl der Tode. Zeitgenössische Künstler gehen mit dem Thema Verlust auf ergreifende und scharfe Weise um. Die kolumbianische Künstlerin Doris Salcedo integriert menschliche Haare, Kleidung und Möbel in ihre Werke als Symbol für die vielen Menschen, die bei politischen Konflikten »verschwunden« sind. Teresa Margolles verwertet schockierende Gegenstände, die in direktem Zusammenhang mit Drogenmorden in ihrer Heimat Mexiko stehen. 2009 vertrat sie Mexiko auf der 53. Biennale in Venedig. Bei ihrer Installation *Worüber könnten wir reden?* waren blutbefleckte Stoffe aufgehängt, die man an den Orten der Morde gefunden hatte. Jeden Tag stickte sie mit Goldfäden Drohungen auf die Stoffe, die die Täter hinterlassen hatten, wie etwa »DAMIT SIE RESPEKT LERNEN«. Die Eintrittskarte zum mexikanischen Pavillon sah aus wie eine Kreditkarte, mit dem Bild eines Drogenmordopfers auf der einen und der Aufschrift »Karte zum Schneiden von Kokain« auf der anderen Seite. Durch diese Geste hob Margolles die Mitschuld der Kunstwelt an dieser unerbittlichen und tragischen Situation hervor.

ACHTGEBEN

In der Kunstwelt wird viel über Umweltverträglichkeit und Sorge für den Planeten geredet. Doch trotz aller Regelungen, Aussagen und Arbeitsgruppen bleibt der Kreislauf aus Messen, Ausstellungen

Teresa Margolles
¿De qué otra cosa podríamos hablar? Limpieza (Worüber könnten wir reden? Saubermachen), 2009
Bei dieser Installation wischen drei Menschen den Boden des Ausstellungsraums. Mit dem dafür genutzten Wasser wurden zuvor Stoffe ausgespült, die diverse Flüssigkeiten und Rückstände von Tatorten in verschiedenen Städten im Norden Mexikos aufgenommen hatten.

Ein wichtiges Element dieser vielschichtigen Installation für die 53. Biennale in Venedig war das tägliche Wischen des mexikanischen Pavillons mit verdünntem Blut aus Wischlappen, mit denen Tatorte gereinigt worden waren. Diese Spuren waren unsichtbar, trugen aber zu der bedrückenden Atmosphäre bei.

und Biennalen ungebrochen. Diese sind auf einen unaufhaltsamen Nachschub an Materialien und das unablässige Reisen von Kunstwerken, Künstlern, Kuratoren, Assistenten, Technikern und Medienleuten und natürlich Besuchern angewiesen!

Viele Künstler beteiligen sich heute an Debatten und Aktionen, die sich mit dem Schutz der Umwelt befassen.

Sie möchten ihren Status nutzen, um Änderungen anzuregen und effizientere Lebens- und Arbeitsmöglichkeiten vorzuschlagen.

In zeitgenössischen Werken zeigt sich ein wachsendes Bewusstsein für Fürsorge und soziale Verantwortung, so auch bei Rashid Johnson und Otobong Nkanga. Johnson integriert Pflanzen in einige seiner Werke, um lebende Milieus zu schaffen, die von menschlichem Tun abhängen, um zu gedeihen. Gleichermaßen verbreitet ist der Wunsch, über künftige Möglichkeiten nachzudenken und Lösungen zu erarbeiten, die uns helfen könnten, uns an schwieriger werdende Umstände anzupassen. Die amerikanische Künstlerin Mary Mattingly denkt über die Fertigkeiten und Strukturen nach, die wir brauchen würden, um in einer Zukunft unablässiger umweltbedingter Migration zu überleben. Sie hat einfache noma-

Rashid Johnson
Antoine's Organ, 2016
Schwarzer Stahl, Pflanzenlichter, Pflanzen, Holz, Sheabutter, Bücher, Monitore, Teppiche, Klavier
4,80 x 8,60 x 3,20 m

Dieses umfangreiche Kunstwerk erzeugt ein wahres Ökosystem in der Galerie. Es kreiert eine Gemeinschaft aus Pflanzen, handgemachten Gefäßen und Objekten afrikanischen Ursprungs in einem minimalistischen Gitterrahmen aus schwarzem Stahl. Im Herzen des Werks steht ein Klavier, das dem Ganzen zudem eine akustische Komponente verleiht. Johnson betrachtet die Arbeit als lebendigen, denkenden Organismus, eine Art Gehirn.

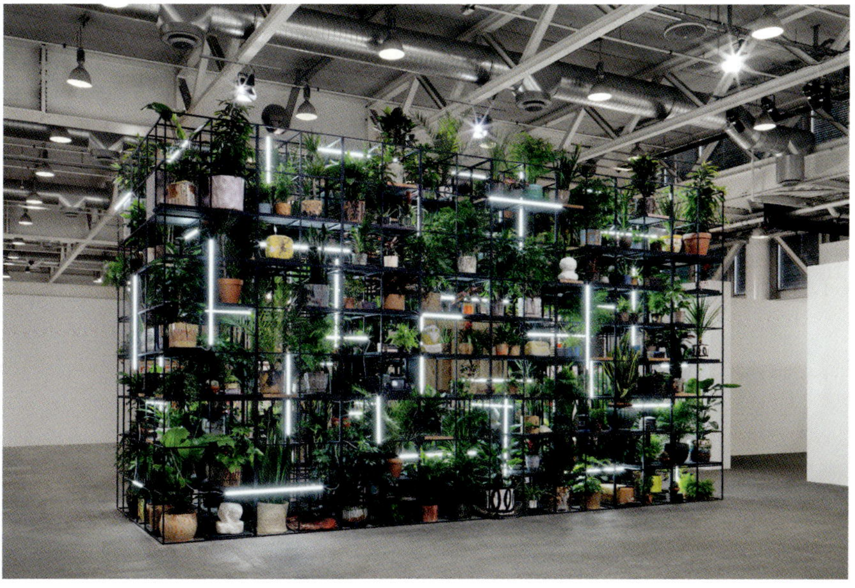

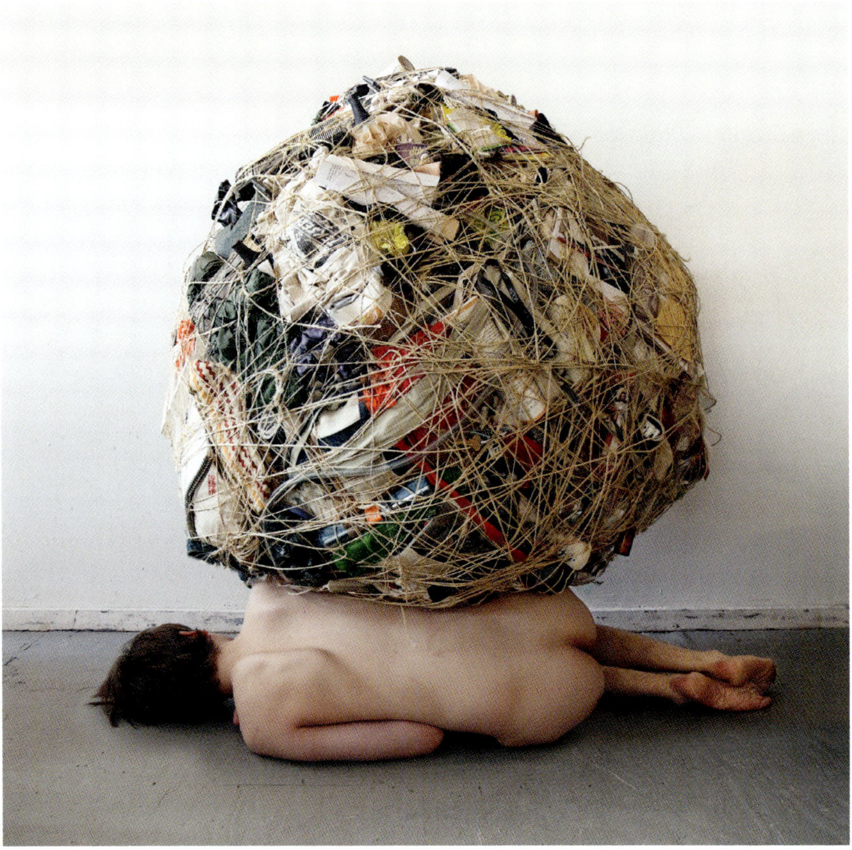

Mary Mattingly
Life of Objects, 2013
Chromogener
Farbkuppler-Abzug
76,2 x 76,2 cm

Mattingly hofft, dass die Zukunft vom Geist der Gemeinschaft und Kooperation bestimmt wird statt von der gegenwärtigen Gier nach materiellen Gütern. In diesem Werk droht ein Bündel aus Besitztümern eine einsame nackte Figur zu erdrücken. Die Arbeit erinnert an den griechischen Mythos von Sisyphos, der gezwungen war, bis in alle Ewigkeit einen Felsbrocken einen Hügel hinaufzuschieben.

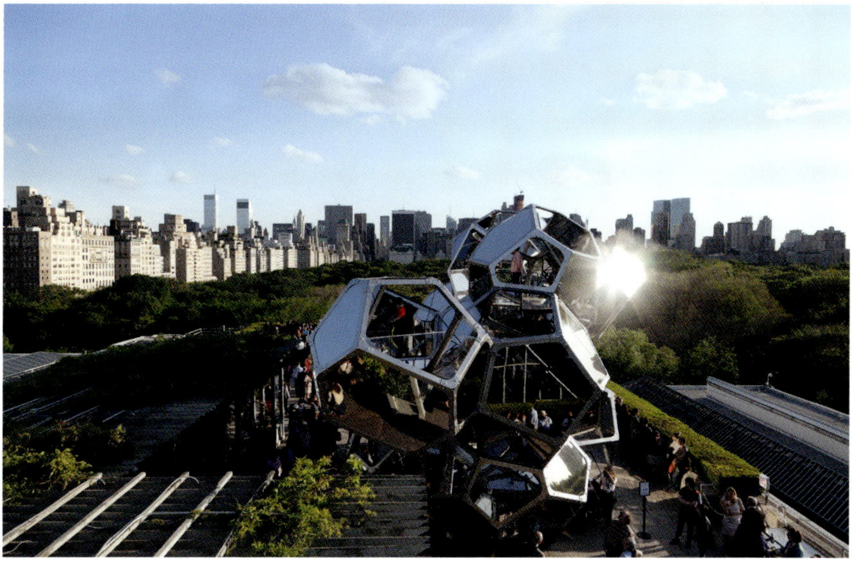

Tomás Saraceno
Cloud City, 2012
Installationsansicht
Metropolitan Museum
of Art, New York

Saraceno arbeitete mit Biologen, Ingenieuren und Raumfahrtarchitekten zusammen, um *Cloud City* zu erschaffen. Mithilfe einer Reihe von hochwertigen, nachhaltigen Materialien demonstriert diese visionäre Architektur die Möglichkeit des gemeinschaftlichen Lebens in den Lüften. Die luftige Konstruktion ragte 15 Meter auf und umfasste 16 miteinander verbundene zimmergroße Kapseln.

dische Wohnsitze erfunden, die für ein Floß oder sogar ein Fahrrad angepasst werden könnten. Außerdem hat sie ihre persönlichen Habseligkeiten zusammengetragen, zu riesigen Kugeln gebündelt und auf den Straßen von New York City herumgerollt. Diese Performances dienen als Probeläufe für eine gefährliche Zukunft und erinnern uns schroff an unsere warengetriebene Kultur.

Spekulative Vorstellungen liegen auch dem Werk des argentinischen Künstlers Tomás Saraceno zugrunde. Seine Lösung für die Umweltkatastrophe ist es, unsere Lebensräume hoch über die Erde zu verlegen. Der ausgebildete Architekt verbindet einfallsreiches Denken mit genialem technischem Verständnis. Seine Installation *Cloud City* wurde erstmals 2012 auf dem Dach des Metropolitan Museum of Art vorgestellt. Diese komplexe Konstruktion aus fünf- und sechseckigen Formen demonstriert eine neue Form des Lebens, oben in den Wolken. Was immer die Zukunft bereithält, kreatives Denken hilft beim Bewältigen der Herausforderungen.

DIREKTE BOTSCHAFTEN

Die Kunstwelt liebt gute Slogans. Drucken Sie Ihre Botschaft fett auf einen bunten Baumwollbeutel oder ein einfarbiges Unisex-T-Shirt, und Sie werden in Sekundenschnelle zum Aktivisten. Verbreiten Sie die Losung und ändern Sie die Welt.

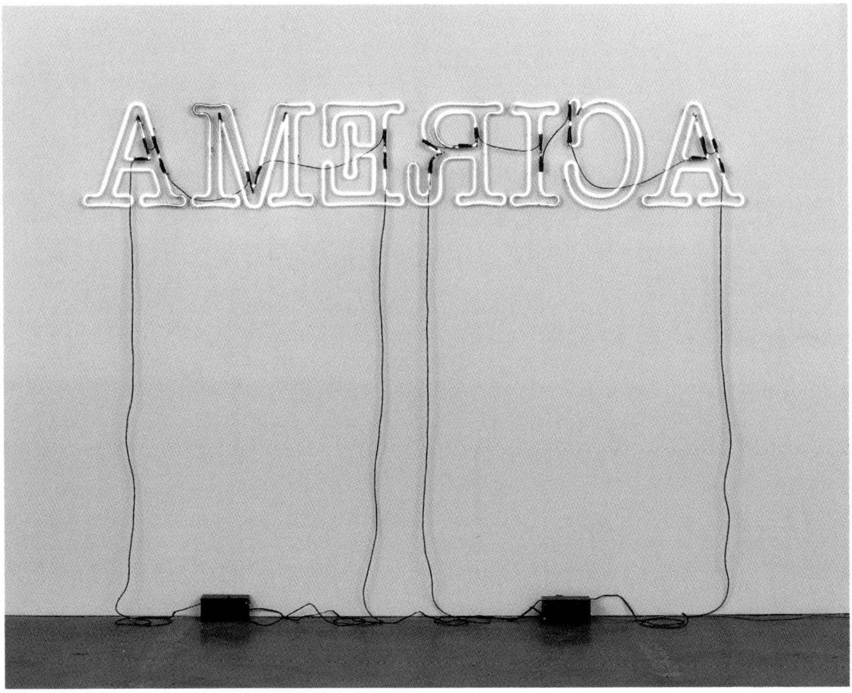

Glenn Lignon
Rückenfigur, 2009
Neon und Farbe,
Auflage von 3 und 2
Künstlerabzüge
61 x 368,3 x 10,2 cm
Institute of
Contemporary Art,
Boston

Rückenfigur bezieht sich auf einen bildlichen Ausdruck in der Malerei, bei dem wir eine Figur von hinten betrachten, die wiederum eine Szene vor sich überblickt. Ein berühmtes Beispiel ist Caspar David Friedrichs *Wanderer über dem Nebelmeer* (ca. 1818). In Lignons Werk nimmt der Betrachter ebenfalls die rückwärtige Position ein und kann so die Breite von »America« von einem ungewöhnlichen Standpunkt aus betrachten.

Künstler nutzen verschiedene Methoden zum Verbreiten wichtiger Botschaften, von Manifesten und Plakaten bis zum Einsatz von Licht und Neon.

Viele dieser Strategien gibt es schon recht lange. Anfang des 20. Jahrhunderts schufen die Künstler des Futurismus und Vortizismus provokante Manifeste, die in Großbuchstaben und mit auffälliger Typografie ihre Botschaften hinausbrüllten. Seit den 1980er-Jahren führen die feministischen Aktivistinnen der Guerrilla Girls viel beachtete Kampagnen durch, um für die intersektionelle Gleichheit in der Kunstwelt zu kämpfen.

Wörter und Texte stehen im Zentrum von Glenn Lignons Kunst. Mithilfe eines breiten Spektrums an Medien von Gemälden und Zeichnungen bis zu Neonbuchstaben untersucht er seine Erfahrungen als schwarzer, schwuler Mann in Amerika. Oft nutzt er den Kontrast zwischen Schwarz und Weiß, um mit den Vorstellungen von Verschiedenheit zu spielen. Auf den ersten Blick scheint *Rückenfigur* (2009) einfach nur ein Neonzeichen zu sein, das das Wort »America« schreibt. Ein genauerer Blick enthüllt jedoch, dass die Buchstaben umgekehrt wurden. Indem die Betrachter im Prinzip hinter den Buchstaben stehen, haben sie eine viel bessere Möglichkeit, »America« mit all seinen Komplexitäten und Widersprüchen zu betrachten und zu durchschauen.

Seit den 1970er-Jahren erkundet die einflussreiche amerikanische Künstlerin Jenny Holzer das machtvolle Potenzial des Schreibens. Ihr sehr öffentliches Werk erscheint auf Reklametafeln, Plakaten und hellen Neonzeichen. In einer neueren Arbeit namens *VIGIL* (2019) ließ Holzer persönliche Aussagen über die Auswirkungen von Waffengewalt auf große Gebäude in ganz New York City projizieren. Diese kaum zu übersehenden, ergreifenden Statements nahmen beeindruckende Ausmaße an und strahlten im Dunkeln. Durch die Positionierung ihres Werkes im Herzen der Stadt hoffte Holzer darauf, eine breite Diskussion und die Konfrontation mit einigen »hässlichen Wahrheiten« zu provozieren.

Künstler haben viele Strategien eingesetzt, damit ihre Werk eine Relevanz haben und ins gesellschaftliche Bewusstsein rücken. Wird dieser Aspekt irgendwann alle anderen Formen des Schaffens überstrahlen? Wird es für Künstler, die nicht nach Sinnhaftigkeit als direktem Prinzip suchen, keine staatliche Finanzierung mehr geben? Und was würde in diesem Fall verloren gehen? Es bleibt abzuwarten, ob Kunst die Welt grundlegend ändern kann, aber es ist ermutigend, sich die vielen gemeinschaftlichen und individuellen Anstrengungen zu vergegenwärtigen, die Dinge zu verbessern.

WICHTIGE IDEEN

- Künstler und Kuratoren haben partizipatorische Prozesse entwickelt, um die Relevanz ihrer Arbeit zu erhöhen.
- Manche Künstler engagieren sich als Aktivisten, um auf bestimmte gesellschaftliche und politische Probleme aufmerksam zu machen.
- Die Sorge um die Umwelt nimmt zu und Künstler nutzen zunehmend nachhaltige Ideen und Vorgehensweisen.
- Künstler setzen weiterhin auf die Macht des Wortes, um politische Botschaften deutlich und direkt zu vermitteln.

WICHTIGE KÜNSTLER

- Oreet Ashery | Barbara Kruger | Suzanne Lacey | Liu Xiaodong | Rick Lowe | David Medalla | Cildo Meireles | Yoko Ono | Pussy Riot | Sean Starowitz

WICHTIGE AKTIVITÄTEN

- Denken Sie an die Umwelt, wenn Sie Galerien besuchen, indem Sie Künstler und Veranstaltungsorte in Ihrer Gegend unterstützen.
- Prüfen Sie, welche Möglichkeiten zum Mitmachen es in Ihrer örtlichen Galerie gibt, und bringen Sie sich ein. Das kann eine gute Methode sein, neue Freundschaften mit anderen Kunstliebhabern zu knüpfen.

Jenny Holzer
VIGIL, 2019
Lichtprojektion,
Rockefeller Center,
New York

Bei dieser Installation wurden starke und emotionsgeladene Aussagen zur Waffengewalt nachts auf Gebäude in New York City projiziert. Die Texte stammten aus dem Buch und der Website *Bullets into Bells: Poets Respond to Gun Violence* sowie aus Geschichten der Everytown for Gun Safety-Website, *Moments that Survive*. Holzer verwendete außerdem Gedichte von Teenagern, die von Massenschießereien betroffen waren.

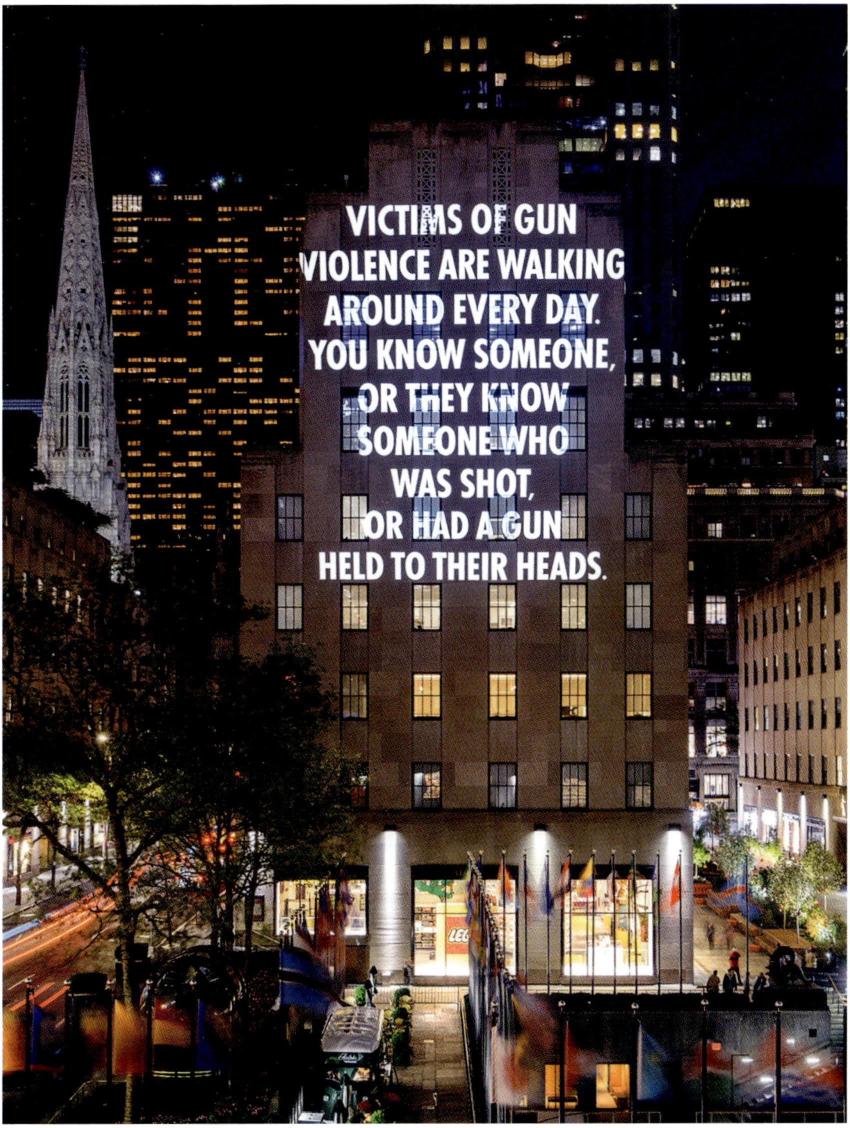
VICTIMS OF GUN
VIOLENCE ARE WALKING
AROUND EVERY DAY.
YOU KNOW SOMEONE,
OR THEY KNOW
SOMEONE WHO
WAS SHOT,
OR HAD A GUN
HELD TO THEIR HEADS.

AI WEIWEI
*1957, PEKING, CHINA

Lebt und arbeitet an verschiedenen Orten, darunter Peking (China), Berlin (Deutschland), Cambridge (Großbritannien) und Lissabon (Portugal)

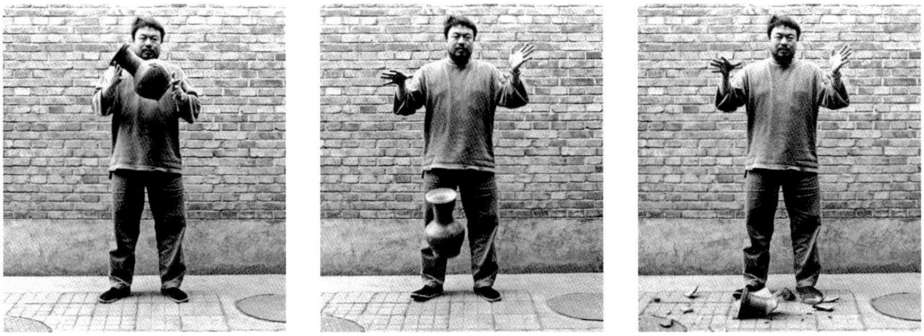

Ai Weiwei
Dropping a Han Dynasty Urn, 1995
Lambda-Abzug
Jeder Abzug 180 x 162 cm

In den 1990er-Jahren erwarb Ai eine Gruppe historischer Vasen mit der Absicht, einige neue Werke zu erschaffen. Dieses Werk hält fest, wie der Künstler eine echte, 2000 Jahre alte Vase aus der Han-Dynastie fallen lässt. Die Kamera erfasste die Aktion beim ersten Versuch nicht richtig und so war eine zweite Vase nötig, um die Sequenz perfekt aufzunehmen.

Ai Weiwei hat sich noch nie vor schwierigen Themen gedrückt. Seine Kunst und sein Aktivismus reagieren auf reale Ereignisse und Ungerechtigkeiten. »Als Künstler muss ich die Kämpfe und Sorgen der Menschen verstehen ... ich trenne diese Tatsachen niemals von meiner Kunst.« Ais Werk hat verschiedene Formen, darunter Skulpturen, Installationen, Film und Fotografie. Er unternimmt außerdem Nachforschungen und Recherchen und veröffentlicht seine Erkenntnisse und Kritiken auf Blogs und in den sozialen Medien. Sein direktes und rebellisches Vorgehen, verbunden mit seinem Wunsch, Korruption und die Verletzung von Menschenrechten aufzudecken, ließ ihn mehrfach mit den chinesischen Behörden in Konflikt geraten. 2011 wurde Ai wegen angeblicher Wirtschaftskriminalität für 81 Tage festgehalten.

Ai Weiweis Kunst ist im Geiste kollaborativ. In *Remembering*, einer bewegenden Installation von 2019, präsentierte er 9.000 Schulrucksäcke vor dem Münchner Haus der Kunst, mit denen dargestellt werden sollte, wie viele Kinder ungefähr beim Erdbeben von Sichuan am 12. Mai 2008 umgekommen waren. Die Behörden hatten die wahre Anzahl der Opfer heruntergespielt, um die weitreichende Missachtung von Bauvorschriften bei Schulen zu verschleiern.

2010 präsentierte Ai in der Turbinenhalle der Tate Modern in London *Sunflower Seeds* (2010). Das Werk bestand aus 100 Millionen Samen aus Porzellan, die von Kunsthandwerkern in Jingdezhen, China, handbemalt worden waren.

Ai Weiwei
Colored Vases, 2007
Neolithische Vasen und Industriefarben
Verschiedene Maße

Das Eintauchen neolithischer Vasen aus der Zeit von 5000 bis 3000 v. Chr. in große Farbfässer könnte als destruktiv betrachtet werden, doch in Ais Händen entspinnt sich aus dieser Geste ein Netz aus Ideen: Geschichte und Moderne, Originalität und kulturelle Werte. Ai nimmt eine typisch offene Position ein. Er macht Vorschläge, bleibt aber offen für Schlussfolgerungen.

WICHTIGE FAKTEN

- Ai Weiwei arbeitete für die Schweizer Architekten Herzog & de Meuron als künstlerischer Berater für deren Planungen des Pekinger Nationalstadions für die Olympischen Sommerspiele 2008.
- 2012 erschien die Dokumentation *Ai Weiwei: Never Sorry*. Der Film der amerikanischen Filmemacherin Alison Klayman gewann beim Sundance Festival in Utah, USA, 2012 einen Sonderpreis.

WICHTIGE WERKE

- *Han Jar Overpainted with Coca-Cola Logo*, 1995, The Metropolitan Museum, New York, USA
- *Remembering*, 2009, Installation am Haus der Kunst, München, Deutschland

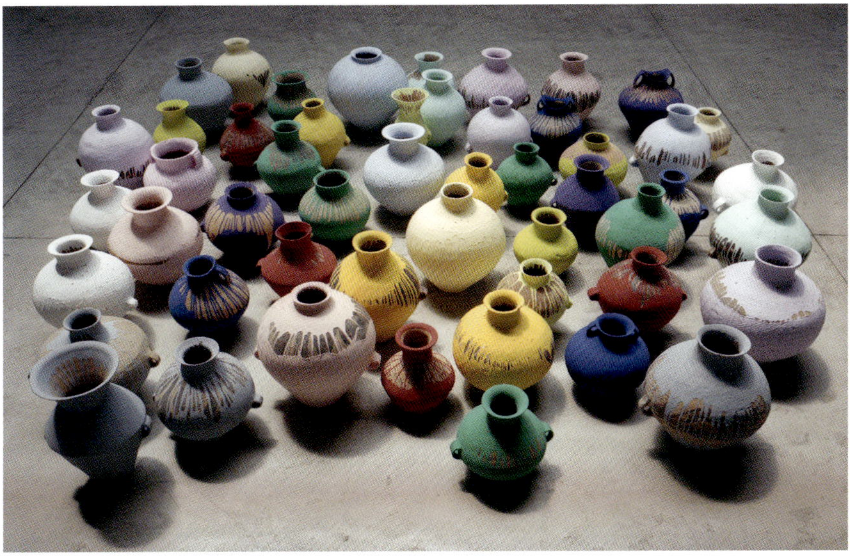

THEASTER GATES
*1973, CHICAGO, USA

Lebt und arbeitet in Chicago, USA

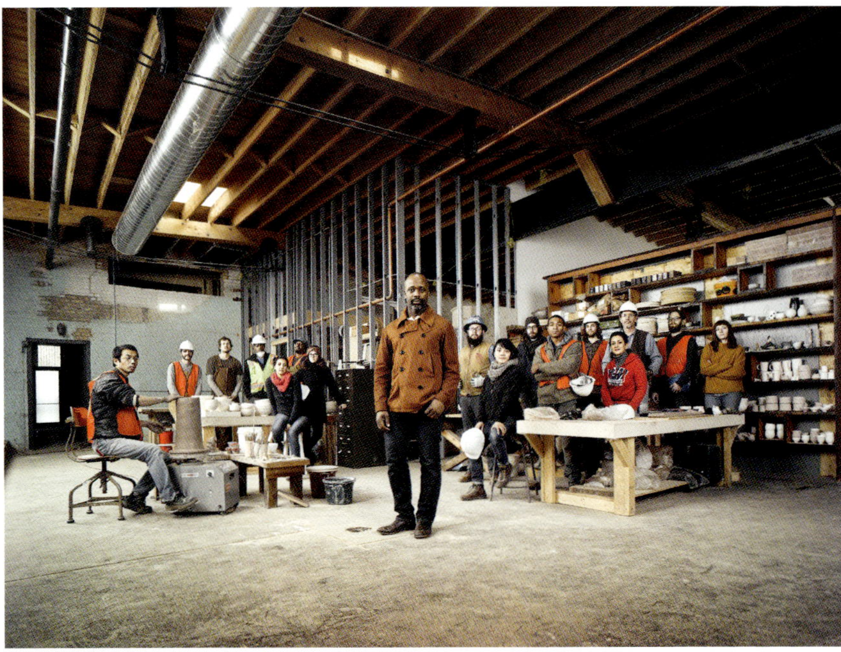

Nach dem Erwerb von Abschlüssen in Religionswissenschaften, Kunst und Stadtplanung begann Theaster Gates seine künstlerische Karriere als Keramiker: »Ich denke, dass das Studieren von Ton mir geholfen hat zu verstehen, dass hässliche Dinge, schlammige Dinge oder Dinge, die ungeformt sind, nur auf die richtigen Hände warten.« Gates arbeitet immer noch mit Keramik, widmet sich aber auch ambitionierten und transformativen sozialen Projekten. Beide Aspekte seiner Arbeit setzen sich mit Politik, dem Themenkomplex Herkunft und Hautfarbe sowie dem kulturellen Erbe auseinander. Gates reflektiert über seine Rolle als Künstler: »Ich hadere immer noch mit der Beziehung zwischen der symbolischen Arbeit, die an der Wand endet, und der pragmatischen Arbeit, die irgendwie Leben ändert oder neue Bildungsmöglichkeiten oder neue Beschäftigungswege schafft.«

Gates hat in seiner Heimatstadt wichtige Spuren hinterlassen. An der South Side von Chicago, wo die Verbrechensrate hoch ist und Investitionen rar sind, kaufte er verlassene Grundstücke und stellte Menschen aus dieser Gegend ein, um die leeren Gebäude in Treffpunkte für die Gemeinde zu verwandeln. Gates verkauft Kunstwerke aus ausrangierten Materialien, die sich auf den Grundstücken befinden, um jeweils das nächste Vorhaben zu finanzieren. Auf diese Weise entsteht ein nachhaltiger Kreislauf aus Umnutzung und Neuinvestition. *Archive House* enthält 14.000 Bücher, die aus einem geschlossenen Buchladen gerettet wurden. Diese lokale Bibliothek mit ihrer eigenen Soul Food Kitchen ist ein Ort, an dem die Menschen aus dieser Gegend lesen, sich treffen, reden und essen können. Ein anderes Objekt, *Listening Room*, enthält etwa 8.000 Schallplatten aus einem geschlossenen Plattenladen. Gates' Innenräume weisen eine handgemachte Ästhetik auf und sind praktisch ausgestaltet. Vorhandene Materialien werden in einfache, elegante und nützliche Objekte verwandelt. Gates kümmert sich auch darum, Lebensumstände zu verbessern. Er hat ein Public-Housing-Projekt entwickelt, das Unterbringungsmöglichkeiten für Familien mit geringem Einkommen sowie aufstrebende Künstler bietet.

Theaster Gates
Dorchester Projects, Chicago, 2012

Der Titel bezieht sich auf die South Dorchester Avenue, den Ort an der South Side von Chicago, an dem Gates sein erstes Grundstück zur Renovierung gekauft hat. Oft baut Gates ein Archiv in seine Pläne ein. Diese Bibliotheken und Sammlungen, die im Laufe der Zeit erweitert werden können, würdigen schwarze kulturelle Formen und investieren in sie, und bieten somit einen wichtigen Bezugspunkt für die Gemeinschaft.

WICHTIGE FAKTEN

- Theaster Gates ist Professor im Department of Visual Arts an der University of Chicago.
- 2022 entwarf Gates den Serpentine Pavilion für die Außenanlagen der Serpentine Gallery, London. Unterstützt von Adjaye Associates, schuf Gates *Black Chapel*, die inspiriert ist von der Architektur christlicher Kapellen sowie von Brennöfen.

WICHTIGE WERKE

- *Civil Tapestry 4*, 2011, Tate, London, Großbritannien
- *Raising Goliath*, 2012, White Cube, London

GUERRILLA GIRLS
GEGRÜNDET 1985, NEW YORK CITY, USA

Weltweit aktiv

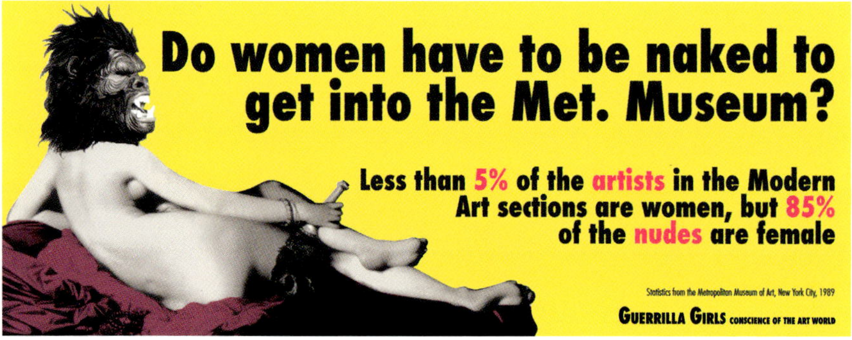

Die Guerrilla Girls sind eine anonyme Gruppe von Künstlerinnen/Aktivistinnen, die für Gleichheit in Bezug auf Geschlecht sowie Herkunft und Hautfarbe kämpfen. Sie beschreiben sich selbst als »feministische maskierte Rächerinnen in der Tradition anonymer Weltverbesserer wie Robin Hood, Wonder Woman und Batman«. Mit Gorillamasken und unter den Pseudonymen berühmter Künstlerinnen setzen diese Untergrundkämpferinnen auf Witz, Humor und harte Fakten, um Veränderungen herbeizuführen. Oft nutzen sie Demütigung als Taktik, um Galerien und andere Kulturstätten zu beschämen und so zum Handeln zu bewegen.

Die Guerrilla Girls traten erstmals 1984 als direkte Reaktion auf eine große Ausstellung am Museum of Modern Art in New York in Erscheinung, die den Titel »An International Survey of Recent Painting & Sculpture« trug. Unter den 169 vorgestellten Künstlern waren nur dreizehn Frauen, die zudem keinerlei ethnische Diversität widerspiegelten. Vor der Galerie kam es zu Protesten. Die Gruppe erkannte allerdings schnell, dass sie ihre Aktivitäten breiter fächern musste, um eine jüngere Generation zu mobilisieren. Sie begann, Plakate über Manhattan zu verteilen, um gegen die diskriminierenden Praktiken der New Yorker Kunstszene zu protestieren. Nach und nach erweiterte sie die Kampagnen und widmete sich globalen Problemen. Dazu entwickelte sie auffällige Poster, Werbetafeln und Aufkleber, auf denen Fakten verbreitet wurden, die nur schwer zu widerlegen waren. Die vielleicht berühmteste Posterkampagne von 1989 war ihre Nacktheits- oder »Pimmel«-Zählung in den ausgestellten Sammlungen des Metropolitan Museum of Art, New York, die ein schockierendes Ungleichgewicht zutage brachte.

Inzwischen arbeiten die Guerrilla Girls immer mehr direkt mit Galerien und Kunstinstitutionen zusammen, um Ausstellungen zu präsentieren und künstlerische Interventionen zu inszenieren. In ihren mehr als vierzig Jahren des Aktivismus haben die Guerrilla Girls einen bedeutenden Beitrag zu den öffentlichen Debatten hinsichtlich der kulturellen Vielfalt und Inklusion geleistet und viele Verbesserungen bei der Programmgestaltung von Ausstellungen und der Entwicklung von Sammlungen ausgelöst.

Guerrilla Girls
Do women have to be naked to get into the Met. Museum?, 1989
Offset-Druck auf Papier
28 x 71 cm

Die Guerrilla Girls kombinieren harte Fakten mit starken typografischen Designs zu eindrucksvollen Plakaten und Drucken. Diese berühmte Kampagne nutzte eine Reproduktion von *La Grande Odalisque* (1814) von Jean Auguste Dominique Ingres. Der Kopf dieser liegenden Frauenfigur wurde durch eine Gorillamaske ersetzt, um das Stereotyp der weiblichen Schönheit herauszufordern und den männlichen Blick abzulenken.

WICHTIGE FAKTEN

- 2005 führten die Guerrilla Girls eine Plakatkampagne auf der 51. Biennale in Venedig durch. Sie trug den Titel *Welcome to the Feminist Biennale* und enthielt eine Analyse der Diversität in der Geschichte der Biennale sowie in den Kunstsammlungen der Stadt.
- 2020 veröffentlichten die Guerrilla Girls das Buch *Guerrilla Girls: The Art of Behaving Badly*, das 35 Jahre des Aktivismus dokumentiert.

WICHTIGE WERKE

- *When Racism & Sexism are No Longer Fashionable, What Will Your Art Collection Be Worth?*, 1989, National Gallery of Art, Washington, D.C., USA
- *Dear Art Collector Billionaire*, 2015, Pennsylvania Academy of the Fine Arts, Pennsylvania, USA

OTOBONG NKANGA
*1974, KANO, NIGERIA

Lebt und arbeitet in Antwerpen, Belgien

Otobong Nkanga interessiert sich schon seit ihrer Kindheit für Kunst und Umweltfragen. Als Kind sammelte sie in Lagos, Nigeria, Mineralien und malte mit glitzernden Brocken aus Glimmererde auf den Gehsteigen. Als Teenager zog Nkanga mit ihrer Familie nach Paris und studierte dann Kunst an verschiedenen Einrichtungen in Nigeria und Europa. Sie entwickelte eine beträchtliche künstlerische Tätigkeit, in der sie die komplexe Beziehung zwischen Mensch und Natur erkundet. Ihr Werk drückt einen alles umspannenden Wunsch aus, die Umwelt zu schützen und den verantwortungsbewussten Umgang mit ihren wertvollen Ressourcen zu fördern.

Nkanga möchte, dass ihre Kunst Verbindungen schafft, statt Grenzen zu ziehen. Sie nutzt eine Vielzahl von Materialien und Techniken, von Skulpturen und Wandteppichen bis Performance, Fotografie und Video. Installationen bieten eine gute Möglichkeit, Verknüpfungen zwischen den Medien herzustellen. Nkangas poetische Sammlungen verschmelzen Körper, Terrains und natürliche Ressourcen und verweisen auf komplexe geopolitische Probleme, wie den globalen Handel mit Rohstoffen und die unumkehrbaren Umweltschäden durch rücksichtslosen Abbau.

Ihre Inspiration zieht Nkanga aus der Idee der »materiellen Emotionalität«, die davon ausgeht, dass jede Materie Erinnerungen und Gefühle haben kann. Sie versucht, ihren Materialien die Kraft zu geben, die Auswirkungen von brutaler Umweltausbeutung zu vermitteln. Ebenso offenbar in Nkangas Werk ist der Wunsch, zwischen kleinen und großen, lokalen und globalen Fragen zu changieren. Für Nkanga ist alles verbunden und jeder ist gefragt.

Otobong Nkanga
Revelations, 2020
Gewebter Stoff mit Fotografie
(Garne: Baumwolle, Viskose, Leinen, Arnika, Techon, Elirex, Polyester, Sidero; 18 fotografische Bilder auf Forex)
Auflage aus 5 plus 1 Künstlerabzug
240 x 180 cm

Beeinflusst von Kunsthandwerkern in Westafrika und Belgien, hat Nkanga zahllose Wandteppiche geschaffen, in denen sie ihre größten Sorgen mit wiederkehrenden visuellen Motiven verwebt. Oft tauchen in Nkangas Werk kopflose Figuren auf. In dieser Arbeit steht eine einsame Person in einer vernarbten mineralischen Landschaft. Eine Molekularstruktur verdeckt den Kopf und die Schultern, globale Implikationen werden durch die fotografischen Bilder angedeutet.

WICHTIGE FAKTEN

- 2015 gewann Nkanga den angesehenen Yanghyun Prize, der das Werk und die Leistung aktiver Künstler unterstützen und feiern soll.
- Nkanga war 2019 Artist-in-Residence am Gropius-Bau in Berlin. Ergebnis des Aufenthalts war die große Soloausstellung »There's No Such Thing as Solid Ground«.

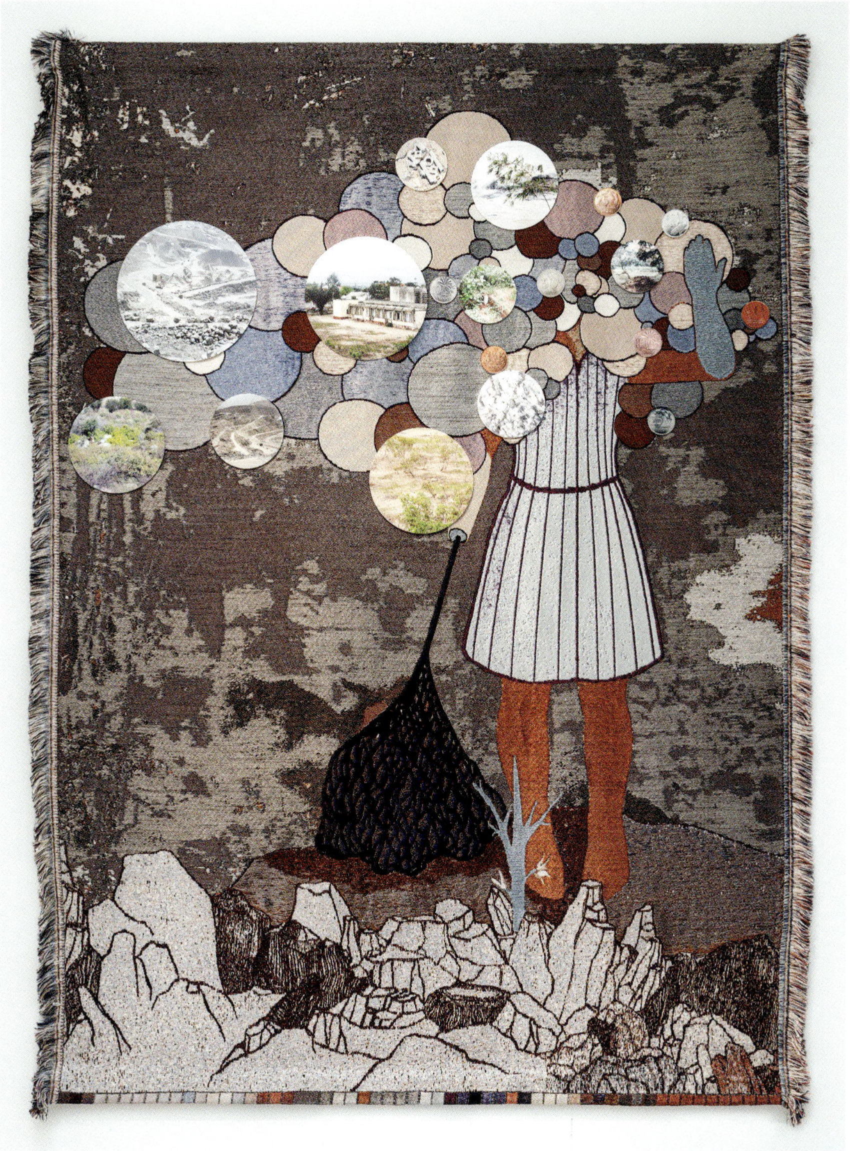

WICHTIGE WERKE

- *In Pursuit of Bling: Coalition*, 2014, Lumen Travo Gallery, Amsterdam, Niederlande
- *The Weight of Scars*, 2015, Lumen Travo Gallery, Amsterdam, Niederlande

DORIS SALCEDO
*1958, BOGOTÁ, KOLUMBIEN

Lebt und arbeitet in Bogotá, Kolumbien

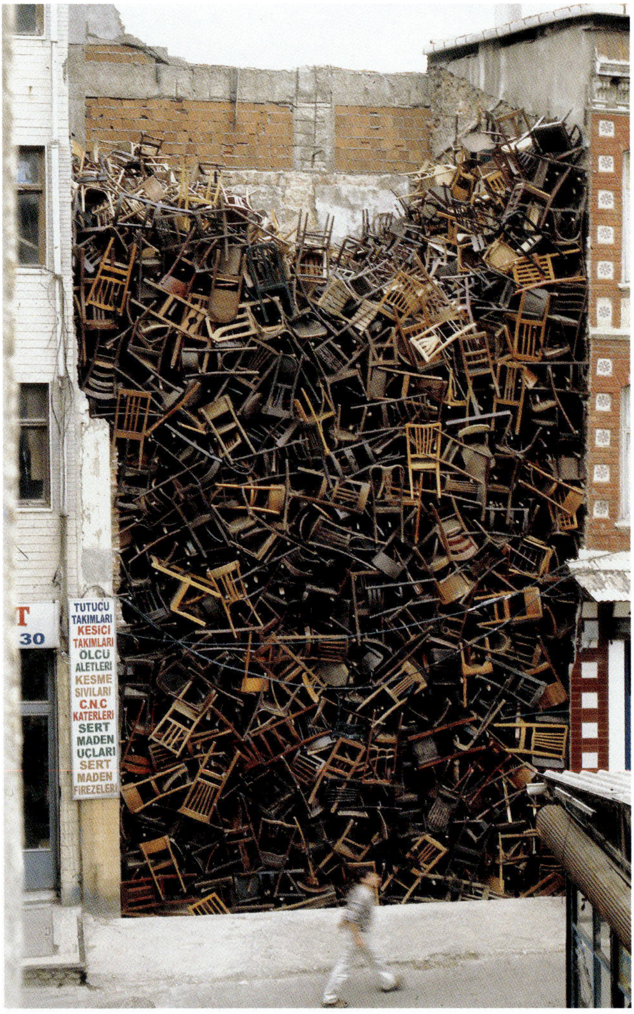

Doris Salcedo
Ohne Titel, 2003
1.550 Holzstühle,
10 x 6,10 x 6,10 m
Ortsspezifische Installation,
8. Internationale Biennale von Istanbul, Istanbul, 2003

Diese machtvolle Installation erinnert an die schrecklichen Haufen persönlicher Gegenstände, die den Opfern von Auschwitz weggenommen wurden. Sie verweist außerdem auf viele andere Ungerechtigkeiten und Konflikte, wie Salcedo erklärte: »Ich werde an Massengräber erinnert. An anonyme Opfer. Ich denke sowohl an Chaos als auch an Abwesenheit, zwei Auswirkungen der Kriegsgewalt.«

Doris Salcedo erzählt mithilfe von Fundstücken wie Stühlen, Hemden und Menschenhaar eindrückliche Geschichten von Gewalt, Trauma und Abwesenheit. Oft füllt sie häusliche Objekte wie Regale und Schränke mit Beton, um menschliche Spuren zu bewahren und Akte von Brutalität und Vereinnahmung anzudeuten. Ihr Hintergrund ist die instabile gesellschaftliche und politische Situation in ihrem Heimatland Kolumbien, in dem »Verschwinden« eine oft vom Militär eingesetzte Strategie ist. Nachdem sie das »Verschwinden« von Mitgliedern ihrer eigenen Familie erlebt hat, nutzt Salcedo ihr unmittelbares Wissen dieses speziellen Kontexts, um universelle Erfahrungen von Unterdrückung und Verlust zu reflektieren: »Was ich versuche, aus diesen Stücken herauszuholen, ist das Element, das in uns allen sitzt.«

Mit der Zeit erweiterte Salcedo ihr Vorgehen auf die Erkundung des Potenzials ortsspezifischer Installationen. Eine Einladung zur 8. Internationalen Biennale von Istanbul 2003 veranlasste sie, einen unauffälligen Platz zwischen zwei Gebäuden im Zentrum der Stadt zu untersuchen. Sie füllte die Leere mit 1.550 Holzstühlen. Zufällig übereinandergestapelt, ragten diese gebrauchten Sitzgelegenheiten fast drei Stockwerke auf. Diese instabile Konstruktion ließ sich unmöglich ignorieren. Sie diente als machtvolles Denkmal für Abwesenheit und Verlust und befriedigte Salcedos Wunsch, »eine Topografie des Krieges zu erschaffen, eine die in den Alltag eingebettet, wirklich *eingraviert* war«. 2007 schuf sie für die riesige Turbinenhalle der Tate Modern *Shibboleth*. Anstatt einen leeren Raum zu füllen, öffnete Salcedo dieses Mal eine tiefe Kluft im Boden. Dieser mehr als 167 Meter lange Riss schuf eine tatsächliche Trennung zwischen den Besuchern der Galerie und forderte diese auf, über »die Erfahrung von Immigranten, die Erfahrung der Rassentrennung, die Erfahrung des Rassenhasses« nachzudenken.

WICHTIGE FAKTEN

- 2016 gewann Doris Salcedo den ersten Nasher Prize für Bildhauerei des Nasher Sculpture Center.
- Salcedos Arbeiten finden sich in Sammlungen auf der ganzen Welt, darunter dem Museum of Modern Art, New York, und der National Gallery of Canada, Ottawa.

WICHTIGE WERKE

- *Shibboleth*, aus der Unilever Series, 2007–8, Installation, Tate Modern, London, Großbritannien
- *A Flor de Piel*, 2013, Harvard Art Museums, Cambridge, Massachusetts, USA

1980

1990

2000

1980: Larry Gagosian eröffnet die Gagosian Gallery in Los Angeles.

1984: In Havanna, Kuba, wird die Biennale von Havanna gegründet.

Die Guerrilla Girls führen ihren ersten Protest durch als Reaktion auf die Ausstellung »An International Survey of Recent Painting & Sculpture« am Museum of Modern Art, New York.

1986: Der Künstler Joseph Beuys stirbt im Alter von 64 Jahren.

1987: Gegründet und herausgegeben von Rasheed Araeen, berichtet das Kunstjournal *Third Text* von nun an über globale Entwicklungen in der zeitgenössischen Kunst.

1988: Eine große Retrospektive von Robert Mapplethorpes Fotografien am Institute of Contemporary Arts, Philadelphia, entzündet eine erbitterte Debatte rund um Obszönitätsgesetze und die Verwendung öffentlicher Mittel für die Kunst.

Jean-Michel Basquiat stirbt mit 27 Jahren an einer Überdosis Heroin.

1989: In der Londoner Hayward Gallery findet die Ausstellung »The Other Story« statt. Die von Rasheed Araeen kuratierte Ausstellung präsentiert die Werke »asiatischer, afrikanischer und karibischer Künstler im Großbritannien der Nachkriegszeit«.

Die Ausstellung »Magiciens de la Terre« startet am Centre Georges Pompidou in Paris. Kuratiert von Jean-Hubert Martin, zeigt die Show ethnografische Einflüsse auf die zeitgenössische Kunst.

1991: *Frieze*, »ein führendes Magazin für Kunst und Kultur«, wird erstmals veröffentlicht.

Charles Saatchi beauftragt Damien Hirsts Werk *The Physical Impossibility of Death in the Mind of Someone Living*. Es besteht aus einem toten Hai in einem mit Formaldehyd gefüllten Glaskasten.

1992: In Zürich gründen Iwan Wirth, Manuela Wirth und Ursula Hauser die Galerie Hauser & Wirth.

Zum ersten Mal sind afrikanische Künstler auf der »documenta« in Kassel vertreten.

1993: Jay Jopling startet White Cube, eine privat geführte Galerie in London.

Rachel Whiteread gewinnt für *House* (1993), einen Abdruck eines Londoner Reihenhauses, als erste Frau den Turner Prize.

In Sharjah, Vereinigte Arabische Emirate, wird die Sharjah Biennale gegründet.

1995: Das Museum of Contemporary Art Tokio wird eröffnet.

1996: Die Shanghai Biennale startet; es ist die erste internationale Biennale in China.

1997: Die große Wanderausstellung »Cities on the Move« startet in der Wiener Secession in Österreich. Diese ambitionierte, von Hans Ulrich Obrist und Hou Hanru kuratierte Ausstellung zeigt die Wirkungen der Urbanisierung auf die ostasiatische Kultur und ist bis 1999 weltweit unterwegs.

Das Guggenheim Museum Bilbao, Frank Gehrys futuristisches Meisterwerk, wird eröffnet.

1999: In London wird das Fourth-Plinth-Projekt gestartet, das es ausgewählten Künstlern erlaubt, ein Werk auf dem vierten, leeren Sockel des Trafalgar Square zu präsentieren.

2000: Die Tate Modern in London wird eröffnet und zieht im ersten Jahr bereits 5.250.000 Besucher an.

2001: Takashi Murakami gründet seine Produktionsfirma Kaikai Kiki Co. Ltd.

Martin Creed gewinnt mit *Work No. 227 lights going on and off* (2000) den Turner Prize.

2002: Okwui Enwezor wird zum Kurator und Direktor der »documenta 11« ernannt.

Die Félix González-Torres Foundation wird eingerichtet, um »unter der allgemeinen Öffentlichkeit, Wissenschaftlern und Kunsthistorikern die Wertschätzung für das Werk von Félix González-Torres« zu fördern.

In Florida, USA, findet im Zuge des Erfolgs der originalen Art Basel, die 1970 begründet worden war, zum ersten Mal die Art Basel Miami Beach statt.

In Paris eröffnet das Museum für zeitgenössische Kunst Palais de Tokyo.

2003: In London wird die erste Frieze Art Fair ausgerichtet.

Olafur Eliassons große Installation *The Weather Project* (2003) füllt die riesige Turbinenhalle in London mit einer gigantischen Sonne.

2005: Das Museum of Contemporary Art Shanghai eröffnet.

2006: Im Millennium Park, Chicago, wird Anish Kapoors spiegelblanke Edelstahlskulptur *Cloud Gate* (2006) enthüllt.

2007: Die große Wanderausstellung »Wack: Art and the Feminist Revolution« eröffnet im Museum of Contemporary Art, Los Angeles.

2010: Louise Bourgeois stirbt im Alter von 98 Jahren.

Die Social-Media-Plattform Instagram startet und bietet ein machtvolles neues Marketingwerkzeug für Künstler, Museen und Händler.

2011: Ai Weiwei wird wegen angeblicher Wirtschaftskriminalität für 81 Tage festgesetzt, was internationale Kritik hervorruft.

Im britischen Wakefield eröffnet das Hepworth Wakefield. Dieses von David Chipperfield entworfene Museum ist nach der Bildhauerin Barbara Hepworth benannt, die in der Stadt geboren und aufgewachsen ist.

2012: Zwei Mitglieder des russischen feministischen Kollektivs Pussy Riot werden nach der Veröffentlichung ihres Musikvideos *Punk Prayer – Mother of God, Chase Putin Away!* für zwei Jahre eingesperrt.

2013: Okwui Enwezor wird zum Kurator der Biennale von Venedig 2015 ernannt; er ist der erste in Afrika geborene Kurator in der Geschichte der Biennale.

Die Retrospektive »Yayoi Kusama: Infinite Obsession« wird am MALBA, Buenos Aires, eröffnet, bevor sie durch Süd- und Mittelamerika tourt. Die Ausstellung lockt mehr als zwei Millionen Besucher an.

Die erste Ausgabe der Art Basel Hong Kong findet statt.

2014: Georgia O'Keeffes Gemälde *Jimson Weed / White Flower No. 1* (1936) wird für 44,4 Millionen Dollar verkauft und bricht damit den Rekord für das am teuersten verkaufte Kunstwerk einer Frau.

2015: Der erste Nasher Prize für Bildhauerei geht an Doris Salcedo.

Der Schweizer Kurator Hans Ulrich Obrist veröffentlicht das Buch *Ways of Curating* (auf Deutsch erschienen als *Kuratieren!*).

2017: In Lagos, Nigeria, wird die Lagos Biennial for Contemporary Art gegründet.

Lubaina Himid ist die erste schwarze Frau, die den Turner Prize gewinnt. Sie ist außerdem die älteste Preisträgerin.

In einem früheren Kornsilo in Kapstadt eröffnet das Zeitz Museum of Contemporary Art Africa. Es wird das weltgrößte Museum, das zeitgenössischer Kunst aus Afrika gewidmet ist.

In den sozialen Medien entsteht die #MeToo-Bewegung gegen sexuelle Belästigung und Missbrauch.

2018: In Marrakesch, Marokko, eröffnet das Museum of African Contemporary Art Al Maaden.

Banksys Bild *Girl with Balloon* wird durch die Reißzähne eines Schredders gezogen, nachdem bei der Versteigerung im Auktionshaus Sotheby's, London, der Hammer gefallen ist.

2019: Eine Fassung von Jeff Koons' *Rabbit* (1986) wird für 91,1 Millionen Dollar verkauft und bricht damit den Rekord für den höchsten Preis eines Kunstwerks eines noch lebenden Künstlers.

Maurizio Cattelans Werk *Comedian* (2019), bestehend aus einer Banane, die mit Klebeband an einer Wand befestigt ist, wird auf der Kunstmesse Art Basel Miami Beach verkauft. Alle drei Versionen des Werks finden am ersten Tag einen Käufer.

Okwui Enwezor stirbt im Alter von 55 Jahren.

2020: Nach der Tötung von George Floyd in Minneapolis, USA, kommt es auf der ganzen Welt zu Black-Lives-Matter-Protesten. Es werden viele Aktionen und Strategien angeregt, um gegen Rassendiskriminierung und unbewusste Voreingenommenheit vorzugehen.

Wegen der Covid-19-Pandemie werden viele Museen, Galerien und Kunstveranstaltungen zeitweise geschlossen, was den Verlust vieler Arbeitsplätze nach sich zieht. Museen und Veranstalter nutzen zunehmend digitale Methoden, um Programme und Sammlungen zu teilen.

2021: Christie's schreibt Auktionsgeschichte, als zum ersten Mal ein Non-Fungible Token (NFT) des Digitalkünstlers Beeple für 69 Millionen Dollar verkauft wird.

2022: Sonia Boyce und Simone Leigh werden die ersten schwarzen Frauen, die Großbritannien bzw. die USA auf der Biennale von Venedig repräsentieren. Beide Künstlerinnen werden mit dem angesehenen Goldenen Löwen ausgezeichnet.

KUNSTJARGON, DEN SIE KENNEN SOLLTEN

Abstraktion: Eine Herangehensweise an die Kunst, die nicht Objekte aus der realen Welt abbilden will, sondern Formen, Farben oder Texturen als Ausgangspunkt nutzt.

Aktivistische Kunst: Eine Form der Kunst, die sich direkt mit gesellschaftlichen oder politischen Fragen auseinandersetzt, um positive Veränderungen zu bewirken.

Aneignung: Ein Bild oder Objekt einer anderen Kultur fast unverändert in das eigene Werk einbauen; gilt als anmaßend, wenn die Ursprungskultur nicht anerkannt wird.

Biennale: Eine große Kunstausstellung, die alle zwei Jahre an einem Ort stattfindet.

Digitale Kunst: Kunst, die mittels Digitaltechnik entsteht oder digital präsentiert wird.

documenta: Diese 1955 gegründete, wichtige internationale Ausstellung zeitgenössischer Kunst findet alle fünf Jahre in Kassel statt.

Endurance Art: Eine Form der Performance-Kunst, die extreme körperliche oder mentale Ausdauer der Künstler erfordert. Diese Performances können Schmerz oder soziale Isolation umfassen und über lange Zeiträume stattfinden. Siehe auch: *Performance-Kunst*.

Feministische Kunst: Eine Kategorie, die Ende der 1960er und Anfang der 1970er aufkam. Auf Basis feministischer Theorien und Ideen werden mit unterschiedlichen Materialien und Perspektiven Gender-Stereotype herausgefordert und die Ungleichheit in der Kunstwelt und darüber hinaus bekämpft.

Gemischte Medien: Die Nutzung mehrerer Medien oder Materialien in einem Kunstwerk.

Gesellschaftlich engagiertes Arbeiten: Eine partizipatorische Kunstform, bei der Einzelpersonen und Gemeinschaften gemeinsam ein Werk erschaffen oder mit ihm interagieren.

Historienmalerei: Ein Genre in der Malerei, bei dem historische, mythologische oder religiöse Szenen abgebildet werden. Die oft sehr großen Historienbilder galten über Jahrhunderte als die höchste Form der Kunst.

Installationskunst: Ein Kunstwerk, das einen bestimmten Raum einnimmt oder auf ihn reagiert. Sie ist nach einem ersten Höhepunkt in den 1960ern auch heute noch populär. Installationen können viele Formen annehmen und vielfältige Materialien nutzen. Wichtig ist auch die aktive Einbeziehung des Publikums.

Interaktive Kunst: Eine Kunstform, die eine direkte Interaktion mit dem Publikum erfordert, um ihr volles Potenzial zu entfalten.

Klangkunst: Ein Kunstwerk, das Töne als Motiv und Material nutzt. Klangkunst kann aufgenommene oder live erzeugte Klänge oder eine Mischung aus beidem umfassen.

Ko-Kuratieren: Ein Prozess, bei dem ein Künstler oder eine Einrichtung andere Personen und Gemeinschaften einlädt, beim Kuratieren einer Ausstellung oder eines Projekts mitzuwirken. Koproduktion und Mitwirkung beschreiben ähnliche Aktivitäten.

Konzeptkunst: Eine Bewegung, die Ende der 1960er-Jahre entstand. Konzeptkünstler nutzen Ideen und theoretische Konzepte als Quellmaterial für ihr Werk. Die Konzeptkunst, die über traditionelle Fertigkeiten und die Herstellung fertiger Objekte hinausgeht, kann viele Formen und Ergebnisse annehmen.

Kurator: Ursprünglich die Person, die sich um eine Sammlung kümmert. Bezieht sich heute auf eine ganze Reihe von Rollen rund um die Organisation und Interpretation kultureller Formen, einschließlich Ausstellungen.

Land Art: Eine internationale Kunstbewegung, die in den 1960er- und 1970er-Jahren florierte und Landschaft und Orte direkt einbezog. Land Art oder Earth Art nutzt oft Prozesse aus *Konzept*- und *Performance-Kunst*.

Live-Kunst: Ein breiter Begriff, der eine Vielzahl von Praktiken mit Live-Performances, -Ereignissen und -Aktionen beschreibt.

Minimalismus: Ein Vorgehen, das in den 1960er-Jahren in Amerika entstand und die extreme Reduzierung von Kunst auf einfache geometrische Formen bedeutet, die oft als sich wiederholende Einheiten präsentiert werden. Siehe auch: *Abstraktion*.

Moderne: Die Ende des 19. Jahrhunderts einsetzende Moderne brachte den Bruch mit traditionellen Methoden und die Suche nach neuen Wegen, die heutige Welt darzustellen. Moderne Ideen, die Kunst, Architektur, Musik und Literatur einbezogen, hatten bis weit in das 20. Jahrhundert hinein Einfluss.

Neo-Expressionismus: Eine ausdrucksstarke, gestische Form der Malerei, entstanden in den 1980ern. Dieses internationale Phänomen war in Deutschland besonders ausgeprägt.

Neo-Pop: Eine Kunstbewegung, die sich in den 1980er- und 1990er-Jahren entwickelte und ein erneutes Interesse an Pop-Art und ihrer Nutzung populärer und kitschiger kultureller Formen beinhaltete.

Neue Medien: Ein weitreichender Begriff, der Kunst beschrieb, die mit Digitaltechnik geschaffen wurde. Siehe auch: *Digitale Kunst*.

Ortsspezifische Kunst: Kunst, die für einen bestimmten Ort, oft im Freien, geschaffen wird. Das Werk bezieht sich oft auf die Eigenarten des gewählten Ortes.

Performance-Kunst: Eine zeitbasierte Form der Kunst, die Aktionen von Künstlern oder anderen Personen umfasst. Performance-Kunst enthält meist Live-Präsentationen vor Publikum, wobei die Aktionen oft fotografisch oder filmisch dokumentiert werden. Obwohl der Begriff erst in den 1970er-Jahren aufkam, findet sich der Geist der Performance-Kunst schon früher in der Kunst des 20. Jahrhunderts wieder.

Postmoderne: Die Postmoderne entstand in den 1960er-Jahren, als Künstler begannen, die vereinheitlichten und geglätteten Visionen der Moderne zugunsten vielfältiger Ideen und Herangehensweisen, darunter Kritik und Ironie, zu hinterfragen.

Retrospektive: Ein Ausstellungstyp, der einen Überblick über das gesamte Schaffen eines Künstlers gibt. Eine Mid-Career-Retrospektive präsentiert das bisherige Werk eines jüngeren, aber etablierten Künstlers.

Triennale: Eine große Kunstausstellung, die alle drei Jahre an einem Ort stattfindet.

Zeitbasierte Medien: Ein Oberbegriff für Kunstformen, die sich über die Zeit entfalten, wie etwa Film-, Performance- und Digitale Kunst.

EINIGE GEDANKEN ÜBER DAS SEHEN

Die heutige Kunstwelt ändert sich rasant. Immer wenn man glaubt, alle wichtigen Akteure gesehen zu haben, taucht eine neue Generation an Künstlern, Kuratoren und Galerien auf! Es ist gar nicht nötig oder möglich, alle zu kennen. Einige einfache Strategien sind jedoch hilfreich, wenn man sich der zeitgenössischen Kunst nähert. So sind Sie für jede Neuentwicklung gewappnet!

Machen Sie einen Anfang
Nehmen Sie sich kurz Zeit, um das Kunstwerk zu begutachten. Was ist es? Betrachten Sie das Werk aus verschiedenen Blickwinkeln. Beachten Sie Größe, Farbe und Materialien und überlegen Sie, wie das Werk präsentiert wird. Falls Sie einen Film oder eine Performance anschauen, machen Sie es sich bequem und genießen Sie es. Befreien Sie Ihr Denken von Vorurteilen und versuchen Sie, so viele Informationen wie möglich aufzunehmen. Welches sind Ihre unmittelbaren Gedanken und Gefühle? Versuchen Sie, Freunden das Werk in wenigen Sätzen zu beschreiben oder, falls Sie allein sind, denken Sie für sich darüber nach.

Tauchen Sie tiefer ein
Beschäftigen Sie sich länger mit dem Werk und stellen Sie Fragen. Wie könnte es gemacht worden sein? Wie beeinflussen Farbe, Größe oder Material Ihren Eindruck? Was passiert: Gibt es eine Geschichte oder einen Text? Was möchte der Künstler uns sagen? Welche Gefühle löst das Werk aus?

Blicken Sie über den Tellerrand hinaus
Schauen Sie auf das Titelschild. Wann und von wem wurde das Werk geschaffen? Was verrät der Titel? Wieso hat der Künstler das Werk geschaffen? Warum wählte er diesen Ansatz? Bezieht sich das Werk auf äußere Ereignisse, wie Politik, soziale Fragen oder die Umwelt? Gibt es in der Galerie weiterführende Informationen? Ändern oder verstärken diese Ihre Gedanken?

Ziehen Sie Ihre eigenen Schlüsse
Was halten Sie jetzt von dem Werk? Seien Sie kritisch und beziehen Sie Position. Sie müssen nicht alles mögen, aber Sie sollten über Gründe nachdenken, falls Ihnen etwas nicht gefällt. Wenn das Werk Sie bewegt, dann verweilen Sie dort noch ein bisschen! Sie könnten es fotografieren oder sich Details in Ihrem Kunsttagebuch notieren, um später mehr über das Werk oder den Künstler herauszufinden.

WO MAN ZEITGENÖSSISCHE KUNST FINDEN KANN

Websites wie www.artrabbit.com oder *www.artforum.com/guide* helfen Ihnen, Veranstaltungen zu finden. Für größere Kunstzentren gibt es oft spezielle Karten.

Staatliche Galerien
Staatliche Galerien haben Programme für ihre wechselnden Ausstellungen. Manche besitzen auch eigene Sammlungen, die direkt oder digital zugänglich sind. In den letzten Jahren sind große Anstrengungen unternommen worden, den Zugang zu erleichtern. Die Galerien bemühen sich, ihre Exponate angemessen zu präsentieren, weshalb es Beschriftungen, Texte, Filme, Aktivitäten und weiterführende Informationen gibt. Bei den Eintrittskosten können Sie manchmal sparen, wenn Sie Mitglieds- oder Förderstatus erlangen – das ist auch eine

gute Möglichkeit, zu besonderen Veranstaltungen eingeladen zu werden!

Kommerzielle Galerien

Obwohl Besuche in kommerziellen Galerien meist kostenlos sind, können sie abschreckend wirken. Große Galerien in Kunstzentren sind oft sehr durchgestylt: Riesige Türen führen zu knackig weißen Räumen, die mit der neuesten Kunst gefüllt sind. Kleinere Galerien liegen dagegen oft abseits, quasi in Hinterzimmern. Lassen Sie sich nicht entmutigen! Tragen Sie sich für Newsletter ein, schnappen Sie sich Pressemeldungen und Werkverzeichnisse und schauen Sie sich um. Besuche in kommerziellen Galerien erlauben es Ihnen, neue Werke eines Künstlers zu sehen, bevor diese verkauft werden. In großen Kunstzentren finden Sie viele Galerien auf kleinem Raum. Kommerzielle Galerien haben oft Einzelausstellungen der von ihnen vertretenen Künstler. Auch Gruppenausstellungen gibt es regelmäßig: Einige der größeren, wohlsituierten Galerien haben in den letzten Jahren große internationale Schauen veranstaltet, begleitet von wissenschaftlichen Publikationen. Alle kommerziellen Orte sind vom Markt abhängig. Sie kommen und gehen und manche sind »heißer« als andere – je nach den Künstlern, die sie ausstellen.

Kunstmessen

Der wichtigste Zweck einer Kunstmesse ist es, Kunst zu verkaufen. Kommerzielle Galerien bewerben sich um einen Stand auf einer internationalen Kunstmesse und wetteifern um den besten, sichtbarsten Platz. Aufgrund der hohen Standkosten dominieren auf Kunstmessen meist die großen Player. Werke werden mit Blick auf private Sammler präsentiert, weshalb der Fokus stark auf Gemälden und kleineren Skulpturen liegt. Natürlich ist die Auswahl auch dem begrenzten Platz geschuldet. Der Besuch einer Kunstmesse bietet eine gute Gelegenheit, an einem Tag eine Menge internationaler Kunst zu sehen. Oft treten hochrangige Redner bei Begleitveranstaltungen auf, Sie sollten sich deshalb bei Interesse rechtzeitig einen Platz sichern. Eine Kunstmesse kann aufregend und anstrengend sein, bedenken Sie dies.

Biennalen

Eine Biennale bietet oft eine ausgezeichnete Gelegenheit, ein breites Spektrum an zeitgenössischer Kunst zu sehen und einen neuen Kontext zu erkunden. Biennalen haben häufig eine zentrale Ausstellung, die an einem oder mehreren bestimmten Austragungsorten zu finden ist, sowie weitere Kunstwerke und begleitende Veranstaltungen, die an öffentlichen Orten stattfinden. Kunstwerke werden an ungewöhnlichen Stellen präsentiert und erlauben es den Besuchern, Gebäude und Orte zu sehen, die normalerweise nicht zugänglich sind. Beachten Sie, dass manche Veranstaltungen und Performances bereits in den ersten Wochen durchgeführt werden. Falls der persönliche Besuch einer Biennale nicht möglich ist, können Sie sie immer noch bequem von zu Hause aus genießen, indem Sie dem Ereignis über die Website und die sozialen Medien folgen!

Neu entstehende Szenen

Es gibt viele Möglichkeiten, Künstler zu unterstützen, die in Ihrer Gegend arbeiten. Größere Städte haben Atelierbereiche und künstlergeführte Initiativen, die Sie an »Tagen des offenen Ateliers« und bei der Eröffnung kuratierter Ausstellungen besuchen können. Details dazu finden Sie meist in den sozialen Medien. Sie könnten auch

Abschlussveranstaltungen an Kunstschulen und Universitäten in Ihrer Nähe besuchen, um neue Talente zu entdecken. Vergessen Sie auch nicht kleinere kommerzielle Galerien abseits der großen Kunstzentren. Vielleicht können Sie dort sogar Kunst erwerben. Der Start Ihrer eigenen Sammlung muss gar nicht so teuer sein.

Öffentliche Räume
Wie dieses Buch zeigt, kann Kunst überall auftauchen: an einer Straßenecke, auf einem öffentlichen Platz, auf einem Bus, in einem Bahnhof, auf einer Reklametafel, in der Wüste, auf einem Schiff, in einem Garten, in einem Wald, im Meer, in einer Pfütze, im Fernsehen, Online, im Weltall oder unter dem Erdboden! Wenn Sie anfangen, darauf zu achten, scheint zeitgenössische Kunst allgegenwärtig zu sein!

ERFAHREN SIE MEHR

Websites & soziale Medien
Es gibt viele sehr gute Websites, die sich der zeitgenössischen Kunst widmen. Schon eine einfache Suchmaschinensuche kann viel Nützliches enthüllen. Die meisten wichtigen Künstler haben umfangreiche Websites mit wertvollen Primärquellen. Staatliche Museen und Galerien bieten Inhalte wie Filme und Informationen über ihre Sammlungen online an. Auch kommerzielle Galerien besitzen Websites und umfangreiche Ressourcen über die von ihnen vertretenen Künstler, darunter Biografien, Interviews und Filme. Die sozialen Medien sind ein wichtiges Kommunikationsmittel für die heutige Kunstwelt. Folgen Sie Ihren Lieblingskünstlern und -galerien, um die neuesten Informationen zu erhalten.

https://artsandculture.google.com/
www.guggenheim.org
www.henitalks.com
www.labiennale.org
www.moma.org
www.sharjahart.org
www.tate.org.uk
www.whitney.org
www.zeitzmocaa.museum

Zeitschriften & Magazine
Es gibt viele nützliche Zeitschriften und Magazine, die sich auf die zeitgenössische Kunst spezialisiert haben. Für einige muss man ein Abonnement abschließen, oft gibt es aber die Möglichkeit, ein paar Artikel pro Monat kostenlos zu lesen. Es lohnt sich außerdem, den Inhalten in den sozialen Medien zu folgen, um die neuesten Nachrichten und Gerüchte zu erfahren.

www.artforum.com
www.artinamericamagazine.com
www.artnews.com
www.theartnewspaper.com
www.flash---art.com
www.frieze.com
www.ocula.com
www.studiointernational.com
www.thirdtext.org
www.whitehotmagazine.com

Bücher
Hier sind einige Vorschläge zum Weiterlesen. Es gibt natürlich viele weitere Titel zu bestimmten Künstlern und Themen. Wenn Sie sich also Ihrer Interessen bewusst sind, besuchen Sie Ihre lokale Bibliothek oder einen Buchladen in Ihrer Nähe und vergessen Sie natürlich nicht die anderen Titel aus der *Art Essentials*-Reihe!

An, Kyung und Jessica Cerasi, *Who's Afraid of Contemporary Art?* (London: Thames & Hudson, 2017)

Bishop, Claire, *Artificial Hells: Participatory Art and the Politics of Spectatorship* (London: Verso, 2012)

De Wachter, Ellen Mara, *Co-Art: Artists on Creative Collaboration* (London: Phaidon, 2017)

Diament, Robert und Russell Tovey, *Talk Art: Everything You Wanted to Know About Contemporary Art But were Afraid to Ask* (London: Ilex Press, 2021)

Documents of Contemporary Art series (London and Cambridge, MA: Whitechapel Art Gallery & MIT Press)

George, Adrian, *The Curator's Handbook* (London: Thames & Hudson, 2015)

Godfrey, Tony, *The Story of Contemporary Art* (London: Thames & Hudson, 2020)

Hessell, Katy, *The Story of Art Without Men* (London: Hutchinson Heinemann, 2022)

Jiang, Jiehong, *The Art of Contemporary China* (London: Thames & Hudson, 2021)

Kasfir, Sidney Littlefield, *Contemporary African Art* (London: Thames & Hudson, 2020)

Obrist, Hans Ulrich, *Kuratieren!* (München: C. H. Beck, 2015)

Okeke-Ogulu, Chika, *Okwui Enwezor and The Art of Curating* (Durham, NC: Duke University Press, 2021)

Perry, Grayson, *Playing to the Gallery: Helping Contemporary Art in its Struggle to be Understood* (London: Penguin, 2016)

Poupeye, Veerle, *Caribbean Art* (London: Thames & Hudson, 2022)

Procter, Alice, *The Whole Picture: The colonial story of the art in our museums & why we need to talk about it* (London: Ilex Press, 2020)

Stallabrass, Julian, *Contemporary Art: A Very Short Introduction* (Oxford: Oxford University Press, 2006)

Stiles, Kristine und Peter Selz (Hrsg.), *Theories and Documents of Contemporary Art: A Sourcebook of Artists' Writings* (Berkeley, CA: University of California Press, 1998)

Thornton, Sarah, *Seven Days in the Art World* (London: Granta Books, 2009)

Williams, Gilda, *How to Write About Contemporary Art* (London: Thames & Hudson, 2014)

Wood, Catherine, *Performance in Contemporary Art* (London: Tate Publishing, 2022)

KÜNSTLERINDEX

Haupteinträge sind **fett**, Illustrationen sind *kursiv* gedruckt.
Ohne »Wichtige Künstler«-Listen

BILDNACHWEISE

2 Victoria Harbour, Hong Kong. Foto @harimaolee. © KAWS; **4** 8. Internationale Biennale Istanbul, 2003. Mit frdl. Gen. White Cube. © Doris Salcedo; **8** Gagosian Gallery. © 2007 Taskashi Murakami/Kaikai Kiki Co., Ltd. Alle Rechte vorbehalten; **10** © Gerhard Richter; **11** British Council Collection, London. Rasheed Araeen über Grosvenor Gallery; **12** Pilane Heritage Museum, Klövedal, Schweden. Mit frdl. Gen.Galerie Lelong & Co. Foto Peter Lenbby © Plensa Studio Barcelona. © Jaume Plensa; **13** Senga Nengudi und Maren Hassinger über Pearl C. Woods Gallery, Los Angeles, 1978. Foto Harmon Outlaw. Mit frdl. Gen. des Künstlers, Sprüth Magers und Thomas Erben Gallery; **14** Castellane Gallery, New York, 1963. Mit frdl. Gen. Ota Fine Arts und Victoria Miro. © Yayoi Kusama; **15** Tate Gallery, London. © Georg Baselitz 2023; **16** © Jeff Koons; **17** The Museum of Modern Art, New York. Mit frdl. Gen. Nachlass David Wojnarowicz und P·P·O·W, New York; **18** Foto Carlos Dominique/Alamy Stock Photo. © The Easton Foundation/VAGA bei ARS, NY und DACS, London 2023; **19** Solomon R. Guggenheim Museum, New York. © Vanessa Beecroft 2023; **20** Mit frdl. Gen. Kimsooja Studio; **21** Walker Art Gallery, National Museums, Liverpool. National Museums Liverpool/Bridgeman Images. © Peter Doig. Alle Rechte vorbehalten, DACS 2023; **22** Mit frdl. Gen. Marian Goodman Gallery, New York. Messager © ADAGP, Paris und DACS, London 2023; **24** Foto Ken Adlard. Mit frdl. Gen. Lisson Gallery. © Ryan Gander; **26** Victoria Harbour, Hong Kong. Foto @harimaolee. © KAWS; **28–9** Foto John Berens. Mit frdl. Gen. 303 Gallery, New York, KÖNIG GALERIE, Berlin, und Galleri Nicolai Wallner, Kopenhagen. © Jeppe Hein; **31 (oben)** Art Institute Chicago. The Art Institute of Chicago/Art Resource, NY/Scala, Florenz. © Bruce Nauman/Artists Rights Society (ARS), New York und DACS, London 2023; **31 (unten)** Mit frdl. Gen. des Künstlers, Thomas Dane Gallery und Marian Goodman Gallery. © Steve McQueen; **32** Mit frdl. Gen. des Künstlers, Luhring Augustine, New York und Stephen Friedman Gallery, London. © Tom Friedman; **33** Mit frdl. Gen. des Künstlers und Sadie Coles HQ, London. © Sarah Lucas; **35** Foto Zeno Zotti. Mit frdl. Gen. Maurizio Cattelans Archiv; **36** Hayward Gallery, London. Nathaniel Noir/Alamy Stock Photo. Höller © DACS 2023; **38** Mit frdl. Gen. Marian Goodman Gallery, New York. Messager © ADAGP, Paris und DACS, London 2023; **41** Gagosian Gallery. © 2007 Taskashi Murakami/Kaikai Kiki Co., Ltd. Alle Rechte vorbehalten; **42** Nevada Museum of Art, Las Vegas. Mit frdl. Gen. Art Production Fund, New York und Nevada Museum of Art, Reno. Foto Gianfranco Gorgoni. © Ugo Rondinone; **43** Mit frdl. Gen. des Künstlers und Sadie Coles HQ, London. Foto Studio Rondinone. © Ugo Rondinone; **45** Mit frdl. Gen. Carlos/Ishikawa, Stigter Van Doesburg und Helsinki Contemporary; **46** Foto Ellen Page Wilson. Mit frdl. Gen. des Künstlers und Gavin Browns Unternehmen, New York. © Urs Fischer; **49** Tate Gallery, London. Erworben 1976. © Richard Long. Alle Rechte vorbehalten, DACS 2023; **50** Mit frdl. Gen. des Künstlers und Galerie Peter Kilchmann, Zürich; **51** Installiert in »Félix González-Torres«, Luhring Augustine Hetzler Gallery, Los Angeles, CA., 19. Oktober–16. November 1991. Foto James Franklin. The Estate of Félix González-Torres. © Félix González-Torres; **52** Installation in Johnen Galerie, Berlin, Deutschland, 2004. © Martin Creed. Alle Rechte vorbehalten, DACS/Artimage 2023; **53** Foto Sue Omerod; **54** Tate Modern, London. Foto Anders Sune Berg. Mit frdl. Gen. des Künstlers; Andersen's Contemporary, Kopenhagen; neugerriemschneider, Berlin; Tanya Bonakdar Gallery, New York/Los Angeles. © 2023 Olafur Eliasson; **55** Installationssicht, Duveen Galleries, Tate Britain, London, 2015. Foto Julian Abrams. Der Künstler, Tanya Bonakdar Gallery, New York/Los Angeles und Galerie Isabella Bortolozzi, Berlin; **56** The Museum of Modern Art, New York. Nina and Gordon Bunshaft Fund. Mit frdl. Gen. des Künstlers und Marian Goodman Gallery. © Gabriel Orozco; **57** Arts Council Collection, Southbank Centre, London. Teilgabe des Künstlers und Maureen Paley, London. Erworben mithilde des Art Fund. © Wolfgang Tillmans, Mit frdl. Gen. Maureen Paley, London; **59** Arts Council Collection, Southbank Centre, London. Erworben mithilfe des Art Fund. Foto John McKenzie. Mit frdl. Gen. Parafin, London. © Alison Watt. Alle Rechte vorbehalten, DACS 2023; **61** Foto Gautier Deblonde. Mit frdl. Gen. des Künstlers und Galerie Gisela Capitain, Köln; **62** Mit frdl. Gen. des Künstlers und David Zwirner. © Michaël Borremans; **65** Foto Ellen Page Wilson. Mit frdl. Gen. des Künstlers und Gavin Browns Unternehmen, New York. © Urs Fischer; **67** Installationssicht, »Roni Horn«, Hauser & Wirth, New York, 27. April–29. Juli 2017. Foto Ron Amstutz. Mit frdl. Gen. des Künstlers und Hauser & Wirth. © Roni Horn; **69** Beauftragt für Hanjin Shipping The Box Project vom National Museum of Modern and Contemporary Art. Foto Jeon Taegsu. Mit frdl. Gen. des Künstlers und Victoria Miro. © Do Ho Suh; **70, 73** MACBA Collection, MACBA Foundation. © Bruce Nauman/Artists Rights Society (ARS), New York und DACS, London 2023; **74** Foto der Künstler und Andrew Kreps Gallery, New York; **75** Installationssicht von »Xu Zhen: In Just a Blink of an Eye«, 27. Juli 27–1. September 2019 in MOCA Grand Avenue. Foto Myles Pettengill. The Museum of Contemporary Art. Der Künstler und Perrotin; **76** Installationssicht, Cuxhaven. Foto Helmut Kunde, Strande, Deutschland. © Antony Gormley; **77** Mit frdl. Gen. des Künstlers, Paragon, Contemporary Editions Ltd und Victoria Miro. © Grayson Perry; **78** The Museum of Modern Art, New York. Foto Marco Anelli. © Marina Abramovic. Mit frdl. Gen. Marina Abramovic Archives/DACS 2023; **79** Mit frdl. Gen. der Künstlerin und JTT, New York. © Juliana Huxtable; **80** Mit frdl. Gen. Hauser & Wirth; **82** Stevenson, Amsterdam/Kapstadt/Johannesburg und Yancey Richardson, New York. © Zanele Muholi; **85** Mit frdl. Gen. Pest Control Office, Banksy, Love Is In The Bin, 2018; **87** Los Angeles County Museum of Art. Foto Joshua White Photography. Mit frdl. Gen. der Künstlerin, Victoria Miro, und David Zwirner. © Njideka Akunyili Crosby; **88** Eliza Douglas in Anne Imhofs *Faust*, 2017, Deutscher Pavillon, 57. Biennale Venedig. Foto Nadine Fraczkowski, Mit frdl. Gen. der Künstlerin und Deutscher Pavillon 2017; **91** Mit frdl. Gen. des Künstlers und Chatterjee & Lal; **93** Arts Council Collection, Southbank Centre, London. Mit frdl. Gen. des Künstlers; **94** Foto Carlos Dominique/Alamy Stock Photo. Bourgeois © The Easton Foundation/VAGA bei ARS, NY und DACS, London 2023; **97** Foto Chris Winget. Mit frdl. Gen. des Künstlers und Gladstone Gallery. © Matthew Barney; **98** Installationssicht, »Nathalie Djurberg & Hans Berg: A Journey Through Mud and Confusion with Small Glimpses of Air«, Moderna Museet, Stockholm, Schweden, 2018. Mit frdl. Gen. der Künstler und Tanya Bonakdar Gallery, New York/Los Angeles. Djurberg und Berg © DACS 2023; **99** Foto Uwe Walter, Berlin. Rauch © Mit frdl. Gen. Galerie EIGEN + ART, Leipzig/Berlin und Zwirner, New York/DACS 2023; **100** Foto © White Cube (Ben Westoby). © Christian Marclay;

101 The Jewish Museum, New York. Mit frdl. Gen. Christian Boltanski Studio und Marian Goodman Gallery. Boltanski © ADAGP, Paris und DACS, London 2023; **102** San Francisco Museum of Modern Art. Geschenk von Vicki und Kent Logan. Foto Ian Reeves. © Tracey Emin. Alle Rechte vorbehalten, DACS 2023; **104** Mit frdl. Gen. Regen Projects, Los Angeles; Lehmann Maupin, New York, Hong Kong, und Seoul; und Thomas Dane Gallery, London und Neapal. © Catherine Opie; **105** The Museum of Modern Art, New York. Beschafft durch die Großzügigkeit von Agnes Gund, the Contemporary Arts Council of The Museum of Modern Art, Carol und Morton Rapp, Marnie Pillsbury, the Contemporary Drawing and Print Associates, und Committee on Drawings and Prints Fund. Mit frdl. Gen. Sikkema Jenkins & Co., New York. © Kara Walker; **106** Mit frdl. Gen. Jon Key; **108** Mit frdl. Gen. Salon 94; **111** Mit frdl. Gen. Sophie Calle und Paula Cooper Gallery, New York. Calle © ADAGP, Paris and DACS, London 2023; **112** Tate Gallery, London. Foto Stephen Chung/Alamy Stock Photo. © Yinka Shonibare CBE. Alle Rechte vorbehalten, DACS 2023; **115** © 2023 Shazhia Sikander; **116** Privatsammlung. Mit frdl. Gen. des Künstlers und David Zwirner. © Luc Tuymans; **118** The Metropolitan Museum of Art, New York. Kauf The Raymond and Beverly Sackler 21st Century Art Fund; Stephen und Nan Swid und Roy R. und Marie S. Neuberger Foundation Inc. Gifts; und Arthur Lejwa Fund, zu Ehren von Jean Arp, 2008. Mit frdl. Gen. des Künstlers und Jack Shainman Gallery, New York. © El Anatsui; **121** Installationssicht, Tate Britain, »Altermodern. Tate Triennial 2009«, London, UK, 2009. Foto Mike Bruce. Mit frdl. Gen. des Künstlers und Hauser & Wirth. © Subodh Gupta; **122** Installationssicht von *The Great Acceleration*, Biennale Taipei 2014, Taipei, 2014. Collection of National Museum of Modern and Contemporary Art, Korea. Foto Taipei Fine Arts Museum; **123** The Metropolitan Museum of Art, New York. Geschenk des Künstlers, 2014. Foto © 2023 The Metropolitan Museum of Art/Art Resource/Scala, Florenz; **124** The Metropolitan Museum of Art, New York. Erwerb, Aleksandar Pesko Gift, 2016. Foto Joshua White/JWPictures. Mit frdl. Gen. des Künstlers und Hauser & Wirth. © Mark Bradford; **125** Smithsonian American Art Museum, Washington, DC, Geschenk des Künstlers. Foto Smithsonian American Art Museum/Art Resource/Scala, Florenz; **126** Art Gallery of Ontario. Erwerb mit Mitteln von Morey und Jennifer Chaplick und Women's Art Initiative, 2020. Foto © AGO. The Artist and Andrew Kreps Gallery, New York und Esther Schipper, Berlin. © Hito Steyerl; **127** Carnegie Museum of Art, Pittsburgh. Erwerb, Geschenk von Mr. und Mrs. Richard M. Scaife, im Tausch. Mit frdl. Gen. des Künstlers und Jack Shainman Gallery, New York. © Lynette Yiadom-Boakye; **128** The Museum of Modern Art, New York. Committee on Painting and Sculpture Funds. Mit frdl. Gen. des Künstlers; Marian Goodman Gallery, New York, Paris; Esther Schipper, Berlin. © Pierre Huyghe; **131** The Metropolitan Museum of Art, New York. Erwerb, The Raymond and Beverly Sackler 21st Century Art Fund; Stephen und Nan Swid und Roy R. und Marie S. Neuberger Foundation Inc. Gifts; und Arthur Lejwa Fund, zu Ehren von Jean Arp, 2008. Mit frdl. Gen. des Künstlers und Jack Shainman Gallery, New York. © El Anatsui; **132** »Installative Textiles. From Medium to Place«, Centro Andaluz de Arte Contemporáneo, Seville. Foto Pepe Morón. Mit frdl. Gen. Alison Jacques Gallery, London. Hicks © ADAGP, Paris und DACS, London 2023; **135** Mit frdl. Gen. Matthew Marks Gallery. © Simone Leigh; **136** Carnegie Museum of Art, Pittsburgh. Geschenk von Jeanne Greenberg Rohatyn und Nicolas Rohatyn und A. W. Mellon Acquisition Endowment Fund. Mit frdl. Gen. der Künstlerin und Marian Goodman Gallery. © Julie Mehretu; **139** The Museum of Modern Art, New York. Geschenk des International Council of The Museum of Modern Art, Agnes, Gund Ronald S. und Jo Carole Lauder, und Sharon Percy Rockefeller, zu Ehren des 60. Jahrestaged des International Council. Mit frdl. Gen. des Künstlers und Victoria Miro. © Sarah Sze; **140** Ai Weiwei Studio; **142–3** Gallery of Modern Art, Queensland, Australien. Foto Eduardo Ortega. Mit frdl. Gen. des Künstlers; New Museum, New York und Stephen Friedman Gallery, London. © Rivane Neuenschwander; **144** DZ BANK Art Collection am Städel Museum, Frankfurt. Sierra © DACS 2023; **145** ANDY RAIN/EPA-EFE/Shutterstock. Mit frdl. Gen. Tania Bruguera und Tate Modern. Bruguera © ARS, NY und DACS, London 2023; **146** Installationssicht, Mexikanischer Pavillon 53. Biennale Venedig, Making Worlds, 2009. Die Künstlerin, Galerie Peter Kilchmann, Zürich, James Cohan, New York, und Labor, Mexico City; **147** Foto Stefan Altenburger Photography, Zürich. Mit frdl. Gen. des Künstlers und Hauser & Wirth. © Rashid Johnson; **148** Mit frdl. Gen. des Künstlers und Robert Mann Gallery; **149** The Metropolitan Museum of Art, New York. Mit frdl. Gen. des Künstlers und Tanya Bonakdar Gallery, New York/Los Angeles. Foto Studio Tomás Saraceno, © 2012; **150** Institute of Contemporary Art, Boston. Mit frdl. Gen. des Künstlers, Hauser & Wirth, New York, Regen Projects, Los Angeles, Thomas Dane Gallery, London und Chantal Crousel, Paris. © Glenn Ligon; **153** Verwendet mit ihrer Erlaubnis von der Website Moments that Survive auf everytown.org. Rockefeller Center, New York, präsentiert durch Creative Time. Rockefeller Center, New York. Textaussagen von Cheryl Stumbo. Foto Filip Wolak, Creative Time. © Jenny Holzer. ARS, NY und DACS, London 2023; **154**, **155** Ai Weiwei Studio; **156** Foto Stephen Wilkes. © Theaster Gates; **158** © Guerrilla Girls; **161** Collections Henie Onstad Kunstsenter, Høvikodden, Bonnefantenmuseum, Maastricht. Hessel Museum of Art, Bard College, New York. Privatsammlungen den Niederlanden und den USA. Photo Øystein Thorvaldsen. Mit frdl. Gen. des Künstlers; **162** 8. Internationale Biennale Istanbul, Istanbul, 2003. Mit frdl. Gen. White Cube. © Doris Salcedo

ART ESSENTIALS

www.artessentials.de
www.midascollection.com

IMPRESSUM

ISBN 978-3-03876-246-1

Herausgeber: Gregory C. Zäch
Übersetzung: Kathrin Lichtenberg, Claudia Koch
Korrektorat: Sabine Müthing
Layout: Ulrich Borstelmann

Midas Verlag AG
Dunantstrasse 3
CH 8044 Zürich

www.midas.ch

Englische Originalausgabe:
Contemporary Art © 2023
Thames & Hudson Ltd, London
Text © Natalie Rudd
Design by April

Die deutsche Nationalbibliothek verzeichnet diese Publikation in der Deutschen Nationalbibliografie; detaillierte bibliografische Daten sind im Internet abrufbar unter: http://www.dnb.de

Gedruckt in Europa

MIX
Papier | Fördert gute Waldnutzung
FSC® C118234
www.fsc.org

QUELLENANGABEN

Cover: Yayoi Kusama, *Infinity Mirrored Room – Gleaming Lights of the Souls*, 2008. Spiegel, Holzplatten, LED, Metall, Acrylplatten, 2,87 x 4,15 x 4,15 m. Foto Suhaimi Abdullah/Getty Images. Mit frdl. Gen. Ota Fine Arts und Victoria Miro. © YAYOI KUSAMA

Titelseite: KAWS, *HOLIDAY*, 2019. Aufblasbar, Länge 37 m. Victoria Harbour, Hong Kong.
Foto @harimaolee. © KAWS

Seite 4: Doris Salcedo, *Ohne Titel*, 2003 (Detail von Seite 162). 1.550 Holzstühle, 10 x 6,10 x 6,10 m. 8. Internationale Biennale Istanbul, Istanbul, 2003. Mit frdl. Gen. White Cube. © Doris Salcedo

Kapitelanfangsseiten: Seite 8 Takashi Murakami, *Flower Ball (3-D), Kindergarten*, 2007 (Detail von Seite 41); **Seite 22** Annette Messager, *Eux et Nous, Nous et Eux*, 2000 (Detail von Seite 38); **Seite 46** Urs Fischer, *You*, 2007 (Detail von Seite 65); **Seite 70** Bruce Nauman, *Dance or Exercise on the Perimeter of a Square (Square Dance)*, 1967–68 (Detail von Seite 73); **Seite 94** Louise Bourgeois. Museo Guggenheim, Bilbao mit Louise Bourgeois, *Maman*, 2001 (Detail von Seite 18); **Seite 118** El Anatsui, *Dusasa II*, 2007 (Detail von Seite 131); **Seite 140** Ai Weiwei, *Colored Vases*, 2007 (Detail von Seite 155).